JN087642

介護事業の
ここが知りたい
運営と経理の実務

共著 楠元睦巳　田中正明
株式会社オフィスイーケア　税理士・行政書士
代表取締役

税務研究会出版局

税

源泉所得税

消費税

月次の経理処理

費用の配分

法人税

得税

経理編

印紙税

• 介護サービスの
収益構造

• 介護サービス事業の
区分経理

法人

• 勘定科目

日々の経理処理

• 印紙税

介護事業
経理

費用の配分

年次の経理処理

• 財務分析

費用の配分

源泉所

消費税

共通費用の配分方法
具体的な配分例
配分(按分)のタイミング
決算における配分の手続き

介護事業のここが知りたい

運営と経理の実務 ➡ 早わかり案内図

運営編

介護保険法〜令和3年度施行法改正の概要 地域共生社会の実現を図るために	P.4
地域共生社会に求められる介護施設の役割	P.6
介護報酬改定・改定率	P.7
改正の大きなポイント「LIFE」	P.14

介護事業の
法改正について
知りたい

実務上の疑問を・
解消したい

**介護事業
運営**

・これからの
介護業界の
動きは?

人材不足への・
対応は?

・今後の組織や
仕組づくりは?

新しい動きを知りたい

介護人材・ 人員基準緩和	P.166
自己負担増	P.168
保険外サービス	P.169

外国人 技能実習生等	P.200
介護ロボット等	P.202

介護事業所の運営に関する 組織的な取組	P.172	今後の組織運営について (ティール組織等)	P.180
組織運営は福祉分野全体の問題	P.174	テクノロジーの活用	P.185
LIFE導入に関して	P.178	マインドフルネス	P.192
5S	P.179	職場における「心理的安全性」	P.194
BCP等	P.180	実地指導について	P.197

Q53
Q54 緊急
Q55 通所介護
Q56 個室ユニ
Q57 認知症共同
Q58 小規模多機

3 自立支援
Q11 LIFE
Q30

★は、介護予防についても同様の措置を講ずるもの

はしがき

　介護保険は2000年4月の制度開始以来、7度の改正を経て現在に至っています。この間、各改正では単に報酬単価の見直しだけではなく、新たなサービスの導入、サービスの廃止、各種加算・減算項目の創設・変更・廃止が行われており、直近では、LIFE（科学的介護情報システム）の活用、BCP（事業継続計画）の策定といった現場でのサービス提供以外のシステム対応や経営の根幹にかかわる事項への対応が求められ、それが報酬にも反映されるようになっています。

　そこで本書では、第1編で介護施設の運営について、まず直近の改正概要を説明したうえで、介護保険事業運営について具体例をQ&Aの形式で詳細に解説しています。さらに今後の介護業界の新たな動きについても、組織・仕組づくりや人材不足への対応を含めて説明します。

　続く第2編で介護事業の経理について、法令で求められる計算書類（財務諸表）の作成について必要な区分経理の方法、勘定科目、共通費用の配分といった会計処理を詳細に解説します。さらに、介護事業経営を健全に行えているかを判断するため、財務分析についてその方法と分析値の見方について説明し、最後に介護事業に関わる法人税、消費税、源泉所得税、印紙税といった税務についても解説しています。

　本書が介護事業経営に関する実務の一助となり、ひいては介護保険制度の発展に寄与することになれば、これに勝る喜びはありません。

　最後に、本書の編集にご尽力いただいた税務研究会出版局の上野恵美子氏、桑原妙枝子氏に、心からお礼申し上げる次第です。

　　令和4年2月　　　　　　　　　　税理士・行政書士　田中正明

目　次

第 1 編　介護事業の運営

★は、介護予防でも同様の措置を講ずるもの

第 2 編　介護事業の経理

|介|護|事|業|の|こ|こ|が|知|り|た|い|

介護事業の運営 ➡ 早わかり案内図
アイコン別

📍 アイコン

 訪問系
 通所系
短期入所系
 多機能系
居宅介護支援系
 居住系
 施設系

訪問系

自宅に訪問して介護サービスを提供する
訪問系サービス の事業所に該当する項目です。

第1章	介護保険制度 P.3										
第2章	Q1	P.18	Q13	P.41	Q19	P.50	Q32	P.70	Q45	P.94	Q79 P.157
	Q8	P.32	Q14	P.42	Q25	P.58	Q33	P.71	Q64	P.128	Q80 P.160
	Q10	P.36	Q15	P.44	Q26	P.60	Q35	P.75	Q65	P.131	Q81 P.162
	Q11	P.38	Q16	P.45	Q27	P.62	Q41	P.86	Q66	P.133	
	Q12	P.40	Q17	P.46	Q30	P.66	Q42	P.88	Q78	P.155	

第3章	介護業界の新たな動き P.165

通所系

デイサービスなど 通所系サービス を提供する事業所に該当する項目です。

第1章	介護保険制度 P.3										
第2章	Q1	P.18	Q13	P.41	Q18	P.48	Q35	P.75	Q46	P.96	Q66 P.133
	Q8	P.32	Q14	P.42	Q25	P.58	Q36	P.76	Q47	P.98	Q78 P.155
	Q10	P.36	Q15	P.44	Q30	P.66	Q37	P.78	Q55	P.111	Q79 P.157
	Q11	P.38	Q16	P.45	Q33	P.71	Q41	P.86	Q64	P.128	Q80 P.160
	Q12	P.40	Q17	P.46	Q34	P.73	Q44	P.92	Q65	P.131	Q81 P.162

第3章	介護業界の新たな動き P.165

短期入所系

介護老人福祉施設などに短期間入所した方に介護サービスを提供する
短期入所系サービス の事業所に該当する項目です。

第1章	介護保険制度 P.3										
第2章	Q1	P.18	Q14	P.42	Q22	P.54	Q46	P.96	Q65	P.131	Q78 P.155
	Q10	P.36	Q15	P.44	Q25	P.58	Q47	P.98	Q66	P.133	Q79 P.157
	Q11	P.38	Q16	P.45	Q28	P.63	Q56	P.112	Q67	P.135	Q80 P.160
	Q12	P.40	Q17	P.46	Q35	P.75	Q62	P.123	Q68	P.137	Q81 P.162
	Q13	P.41	Q19	P.50	Q41	P.86	Q64	P.128	Q75	P.149	

第3章	介護業界の新たな動き P.165

多機能系

小規模多機能型居宅介護等の介護サービスを提供する **多機能系サービス** の事業所に該当する項目です。

居宅介護支援系

居宅介護支援サービス を行う事業所に該当する項目です。

居住系

グループホーム、有料老人ホーム等 **居住系サービス** の事業所に該当する項目です。

施設系

介護老人福祉施設、介護老人保健施設、介護療養型医療施設、介護医療院等 **施設系サービス** の事業所に該当する項目です。

凡　例

本書における法令、通達等の主な略語は以下のとおりです。

法法……法人税法
法令……法人税法施行令
法規……法人税法施行規則
法基通…法人税基本通達
所法……所得税法
所令……所得税法施行令
所基通…所得税基本通達
消法……消費税法
消令……消費税法施行令
消基通…消費税法基本通達

［使用例］
所法2①二…所得税法第2条第1項第2号

（注）　本書は、令和4年1月31日現在の法令・通達等によっています。

第 **1** 編

介護事業の運営

第 1 章

介護保険制度

第 1 節　介護保険法
～令和3年度施行法改正の概要～

訪問系　　通所系　　短期入所系　　多機能系　　居宅介護支援系　　居住系　　施設系

（1）　地域共生社会の実現を図るために

　介護保険法は3年に1度見直しがなされます。令和2年に改正され、令和3年度から施行された介護保険制度の概要を把握するにあたっては、この改正が「地域共生社会の実現のための社会福祉法等の一部を改正する法律」（令和2年法律第52号・令和2年6月12日公布）〔以下「改正法」という〕の一部と位置付けられているところから確認していくのが良いと思います。

　この改正法では、趣旨として「地域共生社会の実現を図るため、地域住民の複雑化・複合化した支援ニーズに対応する包括的な福祉サービス提供体制を整備する観点から、市町村の包括的な支援体制の構築の支援、地域の特性に応じた認知症施策や介護サービス提供体制の整備等の推進、医療・介護のデータ基盤の整備の推進、介護人材確保及び業務効率化の取組の強化、社会福祉連携推進法人制度の創設等の所要の措置を講ずる。」ことが示されています。

　また、改正法の概要と対応する法律は次のようになります。

図表 1　介護関連の法改正の概要

改正の目的	内容	法律
1．地域住民の複雑化・複合化した支援ニーズに対応する市町村の包括的な支援体制の構築の支援	市町村において、既存の相談支援等の取組を活かしつつ、地域住民の抱える課題の解決のための包括的な支援体制の整備を行う、新たな事業及びその財政支援等の規定を創設するとともに、関係法律の規定の整備を行う。	社会福祉法 介護保険法
2．地域の特性に応じた認知症施策や介護サービス提供体制の整備等の推進	①　認知症施策の地域社会における総合的な推進に向けた国及び地方公共団体の努力義務を規定する。 ②　市町村の地域支援事業における関連データの活用の努力義務を規定する。 ③　介護保険事業（支援）計画の作成にあたり、当該市町村の人口構造の変化の見通しの勘案、高齢者向け住まい（有料老人ホーム・サービス付き高齢者向け住宅）の設置状況の記載事項への追加、有料老人ホームの設置状況に係る都道府県・市町村間の情報連携の強化を行う。	介護保険法 老人福祉法
3．医療・介護のデータ基盤の整備の推進	①　介護保険レセプト等情報・要介護認定情報に加え、厚生労働大臣は、高齢者の状態や提供される介護サービスの内容の情報、地域支援事業の情報の提供を求めることができると規定する。 ②　医療保険レセプト情報等のデータベース（NDB）や介護保険レセプト情報等のデータベース（介護DB）等の医療・介護情報の連結精度向上のため、社会保険診療報酬支払基金等が被保険者番号の履歴を活用し、正確な連結に必要な情報を安全性を担保しつつ提供することができることとする。 ③　社会保険診療報酬支払基金の医療機関等情報化補助業務に、当分の間、医療機関等が行うオンライン資	介護保険法 地域における医療及び介護の総合的な確保の促進に関する法律

	格確認の実施に必要な物品の調達・提供の業務を追加する。	
4．介護人材確保及び業務効率化の取組の強化	① 介護保険事業（支援）計画の記載事項として、介護人材確保及び業務効率化の取組を追加する。 ② 有料老人ホームの設置等に係る届出事項の簡素化を図るための見直しを行う。 ③ 介護福祉士養成施設卒業者への国家試験義務付けに係る現行 5 年間の経過措置を、さらに 5 年間延長する。	介護保険法 老人福祉法 社会福祉士及び介護福祉士法等の一部を改正する法律
5．社会福祉連携推進法人制度の創設	社会福祉事業に取り組む社会福祉法人や NPO 法人等を社員として、相互の業務連携を推進する社会福祉連携推進法人制度を創設する。	社会福祉法

※施行期日　令和 3 年 4 月 1 日（ただし、3 ②及び 5 は公布の日から 2 年を超えない範囲の政令で定める日、3 ③及び 4 ③は公布日）
（出典：「地域共生社会の実現のための社会福祉法等の一部を改正する法律（令和 2 年法律第52号）の概要」厚生労働省）

（2）　地域共生社会に求められる介護施設の役割

　ここで、キーワードとして、「地域共生社会」が挙げられることについて考えてみましょう。これは全国の介護保険者、市町村に策定が義務付けられている令和 3 年度を開始年度とする「第 8 期介護保険事業計画」「第 6 期障害福祉計画」「第 2 期障害児福祉計画」、また令和 2 年度を開始年度とする「第 2 期子ども子育て支援事業計画」を通じた基本的な考え方になっています。

　現場における福祉的ニーズは、要介護高齢者のいる世帯で子育てもあるダブルケア問題、ひきこもり状態にある方の親も高齢化しているという8050問題、また高齢者の介護や子育て、障害のある兄弟の世話を子どもが担っているヤングケアラー問題、家族の介護や保育のために思うように就業ができないことによる生活困窮問題、また障害者の高齢化が進

み介護ニーズが増大しているといった状況等から、従来の、介護、障害者、保育等の個別分野「縦割り」の視点ではとらえ切れない状況になっています。これらは、改正法では包括的な支援を目的として「重層的支援体制整備事業」として示されています。利用者自身の問題だけでなく、就労支援、居住支援等も含め「断らない相談支援」「伴走型支援」等を実現する事業として位置付けられています。

　このような状況に対し国では「地域共生社会」を「制度・分野ごとの『縦割り』や「支え手」「受け手」という関係を超えて、地域住民や地域の多様な主体が『我が事』として参画し、人と人、人と資源が世代や分野を超えて『丸ごと』つながることで、住民一人ひとりの暮らしと生きがい、地域をともに創っていく社会」（厚生労働省）と定義し、今後の地域福祉の考え方の基盤としています。

　社会福祉の一端を担う福祉関連事業者に対しては、このような考え方に応えていくことが今後、さらに求められることになります。

　これらに対し、事業所に対して求められる機能、ニーズを考えた場合に、その範囲やメニュー等が広くなることが想定されます。そのため、さらに事業所や施設等の連携の重要度が増してくることになり、「社会福祉連携推進法人制度」への流れにつながります。この制度は法人の協働化・大規模化を促進させる目的があります。

（3）　介護報酬改定とその目的

　令和 3 年度の介護報酬改定ですが、概要として『新型コロナウイルス感染症や大規模災害が発生する中で「感染症や災害への対応力強化」を図るとともに、団塊の世代の全てが75歳以上となる令和 7 年（2025年）に向けて、2040年も見据えながら、「地域包括ケアシステムの推進」、「自立支援・重度化防止の取組の推進」、「介護人材の確保・介護現場の革新」、「制度の安定性・持続可能性の確保」を図る』とされています。

　概要に示された 5 項目の主な内容は、以下の通りです。

1. 感染症や災害への対応力強化

感染症や災害が発生した場合であっても、利用者に必要なサービスが安定的・継続的に提供される体制を構築

2. 地域包括ケアシステムの推進

住み慣れた地域において、利用者の尊厳を保持しつつ、必要なサービスが切れ目なく提供されるよう取組を推進

図表2　令和3年度介護報酬の概要

令和3年度介護報酬改定の概要

新型コロナウイルス感染症や大規模災害が発生する中で「感染症や災害への対応力強化」を図るとともに、団塊の世代の全てが75歳以上となる2025年に向けて、2040年も見据えながら、「地域包括ケアシステムの推進」、「自立支援・重度化防止の取組の推進」、「介護人材の確保・介護現場の革新」、「制度の安定性・持続可能性の確保」を図る。
改定率：＋0.70%

1. 感染症や災害への対応力強化 ※各事項は主なもの

■感染症や災害が発生した場合であっても、利用者に必要なサービスが安定的・継続的に提供される体制を構築

○日頃からの備えと業務継続に向けた取組の推進
・感染症対策の強化・業務継続に向けた取組の強化　・災害への地域と連携した対応の強化　・通所介護等の事業所規模別の報酬等に関する対応

2. 地域包括ケアシステムの推進

■住み慣れた地域において、利用者の尊厳を保持しつつ、必要なサービスが切れ目なく提供されるよう取組を推進

○認知症への対応力向上に向けた取組の推進
・認知症専門ケア加算の訪問サービスへの拡充
・無資格者への認知症介護基礎研修受講義務づけ
○看取りへの対応の充実
・ガイドラインの取組推進　・施設等における評価の充実
○医療と介護の連携の推進
・老健施設の医療ニーズへの対応化
・長期入院患者の介護医療院での受入推進

○在宅サービス、介護保険施設や高齢者住まいの機能・対応強化
・訪問看護や訪問入浴の充実　・緊急時の宿泊対応の充実
・個室ユニットの定員上限の明確化
○ケアマネジメントの質の向上と公正中立性の確保
・事務の効率化による過剰規制の緩和　・医療機関との情報連携強化
・介護予防支援の充実
○地域の特性に応じたサービスの確保
・過疎地域等への対応（地方分権提案）

3. 自立支援・重度化防止の取組の推進

■制度の目的に沿って、質の評価やデータ活用を行いながら、科学的に効果が裏付けられた質の高いサービスの提供を推進

○リハビリテーション・機能訓練、口腔、栄養の取組の連携・強化
・計画作成や多職種間会議でのリハ、口腔、栄養専門職の関与の明確化
・リハビリテーションマネジメントの強化　・退院退所直後のリハの充実
・通所介護や特養等における外部のリハ専門職等との連携の推進
・通所介護における機能訓練や入浴介助の取組の強化
・介護保険施設や通所介護等における口腔衛生の管理や栄養マネジメントの強化

○介護サービスの質の評価と科学的介護の取組の推進
・CHASE・VISIT情報の収集　・活用とPDCAサイクルの推進
・ADL維持等加算の拡充
○寝たきり防止に等、重度化防止の取組の推進
・施設での日中生活支援の評価　・褥瘡マネジメント、排せつ支援の強化

4. 介護人材の確保・介護現場の革新

■喫緊・重要な課題として、介護人材の確保・介護現場の革新に対応

○介護職員の処遇改善や職場環境の改善の取組の推進
・特定処遇改善加算の介護職員間の配分ルールの柔軟化による取得促進
・職員の離職防止・定着に資する取組の推進
・サービス提供体制強化加算における介護福祉士が多い職場の評価の充実
・人員配置基準における同立支援・ハラスメント対策の強化
○文書負担軽減や手続きの効率化による介護現場の業務負担軽減の推進
・署名・押印の見直し　・電磁的記録による保存等　・運営規程の掲示の柔軟化

○テクノロジーの活用や人員基準・運営基準の緩和を通じた業務効率化・業務負担軽減の推進
・見守り機器を導入した場合の夜間における人員配置の緩和
・会議や多職種連携におけるICTの活用
・特養の併設の場合の兼務等の緩和
・3ユニットの認知症GHの夜勤職員体制の緩和

5. 制度の安定性・持続可能性の確保

■必要なサービスは確保しつつ、適正化・重点化を図る

○評価の適正化・重点化
・区分支給限度基準額の計算方法の一部見直し　・訪問看護のリハの評価
・提供回数等の見直し　・長期間利用中の介護予防リハの評価の見直し
・居宅療養管理指導の居住場所に応じた評価の見直し
・介護療養型医療施設の基本報酬の見直し　・介護職員処遇改善加算（Ⅳ）（Ⅴ）の廃止
・生活援助の訪問回数が多い利用者等のケアプランの検証

○報酬体系の簡素化
・月額報酬化（療養通所介護）
・加算の整理統合（リハ、口腔、栄養等）

6. その他の事項

・介護保険施設におけるリスクマネジメントの強化　・高齢者虐待防止の推進　・基準費用額（食費）の見直し　・基本報酬の見直し

（出典：「令和3年度介護報酬改定の主な事項について」厚生労働省）

３．自立支援・重度化防止の取組の推進

　　制度の目的に沿って、質の評価やデータ活用を行いながら、科学的に効果が裏付けられた質の高いサービスの提供を推進

４．介護人材の確保・介護現場の革新

　　喫緊・重要な課題として、介護人材の確保・介護現場の革新に対応

５．制度の安定性・持続可能性の確保

　　必要なサービスは確保しつつ、適正化・重点化を図る

では、その内容を詳しく見ていきましょう。

① 「1. 感染症や災害への対応力強化」について

　これまでになかった項目で、新型コロナウイルスの影響を受けて追加されました。令和３年度の改定の大きなポイントです。目下の課題でもあり、長引く新型コロナウイルス感染症対策とその他の感染症を含めた対応が求められています。また、昨今の前例を見ない規模の記録的な被害をもたらす台風、豪雨による洪水、土砂災害等に対する対策と業務継続に向けた取組の強化が求められています。従来は、災害等に対しては、被害を「防ぐ」という視点でしたが、業務継続計画（BCP）では、防災後に業務を「続ける」視点が必要となります。本改正については、通知ではなく省令改正となっており、重く受け止めるべき内容になっています。よって、準備期間として３年の経過措置も設けられています。また、非常災害対策では、地域との連携が不可欠として避難訓練等の実施にも地域住民の参加が求められており、地域において事業所が受け入れられている存在であることが前提になると考えられます。介護・福祉事業が利用者にとって、すぐに代替サービスを手配できるサービスではないという点でも防災、業務継続計画への実効性の高い取組が期待されます。

②　「2. 地域包括ケアシステムの推進」について

　制度改正の大前提になっている「地域共生社会の実現のための社会福祉法等の一部を改正する法律」に大きく通じる部分になります。令和3年度施行の改正では、特に認知症施策への反映が多く見られます。

　まず、認知症に対する職員のスキルアップについては、無資格従事者に対して「認知症介護基礎研修」の修了が義務付けられました。介護保険施設や通所介護では、無資格従事者が多く見られるため、3年間の経過措置を通じて計画的な受講が求められます。

　また、認知症対応型共同生活介護（グループホーム）の事業規模については、これまで1事業所に対するユニット数は、原則1又は2、地域の実情により必要と認められる場合は3ユニットとされていましたが、基準が緩和され、全ての事業所に対して3ユニットとなりました。さらに、サテライト型事業所も定められ、既存事業所の規模を拡大しやすくなる省令改正が示されました。

　介護保険施設に対しては、ユニットケアを推進する観点から、1ユニット10人以下とされていた定員が15人を超えないことと、大幅に緩和されるとともに、ユニット型個室的多床室については、感染症やプライバシーに配慮することから、新たな設置が禁止されました。

③　「3. 自立支援・重度化防止の取組の推進」について

　本改正の大きなポイントになる介護サービスの質の評価と科学的介護の取組の推進としてLIFE（科学的介護情報システム）を用いたデータ提供、フィードバック情報の活用が示されています。これにより、目指す介護に対しPDCAを回し、介護の質向上を図って、利用者に還元する一連の流れが現場にできあがることが期待できます。

　LIFE関連加算への取組が令和3年8月現在で介護老人福祉施設（特別養護老人ホーム）の約半数（全国老施協調べ）とされています。現時点で人材、システムの機能等による問題があって先送りする場合もあるかもしれませんが、次回令和6年度介護保険法改正では、LIFE利用を前

提とした改正案となることが考えられるため、早期の導入、運用が望まれます。これらに対し、現場での運用を考えると、LIFE に対応したシステムの導入、利用環境の整備（フロアにパソコン 1、2 台では入力が間に合わないことも想定される）が必要になってきます。施設によっては、Wi-Fi 環境の整備も必要な場合もあります。また、端末操作に慣れない職員により、作業時間が増えるという場面も想定されます。これらに要するコストと新たに取得できる加算を試算しても、大きな収益を生まない計算結果になる可能性もあります。ここは、目先の収益か令和 6 年（2024年）度を見越した運営か、のどちらに重きを置くかにより判断が異なります。一方、LIFE 導入の費用については、国から「地域医療介護総合確保基金」による ICT 導入等の支援がありますので、これらを活用して新たな事業所運営の展望を持って行っていくことが期待されています。

④　「4. 介護人材の確保・介護現場の革新」について

　こちらも、改正の大きなポイントとなっています。平成30年（2018年）度介護報酬改定においても、施設における見守り機器等の導入により夜勤職員配置加算の要件緩和がありましたが、今回は介護老人福祉施設（特別養護老人ホーム）等の人員配置基準も緩和されました。これは、常態化している介護人材不足に対して、今後も続く少子化、生産人口の減少を背景に、介護人材不足を解消できる見通しが立たないことに対しての現実的な対応となっています。

　また、働きやすい職場環境のために、パワーハラスメント、セクシャルハラスメント、カスタマーハラスメントへの対策も義務付けられました（カスタマーハラスメント対策は推奨）。

⑤　「5. 制度の安定性・持続可能性の確保」について

　介護保険施設におけるリスクマネジマント強化、高齢者虐待防止の推進等が示されており、利用者の人権擁護、虐待防止にも重きが置かれて

います。

　今回の改定では、感染症対策、事業継続計画策定、ハラスメント対策と合わせ利用者と職員、地域に対しても安心、安全、健全な組織としての運営の強化が求められています。このため、各種計画策定、研修実施、訓練の実施、マニュアルやガイドラインの策定等の業務が増大することになります。介護サービスを提供する事業体として当然のこととはいえ、多くの事業所においては相当な業務負担となります。このような体制を継続的に維持するための課題も今回の対応で検討されるべき点であると考えられます。

（4）　介護報酬改定率

　介護報酬改定については、改定率が＋0.7％となっており、このうち新型コロナウイルス感染症に対応するための特例的な評価として＋0.05％を除くと、実質＋0.65％の改定となります。これは、平成30年（2018年）度改定の＋0.54％と大きな変化のない改定率となっています（令和 1 年（2019年）度には、介護人材の処遇改善と消費税対応として改定率＋2.13％の介護報酬改定がありました）。

　全体的には、項目だけで見ると加算が増えていますが、通所介護の入浴介護加算に見られるように、既存の加算の上位加算をプラス単位数で新設する一方、既存加算は、上位加算のプラス分以上のマイナスにする設定とし、改正前と同じサービス提供内容であれば、実質マイナスになるという単位数の構成が随所に見られます（例：通所介護の入浴介助加算）。

　また、介護報酬としては、小幅な改定率でしたが、利用者負担額については、特定入所者介護サービス費（補足給付）、高額介護サービス費の基準が変わることで実質的な負担増になり、利用者が介護サービス利用や回数を控えることも懸念されます。

　実質的に ＋0.65％の改定率でしたが、訪問／通所リハビリテーションは、+5.0％以上と大幅な上昇となっています。これは、従来のリハビリ

テーションマネジメント加算（I）が基本報酬に組み込まれた構成になったためです。また、施設系サービスについて +2.0％前後の上昇になっています。居宅介護支援については +1.8％、通所介護（地域密着型通所介護）、居宅療養管理指導も約1.0％の上昇となっています。

　一方、全体改定率 +0.65％を下回っているものとしては、訪問系（訪問リハビリテーション除く）、認知症対応型通所介護、看護小規模多機能型居宅介護が +0.3％前後、居住系サービスが +0.4％前後、小規模多機能居宅介護が +0.58％となっています。

　サービス別の概要では、訪問系サービスでは、認知症専門ケア加算の新設が大きなポイントになります。従来、施設系サービスを中心に設定されていましたが、認知症への対応力向上に向けて訪問系にも設定されました。

　通所系では、自立支援を目的に入力介助加算が上位下位に 2 通りになりました。また、通所介護の区分支給限度額基準額の算出において、通常型を基準に算出することになり、サービス提供票別表の様式も変更されました。

　短期入所系では、緊急時の宿泊ニーズの対応について、原則 7 日が状況によって14日まで可能となり、認知症対応型共同生活介護や多機能系サービスの短期利用についても、要件の緩和を含め14日までの受入れが可能となりました。

　施設系サービスでは、自立支援や LIFE 活用を背景に、栄養マネジメント強化加算、栄養ケア・マネジメント未実施減算が新設され、これにともない多職種連携における要件として、看取り介護加算やターミナルケア加算に管理栄養士が明記されました。また、褥瘡マネジメント加算、褥瘡対策指導管理の算定要件では、関与する専門職として管理栄養士が明記されました。

　多機能系サービスでは、認知症高齢者の緊急時の対応にあたって、施設系サービス同様に認知症行動・心理症状緊急対応加算が新設されました。

　今回の改正においては、認知症への対応、看取りやターミナル対応、多職種連携、自立支援への取組、緊急時の宿泊ニーズへの対応等、複数のサービスを横断する加算等が多く設定され、各サービスにおけるサービス内容が大きく底上げされた改正とも言えます。

(5)　改正の大きなポイント「LIFE」

　改めて、(3) - ③で取り上げた、LIFE について見てみましょう。

　新規で位置付けられた加算として「科学的介護推進体制加算」「自立支援促進加算」が挙げられます。「科学的介護推進体制加算」は、訪問系・短期入所系を除く全てのサービスに位置付けられ、LIFE へのデータ提供とフィードバック情報の活用が要件になっています。

　この改正で、LIFE の利用環境を整備し、介護現場の科学的介護に対する認識を高める目的があると考えられます。また「自立支援促進加算」は介護保険施設が対象となっており、医学的な評価をベースとし、入所者の寝たきり予防・重度化防止が目的となっています。

　さらに、LIFE を活用した取組については、データ提供とフィードバック情報の活用だけでなく「アウトカム評価」が要件として示されている加算もあります。介護保険施設等における「褥瘡マネジメント加算」「排せつ支援加算」では、褥瘡の発生がないこと、おむつの使用がなくなることで 5 ～ 10 単位多い上位の加算が算定できることになっています。

　今後、LIFE を活用したアウトカム評価もさらに追加されていくことになると考えられますが、そこで成果を出すにあたっても、計測可能な評価項目に対し良好な結果へとつながるように、利用者の生活環境等を含めた地域共生社会における福祉課題の前提を踏まえてのアセスメントやケアプランの作成が望まれます。

　また、LIFE への取組にあたっては、記録ソフト等の ICT を利用することになりますが、これは単にペンとノートがキーボードとディスプレイに変わるだけではありません（デジタルツールへの置き換えではな

い）。リアルタイムで情報が共有され、それらの情報が検索しやすくなり、判断に必要な情報も数値化されていく状況で従来と業務フローを変えることが可能になってきます。これにより、一部の職員や管理的業務の職員に委ねられていた判断基準や考え方が標準化されることが期待されます。これらの新しいシステムを含めた現場のマネジメントを見直す機会にすることで、さらに職員が主体性をもって業務に取り組むことも可能になると考えられます。

ポイント

・地域の資源として持続可能な運営体制が求められている。

・介護人材が増えない状況で、人員配置基準等の緩和策導入が本格的になった。

・科学的介護推進に向けた導入と運営の体制作りが求められる。

第2章

介護保険事業運営
Q & A

Q1 認知症に係る取組と加算

| 訪問系 | 通所系 | 短期入所系 | 多機能系 | 居宅介護支援系 | 居住系 | 施設系 |

Q 認知症に係る事業者の取組状況が、介護サービス情報公表内容に追加されましたが、取組んでいない場合に算定できない加算等があるのでしょうか？

A 介護サービス情報公表への報告の内容は介護報酬の算定要件にはなっていません。令和3年度施行の改正で、公表内容に追加された対象項目は「従業者の教育訓練のための制度、研修その他の従業者の資質向上に向けた取組の実施状況」における、「認知症介護指導研修」「認知症介護実践リーダー研修」「認知症介護実践者研修」等の受講人数です。

よって、認知症ケアに関するセミナー受講や事業所内における勉強会等の実施については、職員のスキルアップには効果的ですが、報告対象の内容ではありません。また、上記の取組内容は、介護サービス情報公表内容に関するものであり、運営基準や算定基準に定められるものではないため、介護報酬の減算等の対象にはなりません。

ただし、今回の制度改正では、全てのサービスについて無資格の介護職員に対して、認知症介護基礎研修を受講させることが義務付けられています。このため、全サービス事業所において認知症に係る取組が注力されると考えられます。

これにより、介護サービス情報公表における認知症に係る事業者の取

組状況への記載欄に対して、受講人数を記載する事業所が多くなると、記載がないことによりマイナス評価になりかねません。そもそもの目的が、認知症対応能力の向上にあるため、加算等には関わらなくとも、今後増加することが想定される認知症利用者に備えることが求められています。

──────────── ポイント ────────────

・介護サービス情報公表への報告に関しては、介護報酬に関わらない（減算等の対象ではない）。
・受講者数が公表されるため、事業者間の比較がしやすくなる。

Q2 看取り期における本人の意思に 沿ったケアの充実

居住系　施設系

Q 施設、居住系サービスで看取り期の加算対象期間が約 2 週間 延長になりましたが、算定要件は従来と同じでしょうか？

A　施設系サービス（介護福祉施設・地域密着型介護老人福祉施設入 所者生活介護、介護老人保健施設）、居住系サービス（特定施設入 居者生活介護、地域密着型特定施設入居者生活介護、認知症対応型共同生活 介護）において、看取り介護加算（介護老人保健施設では、ターミナルケ ア加算）の対象期間に従来の死亡日30日前以前の45日前〜31日前が追加 されました。これにより、対象期間が、下記 4 段階になりました。

・死亡日
・死亡日前々日、前日
・死亡日30日前〜 4 日前
・死亡日45日前〜31日前

　今後、団塊の世代が後期高齢者に移行していくにあたって、入所者等 も重度者の割合が増加することが懸念されます。また、医療機関におい ても在院日数を短くする傾向にあるため、看取り期における入退院を繰 り返すよりも人生の最終段階をどのように過ごすかに対し、対応可能な

選択肢を用意することが求められます。

　対象期間として２週間追加されましたが、算定要件も追加されています。令和３年度施行の改正のねらいのひとつである地域包括ケアシステムの推進では、看取りへの対応の充実を図ることとされています。これに対し「人生の最終段階における医療・ケアの決定プロセスに関するガイドラン」の内容に沿った取組を行うことが示されました。また、看取りに関する協議等の場への参加者として、生活相談員（介護老人保健施設では、支援相談員）を要件に明記することとされました（認知症対応型共同生活介護では規定なし）。また、施設サービス計画の作成にあたっては、本人の意思を尊重した医療・ケアの方針決定に対する支援に努めることとされ、「人生の最終段階における医療・ケアの決定プロセスに関するガイドラン」の活用が求められています。

【令和３年度に追加された算定要件等】

○介護老人福祉施設（特別養護老人ホーム・地域密着型含む）

・「人生の最終段階における医療・ケアの決定プロセスに関するガイドライン」等の内容に沿った取組を行うこと。
・看取りに関する協議の場の参加者として、生活相談員が明記された。
・施設サービス計画の作成にあたり、本人の意思を尊重した医療・ケアの方針決定に対する支援に努めること。

○介護老人保健施設

・「人生の最終段階における医療・ケアの決定プロセスに関するガイドライン」等の内容に沿った取組を行うこと。
・看取りに関する協議の場の参加者として、支援相談員が明記された。
・施設サービス計画の作成にあたり、本人の意思を尊重した医療・ケアの方針決定に対する支援に努めること。

○特定施設入居者生活介護（地域密着型含む）

・「人生の最終段階における医療・ケアの決定プロセスに関するガイドライン」等の内容に沿った取組を行うこと。

・看取りに関する協議の場の参加者として、生活相談員が明記された。

・看取り介護加算（Ⅱ）を新設。算定要件は看取り介護加算（Ⅰ）に対して、看取り期における夜勤又は宿直による看護職員 1 以上の配置。

○認知症対応型共同生活介護（グループホーム）

・「人生の最終段階における医療・ケアの決定プロセスに関するガイドライン」等の内容に沿った取組を行うこと。

　また、介護医療院、介護療養型医療施設については、看取り看護加算はありませんがターミナルケア要件として、下記内容が規定されます。

○介護医療院、介護療養型医療施設

・「人生の最終段階における医療・ケアの決定プロセスに関するガイドライン」等の内容に沿った取組を行うこと。

・施設サービス計画の作成にあたり、本人の意思を尊重した医療・ケアの方針決定に対する支援に努めること。

〈参考〉　厚生労働省
「人生の最終段階における医療・ケアの決定プロセスに関するガイドライン」

https://www.mhlw.go.jp/file/04-Houdouhappyou-10802
000-Iseikyoku-Shidouka/0000197701.pdf

「人生の最終段階における医療・ケアの決定プロセスに関するガイドライン解説編」

https://www.mhlw.go.jp/file/04-Houdouhappyou-10802000-Iseikyoku-Shidouka/0000197702.pdf

─────────── **ポイント** ───────────

・看取りに関する協議等の参加者に、生活相談員（介護老人保健施設では支援相談員）が追加された。

・「人生の最終段階における医療・ケアの決定プロセスに関するガイドライン」等の内容に沿った取組が求められる。

Q3 質の高いケアマネジメントの推進
（特定事業所加算①）

居宅介護支援系

Q 居宅介護支援に新しく追加された特定事業所加算は、介護支援専門員が管理者のみの小規模な事業所でも算定できますか？

A 居宅介護支援事業の改定で、新たに追加された特定事業所加算（A）の算定要件で介護支援専門員の人数が特定事業所加算（Ⅲ）よりも緩和されました。主任介護支援専門員は 1 名以上で改定前と同じですが、介護支援専門員は、2 名以上から常勤 1 名以上＋非常勤 1 名以上に緩和されました。よって、特定事業所加算（A）の場合でも、主任介護支援専門員、介護支援専門員（常勤 1 名以上＋非常勤 1 名）の合計 3 名の介護支援専門員が必要となります。介護支援専門員が管理者のみの場合、その管理者が主任介護支援専門員であったとしても、あと 2 名必要となり、特定事業所加算は算定できません。ただし、非常勤 1 名については、他事業所との兼務可とされているため、小規模な事業所であっても特定事業所加算のハードルが下がったといえます。

―――――― **ポイント** ――――――

・いわゆる「ひとりケアマネ」では、特定事業所加算は算定できない。

Q4 生活支援サービス（特定事業所加算②）

居宅介護支援系

Q 居宅介護支援事業の特定事業所加算に新しく追加された算定要件「生活支援サービス」が位置付けられた居宅サービス計画の作成では、どのような事業が対象になるのでしょうか？

A 居宅介護支援事業の特定事業所加算の（Ⅰ）～（Ⅲ）、（A）の算定要件として「必要に応じて多様な主体により提供される利用者の日常生活全般を支援するサービス（インフォーマルサービス含む）が包括的に提供されるような居宅サービス計画を作成していること」が示されました。これは、令和３年度施行の改正で、これまで総合事業の利用対象が要支援者等（要支援者＋チェックリスト対象者）であったところに「住民主体サービスを、要支援者等から継続的に利用する要介護者」（市町村判断による）が追加されたことを受けたものになります。対象となる事業は、「介護給付等対象サービス以外の保健医療サービス又は福祉サービス、当該地域の住民による自発的な活動によるサービス等のこと」とされており、具体的には、訪問型サービスB（住民主体）、訪問型サービスD（移動支援）、通所型サービスB（住民主体）が主な対象となります。

　また、これと同時に総合事業のサービス価格上限も弾力化され、国が定める額を勘案して市町村が定める額となり、市町村の創意工夫が活かせるようになりました。居宅サービス計画の作成では、自立支援に向け

た観点から、総合事業で提供されるサービスの他、民間事業者が提供する保険外サービスも含めて計画に反映することがさらに求められます。

────────────── ポイント ──────────────

・特定事業所加算の要件に追加された、居宅サービス計画に記載される「生活支援サービス」とは、地域の住民による自発的な活動によるサービス等である。

Q5 ケアマネジメントに関する介護情報公表システム（特定事業所加算③）

居宅介護支援系

Q ケアプランにおける訪問介護、通所介護、地域密着型通所介護、福祉用具貸与の利用割合と、これらサービス毎の同一事業者によって提供されたものの割合を介護情報公表システムに公表し、利用者にも説明することになりましたが、割合の集計は毎月更新を行うのでしょうか？

A 介護情報公表システムへの公表及び利用者に説明する内容は、下記のとおりです。

○前6か月に作成したケアプランにおける、訪問介護、通所介護、地域密着型通所介護、福祉用具貸与の各サービスの利用割合

○前6か月に作成したケアプランにおける、訪問介護、通所介護、地域密着型通所介護、福祉用具貸与の各サービス毎の、同一事業者によって提供されたものの割合（上位3位まで）

　これらの割合を介護サービス情報公表制度における、介護情報公表システムにおいて公表することになります。また、居宅介護支援の利用開始時に、従来から説明していた「複数事業者の紹介」「居宅サービスに

位置付けた指定居宅サービス事業者等の選定理由の説明」に加え上記の
「各サービスの利用割合」「各サービス毎の同一事業者によって提供され
たものの割合」についても説明を行うこととなりました。

　利用者への説明は、機会として毎月実施する可能性がありますが、こ
れらの割合の集計は、特定事業所集中減算の報告と同様の時期で年に2
回

　①前期（3月1日〜8月末）

　②後期（9月1日〜2月末）

となっており、利用者への説明には、直近の①もしくは②の期間のもの
となります。よって、集計は半年に1回、特定事業所集中減算の結果提
出と同じタイミングで実施します。

　利用者に対する、特定事業所減算対象サービスの割合と同一事業者に
よって提供された割合の説明は、数字だけの表現になるため、理解を促
すためにも、説明の理由や数字の意図も説明できることが望ましいと考
えられます。

―――――――――――――― **ポイント** ――――――――――――――

・介護情報公表システムで公表する各サービスの利用
　割合及びそれらの同一事業者により提供された割合
　の更新時期は、半年に1回（特定事業所集中減算の
　報告時期）となる。

Q6 居宅介護支援介護費

居宅介護支援系

Q ケアマネ１人あたりの担当件数が、45件未満（居宅介護支援費（Ⅱ））と５人枠増えましたが、45件以上の単位数では、居宅介護支援費（Ⅰ）が539単位、居宅介護支援費（Ⅱ）522単位となっています。ケアマネ１人あたりの担当件数が45件以上の場合は、居宅介護支援（Ⅰ）で算定した方が良いでしょうか？

A 令和３年度の介護報酬の改定で居宅介護支援費が２通りになり、ICT 等を活用する場合とそれ以外が設定されました。ICT 等を活用する場合が居宅介護支援費（Ⅱ）、それ以外は居宅介護支援費（Ⅰ）となります。居宅介護支援費（Ⅱ）では、ケアマネジャー１人あたりの担当件数により居宅介護支援費を定める逓減性の見直しにより、１人あたりの担当件数が、40人未満から45人未満へと５人枠増加しました。単位数は、１〜40人未満の範囲では、居宅介護支援費（Ⅰ）も居宅介護支援（Ⅱ）も同じく1,076単位であり、担当件数が40人以上から居宅介護支援費（Ⅰ）は、539単位、居宅介護支援費（Ⅱ）は、45人未満まで1,076単位となります。よって、１人あたりの担当件数が40人未満であれば、居宅介護支援費（Ⅰ）で請求しても（Ⅱ）で請求しても単位数は変わりません。さらに、45人以上の場合、居宅介護支援費（Ⅰ）は539単位、（Ⅱ）は522単位と（Ⅱ）の単位数が17単位小さくなり、60件以上についても居宅介護支援費（Ⅰ）は323単位、（Ⅱ）は313単位と

図表 1　居宅介護支援介護費

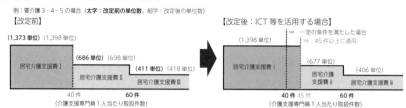

※　ICT 等の活用の有無にかかわらず、事業所がその周辺の中山間地域等の事業所の存在状況からやむを得ず利用者を受け入れた場合、例外的に件数に含めない。

（出典：「令和 3 年介護報酬改定における改定事項について」厚生労働省）

（Ⅱ）の方が、単位数が10単位小さくなります。この 1 件当たりの単位数を見ると、 1 人当たりの担当件数が45件以上の場合は、居宅介護支援費（Ⅰ）の方が、単位数が大きく見えます。ここで、仮に 1 人あたりの担当件数が59件として試算すると、居宅介護支援費（Ⅰ）で59件分は、52,744単位、（Ⅱ）は55,174単位と（Ⅱ）の方が2,430単位大きくなります。単位のみで比較すると、居宅介護支援費（Ⅱ）のメリットを感じ難いですが、 1 人あたりの担当件数が何件であっても、居宅介護支援費（Ⅱ）の方が合計の単数は大きくなります。よって、ICT 等を活用できているような体制であれば、居宅介護支援費（Ⅱ）で請求する方が望ましいと言えます。

━ ポイント ━

・単価が上がったのが、居宅介護支援費Ｉの41件以上～45件未満だけに見えるが、事業所全体の請求単位数としては、件数に関わらず居宅介護支援（Ｉ）よりも（Ⅱ）の方が請求単位数の合計は大きくなる。

Q7 生活援助の訪問回数が多い利用者等のケアプランの検証

居宅介護支援系

Q 生活援助の訪問回数が多い利用者のケアプランの検証については、届出が該当月ごとであったものが、届出1年後に延長されました。この1年の間に届出時よりも訪問回数が増えても、1年間は届出しなくてもよいのでしょうか?

A 前回の介護保険法改正において導入された生活援助の訪問回数が多い利用者のケアプランの検証について、訪問回数が「全国平均利用回数＋2標準偏差（2SD)」の規定に該当するケアプランの場合、保険者に届出が必要となっていました。この場合、届出の頻度は、上記規定に該当する場合は該当する月はすべて届出することとなっていました。令和3年度施行の改正では、規定に該当したために届出を行い、ケアプランの検証を行ったことを要件として、次回の届出は1年後とされました。このため、ケアプランの検証ができていれば、その後の月において訪問回数が規定回数に対して該当するかどうかに関わらず、届出は1年後となります。また、ケアプラン検証方法も従来は、地域ケア会議とされていましたが、これに加えて行政職員やリハビリテーション専門職を派遣する形で行うサービス担当者会議等での対応も可能となりました。

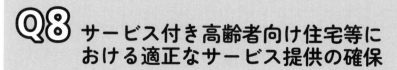

訪問系　　通所系　　居宅介護支援系

 サービス付き高齢者住宅入居の利用者に対するケアプランを作成する、居宅介護支援事業所への指導が強化されるのでしょうか？

併設された居宅介護支援事業所で作成された、サービス付き高齢者向け住宅等に居住する利用者のケアプランについて、区分支給限度基準額の利用割合が高い利用者や特定の介護サービスの利用割合が高い場合に、ケアプランの点検・検証の対象となります。この場合、サービス付き高齢者向け住宅等に併設される居宅介護支援事業所については、隣接、近接や同一法人や系列法人など関連があると考えられるものを全て含めて対象とされます。

　対象となるケアプランは、令和 3 年10月 1 日以降に作成又は変更されたケアプランとされています。また、サービス付き高齢者向け住宅等に関連しない居宅介護支援事業所に対しても、区分支給限度基準額の利用割合が高い利用者等のケアプランを抽出し、市町村による点検、検証が行われることになります。このケアプラン抽出の条件として、①区分支給限度基準額の利用割合が 7 割以上、②その利用サービスの 6 割以上が訪問介護である、と定められています。ただし、これは指導ではなく、適正化に向けた点検、検証とされており、事務連絡においても「サービ

ス利用制限を目的とするものではありません。」と明記されているので、区分支給限度額の7割以下となるケアプランを作成しなければならないということではありません。

　また、点検、検証の対象だからケアプランを見直さなければならないということではありません。ただし、サービス付き高齢者住宅入居者や区分支給限度基準額の利用割合が高い利用者のケアプランについては、その妥当性を示すことが求められます。

ポイント

・サービス付き高齢者住宅と運営が同系列の居宅介護支援事業所は、区分支給限度基準額の割合が高いケアプランの妥当性が求めれる。

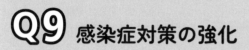

Q9 感染症対策の強化

施設系

Q 感染症対策の強化が義務付けられましたが、施設では従来から整備している感染症予防、衛生管理のマニュアルや委員会の設置でも要件を満たすのでしょうか？

A 介護保険施設であれば、従来から衛生管理においては、感染症の予防及びまん延防止を目的とした対策が取られている場合も多いと思います。令和 3 年度の改定では、従来から感染症対策が義務付けられている施設系においても委員会の設置、指針の整備、研修の実施という従来の取組に加え訓練（シミュレーション）の実施が追加されました。よって、従来の施設系の感染症対策よりも範囲の広いものになります。具体的には、次のような事柄を実施します。

・委員会の開催
　（おおむね 6 月に 1 回以上）
・指針の整備
　〈参考〉　厚生労働省「介護現場における感染対策の手引き 第 2 版」

　　https://www.mhlw.go.jp/content/12300000/000814179.pdf

・研修（定期的な教育を年１回以上）、

　新規採用時における感染症対策研修の実施

　〈参考〉　厚生労働省「【介護施設・事業所の職員向け】感染症対策力

　向上のための研修教材　配信サイト」

　https://www.mhlw.go.jp/stf/seisakunitsuite/bunya/hukus

　hi_kaigo/kaigo_koureisha/kansentaisaku_00001.html

・訓練

　（定期的な訓練を年１回以上。机上を含め手段は問わない）

　これらは、他のサービス事業者との連携により実施しても構いません。また、感染症対策は、策定が義務付けられていますが、令和６年３月31日までは、努力義務とされています。

──────────── **ポイント** ────────────

・新たに義務付けされた訓練（シミュレーション）は、机上や会議室等における実施も含まれる。

Q10 業務継続に向けた取組の強化

訪問系　　通所系　　短期入所系　　多機能系　　居宅介護支援系　　居住系　　施設系

Q 災害時おける業務継続の取組が義務付けられましたが、災害にあっても業務を継続しなければならないのでしょうか？

A 従来、災害に対しては、防災計画等において、利用者、職員の身体、生命の安全確保を目的に避難や救助、被害の拡大防止等について計画されていました。一方、令和 3 年度施行の改正で新たに策定が義務付けられた、「業務継続計画」は、感染症や非常災害発生時において、介護事業を継続的に実施すること及び非常時の体制で早期の業務再開を図ることを目的としています。よって、業務を継続することを目的にしている点が大きく異なります。災害とういう困難な状況下において業務継続が示される背景は、提供しているサービスが介護サービスという特性上、このサービスがないと最低限の生活を維持するのが困難な人たちが多いということが大きな理由として挙げられます。

また、このような特性上、多くの利用者に対して、明日から別の事業所からサービス提供を受けて下さい、という対応も災害状況下において、さらなる利用者の負担になることが想定されます。一方で、被害状況によっては、業務の継続が極めて困難な場合も想定されます。特に事業規模の小さい事業所では、その可能性も高くなると想定されます。業務継続計画では、業務の継続、早期の復旧を目的に策定されますが、職員、設備、インフラの復旧状況によっては、継続不可能という結果もあ

りえます。その場合もその判断基準を設けておき、早期に判断すること
が求められます。

　「介護施設・事業所における自然災害発生時の業務継続ガイドライン」
には、「万一業務の縮小や事業所の閉鎖を余儀なくされる場合でも、利
用者への影響を極力抑えるよう事前の検討を進めることが肝要です。」
と記載されており、事業が継続できないという結果においても、利用者
の受け入れ先や情報提供等についても念頭に入れた検討が望まれます。

〈参考〉　厚生労働省
「介護施設・事業所における新型コロナウイルス感染症発
生時の業務継続ガイドライン」及び「介護施設・事業所に
おける自然災害発生時の業務継続ガイドライン」
https://www.mhlw.go.jp/content/000749533.pdf
https://www.mhlw.go.jp/content/000749543.pdf

　なお、業務継続計画の策定、研修及び訓練の実施については、他の
サービス事業者との連携により実施しても構いません。また、業務継続
計画は、策定が義務付けられていますが、令和6年3月31日までは、努
力義務とされています。

──────── ポイント ────────

・「業務継続計画」の目的は、避難、救助ではなく、
　事業の再開である。
・事業継続不可能の判断基準も「業務継続計画」の要素
　となる。

Q11 LIFE 情報の収集・活用と PDCA サイクルの推進★

訪問系　　通所系　　短期入所系　　多機能系　居宅介護支援系　居住系　　施設系

Q 制度改正で LIFE（科学的介護情報システム）の運用が多くの加算に対して要件となりましたが、現場の負担を考慮し、段階的に導入するとしたら、どのような導入が望ましいでしょうか？

A 令和 3 年度の介護報酬改定で導入された LIFE に関する加算を大別すると新規に位置付けられた加算要件と従来の加算要件をベースに要件が改定されたものに分けられます。現場の業務の変更や入力に対する負担を考えた場合、従来から算定している加算への対応を確実にしていく方が従来の現場の考え方に沿っていることから、業務の流れや管理方法に合わせやすいと考えられるため、もし優先順位をつけるのであれば、従来の加算をベースしたものへの対応と考えられます。

　一方、新規に位置付けられた加算については、LIFE の対象となるデータ自体はなんらかの形で記録されている数値であると考えられますが、どの時点の数値を入力するか、どこに記載されている記録を対象にするか、その作業の担当者やチェックの仕組なども新たに定めることが必要になると考えられます。これらが、新たに業務の負担になるとも言えますが、今後も LIFE に対応した業務は拡大していくことが想定されるため、早期に新しい体制を構築し、新しい LIFE 関連の加算に対応することが望まれます。

　ここで、新規に位置付けられた加算としては「科学的介護推進体制加算」「自立支援促進加算」が挙げられます。また、従来からの加算要件をベースにした加算としては「個別機能訓練加算Ⅱ」「ADL 維持等加算Ⅰ・Ⅱ」「リハビリマネジメント加算 A（ロ）、B（ロ）」「栄養マネジメント強化加算」「口腔衛生管理加算Ⅱ」「栄養アセスメント加算」「口腔機能向上加算Ⅱ」「褥瘡マネジメント加算Ⅰ・Ⅱ」「排せつ支援加算Ⅰ・Ⅱ・Ⅲ」「かかりつけ医連携薬剤調整加算Ⅱ・Ⅲ」が該当します。

　令和 3 年度施行の改正では、訪問系・福祉用具を除くほとんどのサービスに LIFE への情報提供及びその結果の活用が加算と共に位置付けられていますが、訪問系では、LIFE への情報提供は、位置付けられていません。ただし、フィードバック情報を活用することが望ましいとされています。

項目の★印は、介護予防でも同様の措置を講ずるものを意味します。

— ポイント —

・段階的な LIFE 対応として、従来から算定している加算の LIFE 対応を最優先とする。

Q12 人員配置基準における両立支援への配慮★

| 訪問系 | 通所系 | 短期入所系 | 多機能系 | 居宅介護支援系 | 居住系 | 施設系 |

Q 常勤配置の取扱いに改正がありましたが、人員配置基準の他、加算の算定要件に係る常勤要件も同様に考えてよいですか？

　「常勤換算方法」の改正の対象となる育児・介護休業法による短時間勤務制度については、従来、育児による短時間勤務制度のみを週30時間以上でも「常勤」として扱っていましたが、これに加え介護の短時間勤務制度を利用する場合においても、週30時間以上で「常勤」として扱えることになりました。

　また、人員配置基準や報酬算定で「常勤」配置が求められる職員が産前産後休業や育児・介護休業を取得した場合には、同等の資質を有した複数の非常勤職員を常勤換算して、人員配置基準を満たすことも認められました。これにより、常勤職員の割合を要件とするサービス提供体制強化加算等の加算についても、産前産後休業や育児・介護休業を取得した場合、新たに担当する非常勤職員についても常勤職員の割合に含めることが可能となります。

　例えば、介護老人福祉施設における生活相談員、介護支援専門員や個別機能訓練加算の算定要件になっている理学療法士等の常勤職員については、複数の非常勤職員による常勤換算が可能になり、代替職員の手配がより柔軟、迅速にできることになりました。

Q13 ハラスメント対策の強化★

訪問系　　通所系　　短期入所系　　多機能系　　居宅介護支援系　　居住系　　施設系

Q 全介護サービス事業者に対して、ハラスメント対策が運営基準に規定されましたが、管理職等が研修への参加すれば要件を満たすのでしょうか？

A 令和３年度の介護報酬改定で運営基準に追加されたハラスメント対策は、セクシャルハラスメント、パワーハラスメントが対象となります。これらは上司、同僚に限らず、利用者や家族から受けるものも含まれるため、カスタマーハラスメントも含めた内容に対して必要な措置を講じることも推奨されています。よって、管理職や主任等が研修を受講すればよいというものではありません。厚生労働省から示されている「介護現場におけるハラスメント対策」では、管理職、職員向けの研修の他、職員向けのチェックシート、相談シート等も掲載されています。なお、事業主が講ずべき措置の具体的な内容は下記の通りです。

a) 事業者の方針等の明確化及びその周知・啓発
b) 相談（苦情含む）に応じ、適切に対応するために必要な体制の整備

　また、中小企業においては、令和４年４月１日からハラスメント防止に向けた事業主の方針の明確化等の措置が義務化されます。

〈参考〉　厚生労働省　「介護現場におけるハラスメント対策」
https://www.mhlw.go.jp/stf/newpage_05120.html

Q14 会議や多職種連携における ICT の活用★

| 訪問系 | 通所系 | 短期入所系 | 多機能系 | 居宅介護支援系 | 居住系 | 施設系 |

Q 運営基準や加算の要件等において実施が求められている**各種会議等**について、テレビ電話等の ICT の活用による会議参加が認められましたが、**使用する機器、ソフトウェア等についての規定**はあるでしょうか？

A 会議や多職種連携における ICT の活用については、居宅系、施設系を問わず全サービスが対象になりますが、特にサービス担当者会議等、全利用者について外部の事業者と関わる可能性が高い居宅介護支援事業所では、活用度合いは大きいと考えられます。使用する機器、ソフトウェアについては、テレビ電話装置等として「リアルタイムでの画像を介したコミュニケーションが可能な機器」とされています。

　現状、Zoom やマイクロソフト社の Teams といったソフトウェアが使用されていますが、事業所によっては、Zoom は業務で使用できないという情報管理上の規定がある場合もあり、オンライン会議実施前の確認が必要であると考えられます。

　今回の ICT の活用にあたっては、対象となる会議等が「利用者の居宅を訪問しての実施が求められるものを除く」とされています。よって、例えば訪問リハビリテーションや通所リハビリテーションに位置付

けられている「リハビリテーションマネジメント加算」の要件となっている医師による利用者または、その家族へのリハビリテーション計画の説明に対しては、ICT の活用は該当しませんが、リハビリテーション会議中における、利用者その家族へのリハビリテーション計画の説明については、ICT の活用が認められるとされています。

〈参考〉　個人情報保護委員会・厚生労働省「医療・介護関係事業者における個人情報の適切な取扱いのためのガイダンス」、厚生労働省「医療情報システムの安全管理に関するガイドライン」
https://www.mhlw.go.jp/stf/seisakunitsuite/bunya/000002
7272.html

─────────────── **ポイント** ───────────────

・ICT 等利用によるオンライン会議等では、参加事業所の利用環境の確認を。

Q15 員数の記載や変更届出の明確化 ★

訪問系　　通所系　　短期入所系　　多機能系　　居宅介護支援系　　居住系　　施設系

Q 運営規程や重要事項説明書に記載する従業員の員数の記載について、具体的な数値ではなく「○人以上」という記載が可能となりました。このような記載の場合、どの程度の範囲の人数を記載するのでしょうか？

A 具体的な人数の記載については、範囲は示されていません。改正の主旨として職員の「員数」は日々変わりうるものであり、運営規程や重要事項説明書の更新作業及び運営規程の「従業者の職種、員数及び職務の内容」の届出に係る業務負担軽減等の観点とされているため人数の妥当性については、明記されていません。ただし、置くべきとされている員数を満たす範囲での運営が前提になります。例えば、施設系サービスであれば、入所者定員や加算要件から最低限を満たす員数を記載することが妥当と考えられます。

ポイント

・員数の記載を「〜人以上」とする際には、運営上、最低限の員数を。

Q16 電磁的な記録の「作成」と「保存」★

Q 介護サービス提供の記録や運営上に必要な記録の保存、交付等について、電磁的な対応が認められることになりました。この場合、記録媒体は、パソコンの内蔵ハードディスク、USB メモリー、クラウドサービス等任意で選択してもよいのでしょうか？

A 電磁的な記録については、「作成」と「保存」について定められています。電磁的な記録の作成は、事業者等のパソコン等によるもので、電磁的記録はパソコン等のファイルに記録する場合と外部の磁気ディスク等が想定されています。また、電磁的記録による保存は、上記の記録に伴う作成と書面に記載されている事項をスキャナーで読み取る場合も含まれます。また、外部事業者に設置されたサーバ（クラウドサービス等）による保存も可能です。この場合、アクセスに必要な情報管理が求められます。記録媒体については、適さないものは示されていませんが、電子機器であることから故障、停電や災害に備えたバックアップ等のしくみを整備することが求められます。

〈参考〉　個人情報保護委員会・厚生労働省「医療・介護関係事業者における個人情報の適切な取扱いのためのガイダンス」、厚生労働省「医療情報システムの安全管理に関するガイドライン」【Q14】

Q17　高齢者虐待の防止★

訪問系　通所系　短期入所系　多機能系　居宅介護支援系　居住系　施設系

Q 高齢者虐待防止の推進として、全サービスに利用者の虐待防止
への対策が義務付けられます。対策ができていない場合、施設
系サービスでは「身体拘束廃止未実施減算」の対象になるのでしょう
か？

A 施設における身体拘束は、虐待に含まれますが、虐待の範囲は
身体拘束よりも広く、心理的虐待、介護の放棄等も含まれるこ
とになります。令和 3 年度の介護報酬改定で位置付けられた高齢者虐待
防止の推進については、「身体拘束廃止未実施減算」の対象とは異なり
ます。高齢者虐待防止では、虐待を発見した場合の通報義務もあり、そ
れらも含めた高齢者虐待防止の推進になります。令和 3 年度の改定で
は、運営規程に定めておかねばならない事項として「虐待の防止のため
の措置に関する事項」が追加されました。
　虐待防止の項目は、「虐待の未然防止」「虐待等の早期発見」「虐待等
への迅速かつ適切な対応」となっています。措置の内容としては、下記
が示されています。

・虐待の防止のための対策を検討する委員会の設置
・虐待の防止のための指針の整備
・虐待の防止のための従業者に対する研修の実施

・虐待の防止に関する措置を適切に実施するための担当者の配置

　令和３年から３年間は経過措置であり、令和６年３月31日までは努力義務とされています。

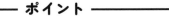

ポイント

・「高齢者虐待防止の措置が未整備」＝「身体拘束未実施減算」ではない。

Q18 通所介護等の利用者が感染症や災害の影響で減少した場合の対応

通所系

Q 通所介護、通所リハビリテーション事業所が感染症や災害の影響で利用者が減少した際に、単位数の大きい規模区分での請求できる場合と基本報酬の３％の加算請求ができる場合があります。どちらにも該当する場合には、介護報酬が高い方を選択しても良いでしょうか？

A 通所介護等の介護報酬について、感染症や災害の影響により利用者数が減少した場合に、ついては２通りの介護報酬の算定方法が設定されています。

①　事業所規模区分の特例

より小さい事業所規模区分がある大規模型の場合：

事業所規模別の報酬区分の決定については、前年度の平均延べ利用者数ではなく、延べ利用者数の減が生じた月の実績を基礎とすることができる。

②　同一規模内で減少した場合の加算

延べ利用者の減が生じた月の実績が前年度の平均延べ利用者数から５％以上減少している場合：

図表2　通所介護の減少の場合

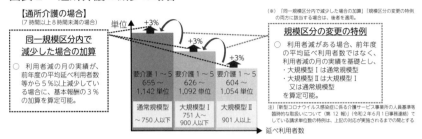

（出典：「令和3年度介護報酬改定における改定事項について」厚生労働省）

　基本報酬の3％の加算を行う（本加算分は区分支給限度額基準額の算定に含めない）。

　例えば、事業所規模別区分大規模型Ⅱの事業所の利用者数が大規模型Ⅰに該当し、かつ前年度の平均利用者数から5％以上減少している場合の算定方法については、要件としては両方満たしていても、前述の①事業所規模区分を適用することになります。

Q19 認知症専門ケア加算等

訪問系　短期入所系　居住系

Q 令和 3 年度の介護報酬改定で、「認知症専門ケア加算」が算定できる介護サービスが増えました。新たに加算が新設されたサービスでは、認知症介護実践リーダー研修修了者を配置することで、認知症利用者に対して加算を算定することができるでしょうか？

A 令和 3 年度の介護報酬改定で、新たに認知症専門ケア加算が新設されたサービスは、訪問介護、訪問入浴介護、夜間対応型訪問介護、定期巡回・随時対応型訪問介護看護になります。従来から算定していたサービスは、在宅系サービスでは、短期入所生活介護及び短期入所療養介護になります。また、居住系サービスでは、全てのサービスが該当します。また、算定要件については、従来から算定しているサービスと同じで下記の通りです。

① 認知症専門ケア加算（Ⅰ）
・認知症高齢者の日常生活自立度Ⅲ以上の者が利用者の50/100以上。
・認知症介護実践リーダー研修修了者を配置（認知症高齢者の日常生活自立度Ⅲ以上の者が20名未満の場合は 1 名以上、20名以上の場合は 1 に、対象者の数が19を超えて10又は端数を増す毎に 1 を加えて得た数以上を配置）。
・従業員に認知症ケアに関する会議等を開催。

② 認知症専門ケア加算（II）

・（I）の要件を満たし、認知症介護指導者養成研修修了者を1名以上配置し、事業所全体の認知症ケアの指導等を実施。

・職員毎の認知症ケアに関する研修計画を作成し、実施又は実施を予定。

　一方、通所介護、地域密着型通所介護の「認知症加算」は、「認知症専門ケア加算」と同様の目的ですが、算定要件が異なります。

③ 認知症加算

・人員基準対し、看護職員又は介護職員を常勤換算で2以上確保。

・日常生活に支障を来すおそれのある症状または行動が認められる認知症の者の占める割合20/100以上。

・認知症介護指導者養成研修等修了者等を1名以上配置。

Q20 多機能系サービスでの認知症行動・心理症状緊急対応加算

多機能系

Q 多機能系サービスに創設された、認知症行動・心理症状緊急対応加算は、多機能系サービスに登録している利用者にも算定可能でしょうか？

A 多機能系サービス（小規模多機能型居宅介護、看護小規模多機能型居宅介護）に創設された「認知症行動・心理症状緊急対応加算」の利用対象者は、従来から施設系サービスで設定されていた「認知症行動・心理症状緊急対応加算」と同様に、在宅で過ごされている方になります。多機能系サービスの場合、登録者も在宅で過ごしていますが、本加算の対象ではないため、算定はできません。

また、多機能系サービスには、短期利用サービスが設定されていますが、「認知症行動・心理症状緊急対応加算」の算定は、短期利用のサービスではありません。利用の主旨から、医療機関における対応が必要であると判断される場合にあっては、速やかに適当な医療機関の紹介、情報提供を行うことにより、適切な医療が受けられるように取り計らう必要があります。ただし、利用限度の 7 日間を越えて 8 日目以降を短期利用（短期利用居宅介護費）の継続とすることも可能です。

Q21 通所困難な利用者の入浴介護

多機能系

Q 多機能系サービス利用者が自宅で訪問入浴介護サービスを利用できるようになりました。この場合の利用者負担分と区分支給限度基準額には、通常の介護サービス利用時と同じ扱いで良いのでしょうか？

A 多機能系サービスにおける訪問入浴介護の利用については、介護給付としての利用ではなく、多機能系サービスの一環であるため、利用者負担分はありません。また、このため、区分支給基準限度額でも取り扱いません。

　令和3年度の介護報酬改定でも、原則的に取り扱いが変わる部分はなく、従来より、利用者の負担によって多機能系サービスの一部を付添者等に行わせることがあってはならない、とされていたところに、訪問入浴介護等であれば、多機能系サービス事業所の負担で実施しても構わないと、事業所負担の具体的な事例が記載されたことになります。よって、本来であれば通いサービスで入浴介助を行うところに対し、自宅で訪問入浴を行う場合は、その部分を多機能系サービス事業所負担で訪問入浴介護を行うことになるため、利用者負担は発生しません。

Q22 短期入所療養介護における 医学的管理の評価の充実

短期入所系

Q 短期入所療養介護に新設された総合医学管理加算は、どのような管理を行った場合に算定できるのでしょうか？

A 本加算は、短期入所療養介護の「緊急短期入所受入加算」と似ていますが、対象となる利用者が「治療目的の老健入所」という点が特徴になります。居宅サービス計画において計画的に行うことになっていないということ、7 日を限度としていることについては、「緊急短期入所受入加算」と同等です。一方、治療目的ということで、下記が算定要件に示されています。

・診療方針を定め、治療管理を行う。
・診療録を記載する。
・かかりつけ医に対して、診療状況を示す文書を添えて情報提供を行う。

　また、「緊急短期入所受入加算」と同じく、「認知症行動・心理状況緊急対応加算」を算定している場合は算定できません。

Q23 認知症グループホームにおける医療ニーズへの対応

居住系

Q 認知症対応型共同生活介護（グループホーム）における医療連携体制加算では、令和3年度の介護報酬改定により受入要件が変更されましたが、対象となる利用者が増える方向の改定でしょうか？

A 医療連携体制加算では、算定要件のうち医療的ケアが必要な者の受入実績要件が改定され、従来の2項目から9項目に増えています。単位数は従来と変わりません。従来は、算定日が属する月の前12月間において要件に該当する入居者が1人以上あることとして、これまでの下記①②に加え、③〜⑨が追加されました。

① 喀痰（かくたん）吸引を実施している状態

② 経鼻胃管や胃瘻（ろう）等の経腸栄養が行われている状態

③ 呼吸障害等により人工呼吸器を使用している状態

④ 中心静脈注射を実施している状態

⑤ 人工腎臓を実施している状態

⑥ 重篤な心機能障害、呼吸障害等により常時モニター測定を実施している状態

⑦ 人工膀胱又は人工肛門の処置を実施している状態

⑧　褥瘡に対する治療を実施している状態

⑨　気管切開が行われている状態

　これにより、対象となる利用者は増加する方向で考えることができ、介護報酬のプラス要因として捉えることができますが、現場での対応については、医療依存度の高い入居者が増えるため、従来よりも対応スキルが求められるため、体制整備も必要となってくると考えられます。

─────────────── ポイント ───────────────

・加算対象となる症例が増えることに伴い、職員、設備等の体制整備も必要となる。

Q24 入退所前連携加算

施設系

Q 介護老人保健施設に新設された「入退所前連携加算」は、入所予定日30日前からの居宅介護支援事業所との連携が求められています。この場合、利用者は、居宅介護支援事業所との契約も入所予定日30日前に行う必要があるでしょうか?

A 従来の「退所前連携加算」は、介護老人保健施設を退所する前に、入所者が希望する居宅介護支援事業者と施設が連携するものでした。令和3年度からは、施設入所時から退所後に利用する居宅介護支援事業者と施設が連携することになります。最も早い時期では、入所予定日前30日からで、入所後30日以内までが入所時の対応となります。

入所時の対応としては、入所者の退所後の居宅サービス等の利用方針を定めることになります。契約については、個人情報の入手等もあるため、利用者情報の収集時から契約の締結が求められます。利用者と居宅介護支援事業間の手続きにより、本加算が算定要件を満たすか否かに関わるため、介護老人保健施設としては、連携の取りやすい居宅介護支援事業と進めていくのが良いと考えられます。

Q25 訪問介護における通院等乗降介助

訪問系　　通所系　　短期入所系

Q 通院等乗降介助の見直しにより、利用者の利便は向上していますが、これによって送迎減算になったりや加算算定できなくなるのはどのような場合でしょうか？

A これまで、通院等乗降介助の利用にあたっては、自宅が始点と終点という制限のため、2 か所の病院等に通院する場合は、一旦、自宅に戻る必要がありました。また、通所介護や短期入所の終了後に通院する場合においては、通所介護や短期入所の事業所を始点として、通院後に自宅に戻る場合でも要件を満たすことになりました。

一方で、通所介護や短期入所では、送迎の一部が通院等乗降介助に置き換わることになるため、通所介護の後に通院等乗降介助を利用する場合は、送迎減算となり、短期入所後に通院等乗降介助を利用する場合は、短期入所事業所での送迎加算が算定できなくなります。

図表3 通院等乗降介助の算定要件

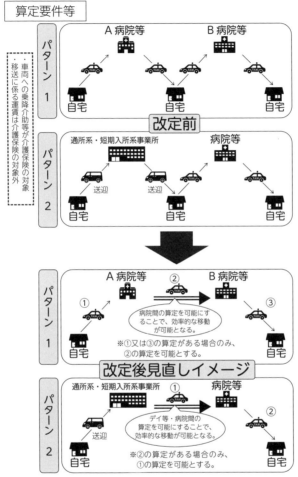

（出典：「令和3年度介護報酬改定における改定事項について」厚生労働省）

───── ポイント ─────

・自宅が始点もしくは終点であれば、医療機関等の複数施設間も通院等乗降介助の対象となる。

訪問系

Q26 退院当日の訪問看護

Q 退院当日における**訪問看護**について、**介護保険での算定が可能**になりました。**施設からの退所日についても、算定可能でしょ**うか？

A 施設の退所日も算定可能となります。具体的には、医療機関、介護老人保健施設、介護療養型医療施設又は介護医療院となります。また、短期入所療養介護サービス終了日も同様の扱いになります。対象となる利用者は、厚生労働大臣が定める状態（利用者等告示第六号）にある利用者に加え、主治の医師が必要と認めた利用者となっています。厚生労働大臣が定める状態（利用者等告示第六号）は、訪問看護の特別管理加算（Ⅰ）（Ⅱ）の対象者と同等です。

図表 4　退院当日の訪問看護特別管理加算が認められる場合

厚生労働大臣が定める状態（利用者等告示第六号）

イ．在宅悪性腫瘍等患者指導管理若しくは在宅気管切開患者指導管理を受けている状態又は気管カニューレ若しくは留置カテーテルを使用している状態

ロ．以下のいずれかを受けている状態にある者

在宅自己腹膜灌流指導管理

在宅血液透析指導管理

在宅酸素療法指導管理

在宅中心静脈栄養法指導管理

在宅成分栄養経管栄養法指導管理

在宅自己導尿指導管理

在宅持続陽圧呼吸療法指導管理

在宅自己疼痛管理指導管理

在宅肺高血圧症患者指導管理

ハ．人工肛門又は人工膀胱を設置している状態

ニ．真皮を超える褥瘡の状態

ホ．点滴注射を週 3 日以上行う必要があると認められた状態（在宅患者訪問点滴注射管理指導料を算定している者

（出典：「令和 3 年度介護報酬改定における改定事項について」厚生労働省）

━━━━━━━━━━━━　**ポイント**　━━━━━━━━━━━━

・介護老人福祉施設、短期入所生活介護の退所日は、該当しない。

訪問系

　　訪問看護の看護体制強化加算の単位数が下がりました。今後
　　は、積極的な加算取得の対象ではないと考えた方がよいでしょ
うか？

　　令和 3 年度の改定では、看護体制強化加算の単位数が下がりま
　　したが、算定要件のハードルも下がりました。医療ニーズの高
い、要介護者等の在宅療養の環境構築、機能強化に向けた改定となって
おり、むしろ積極的に取得すべき加算と言えます。看護体制強化加算の
算定要件は、「1）緊急時訪問看護加算の算定割合」「2）特別管理加算
の算定割合」「3）ターミナルケア加算」の件数となっていましたが、
令和 3 年度から、「2）特別管理加算の算定割合」の利用者の前 6 か月
において30／100から20／100に緩和されました。これにより、算定でき
る事業所（訪問看護ステーション等）が増えることが想定されます。

───── ポイント ─────

・要件が緩和されたので、積極的な算定の検討を。

Q28 認知症対応型共同生活介護の宿泊ニーズへの対応

短期入所系　　居住系

Q 認知症対応型共同生活介護（グループホーム）の定員を超えての緊急時短期利用について、要件が緩和されましたが、利用日数も増えるのでしょうか？

A 定員を超えての緊急時短期利用について、従来の「1事業所1名まで」が「1ユニット1名まで」とされました。令和3年度から、認知症対応型共同生活介護（以下、グループホーム）では、1事業所3ユニットまでと改定されましたので、1事業所の最大受入人数が3名となることになります。また、受入日数の要件についても「7日以内」とされていましたが「7日以内を原則として、利用者家族の疾病等やむを得ない事情がある場合には14日以内」となりました。また、「個室」とされている利用可能な部屋の要件について、「おおむね7.43㎡／人でプライバシーの確保に配慮した個室的なしつらえ」が確保される場合には、個室以外も認めることとされました。

　算定要件には、利用者の状況や利用者家族の事情により、居宅介護支援事業所の介護支援専門員が緊急に必要と認めた場合とされているので、受入れを積極的に行うグループホームにあたっては、職員等の体制整備と合わせ、近隣の居宅介護支援事業所に対する情報提供が望まれます。

※日数の要件緩和は、短期入所療養介護の「緊急短期入所受入加算」に
ついても同様となります。

────────────────── ポイント ──────────────────

・14日の緊急利用に対応できる、職員等の体制整備も
準備すること。

Q29 過疎地域等におけるサービス提供の確保

多機能系

Q 小規模多機能型居宅介護の定員が過疎地域等において、定員を超える運営が可能になりましたが、何人まで超えることが可能でしょうか？

A 具体的な人数は示されていません。登録定員、利用定員を超えてサービスを提供できる地域、また期間について市町村が認めることになります。登録定員を超える場合は、介護報酬が利用者全員30％減算とされていましたが、令和3年度施行の改正では、市町村が認めた期間は減算しないこととされました。

　対象期間については、定員の超過を認めた日から市町村の介護保険事業計画の終期まで最大3年間を基本としています。また、看護小規模多機能型居宅介護も対象になります。

───── **ポイント** ─────

・登録定員を超える数の基準は、事業所側で何人までが可能なのかを把握することが基本となる。

Q30 リハビリテーションマネジメント加算

訪問系　　通所系

Q 訪問リハ・通所リハの「リハビリテーションマネジメント加算」が改定になりましたが、リハビリテーションマネジメント加算（Ⅰ）が廃止されています。上位の加算に対応しないと大幅な減収になるでしょうか？

A 従来の訪問リハ、通所リハの「リハビリテーションマネジメント加算」は、（Ⅰ）（Ⅱ）（Ⅲ）（Ⅳ）から構成されていました。令和 3 年度の介護報酬改定により、（A）イ、（A）ロ、（B）イ、（B）ロの構成となりました。これにより、リハビリテーションマネジメント加算（Ⅰ）に相当する加算が廃止されました。よって、従来、リハビリテーションマネジメント加算（Ⅰ）対象の利用者は、リハビリテーションマネジメント加算の対象から外れることになります。

　この廃止された、リハビリテーションマネジメント加算（Ⅰ）については、従来の算定要件である「医師の指示、指示内容の記録、介護支援専門員を通じて他指定居宅サービス事業所の担当者への情報伝達等」が基本報酬の要件として組み込まれたことを踏まえ、リハビリテーションマネジメント加算（Ⅰ）は基本報酬に含まれるという形になりました。今回の介護報酬改定をサービス別で見ると訪問介護、通所介護サービスの改定率は、1 % 弱ですが、訪問・通所リハビリテーションについて

は、約６％と大幅に増えており、この点にリハビリテーションマネジメント加算（Ⅰ）が組み込まれたことが示されています。

　よって、リハビリテーションマネジメント加算（Ⅰ）がなくなったことの減収の影響は大きくありませんが、令和３年度の改定においてはLIFEへの対応が広く求められていることを踏まえ、リハビリテーションマネジメント加算（A）ロ、（B）ロの算定が望ましいと考えられます。

図表5　リハビリテーションマネジメント加算

改定前	改定後
リハビリテーションマネジメント加算（Ⅰ）	廃止
リハビリテーションマネジメント加算（Ⅱ）	リハビリテーションマネジメント加算（A）イ
―	リハビリテーションマネジメント加算（A）ロ
リハビリテーションマネジメント加算（Ⅲ）	リハビリテーションマネジメント加算（B）イ
リハビリテーションマネジメント加算（Ⅳ）	リハビリテーションマネジメント加算（B）ロ

＊リハビリテーションマネジメント加算（A）ロ：ハビリテーションマネジメント加算（B）ロの要件にリハビリテーション計画のLIFEへの提出及びフィードバック

――――――――――――――― **ポイント** ―――――――――――――――

・訪問／通所リハは基本報酬に、従来のリハビリテーションマネジメント加算（Ⅰ）が含まれた単位数である。

Q31 リハビリテーションマネジメント計画書情報加算

施設系

Q 介護老人保健施設で新設となった「リハビリテーションマネジメント計画書情報加算」の算定にあたっては、理学療法士、作業療法士、言語聴覚士等の共同が示されています。この加算の算定要件で必要となる有資格者の人員数はどうなりますか？

A 算定要件には、医師、理学療法士、作業療法士、言語聴覚士等の共同との記載がありますが配置人数は、「リハビリテーションマネジメント計画書情報加算」の算定要件と関係ありません。よって、リハビリテーション実施計画を入所者又はその家族に説明し、継続的にリハビリテーションの質を管理し、リハビリテーション実施計画の内容等を LIFE に情報提供していること及び LIFE からのフィードバック情報を活用することで算定できます。

　例えば、介護老人保健施設では、LIFE に関わる加算として、今回改定で新規に位置付けられた「科学的介護推進体制加算」「自立支援促進加算」と従来からの加算に LIFE に関わる算定要件が追加された「栄養マネジメント強化加算」「口腔衛生管理加算（Ⅱ）」「かかりつけ医連携薬剤調整加算（Ⅱ）（Ⅲ）」「褥瘡マネジメント加算（Ⅰ）（Ⅱ）」「排せつ支援加算（Ⅰ）（Ⅱ）（Ⅲ）」があります。令和3年度の改正では、同時に多くの加算Ⅱ対して、LIFE 対応が求められたため、LIFE 対応状況に

あたっては、加算の取得状況や算定要件をまとめて対応の可否を把握できるようなチェックリスト等による確認も有効であると考えられます。

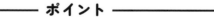

ポイント

・加算算定要件の職種は多いが、人員配置の基準は示されていない。

Q32 退院・退所直後のリハビリテーション

訪問系

Q 退院・退所直後の訪問リハビリテーションが週6回から、週12回になりましたが、訪問看護ステーションの理学療法士等の訪問も同様でしょうか？

A 訪問リハビリテーションにおいて、退院・退所の日から起算して3月以内の利用者に対して、医師の指示に基づきリハビリテーションを行う場合において、週12回までの算定が可能となりました。一方、訪問看護における理学療法士等による訪問看護も週6回限度となっていましたが、令和3年度の改定では訪問看護について変更はなく、従来通り週6回のままとなります。

── ポイント ──

・訪問看護ステーションの理学療法士等の訪問は、週6回が限度である。

Q33 移行支援加算

訪問系　　通所系

Q 訪問リハ、通所リハの「社会参加支援加算」が「移行支援加算」に改定されましたが、名称以外については、算定要件等は変更はないでしょうか？

A 名称の変更については、達成状況の評価において「指定通所介護等の事業所へ移行」としていることから移行支援とされました。また、名称以外にも一部の算定要件が変更になりました。

まず、評価対象期間における指定通所介護等を実施した者の割合は、従来、訪問リハ、通所リハとも5／100でしたが、令和3年度の介護報酬改定により、通所リハビリテーションでは5／100→3／100と変更されました。また、訪問リハ、通所リハともリハビリテーションの利用の回転率（12月／平均利用延月数）≧25％でしたが、ここでも通所リハだけが25％→27％と変更されました。

なお、訪問リハ・通所リハの終了の確認手法については、改定前は「居宅を訪問すること又は介護支援専門員から居宅サービス計画に関する情報提供を受けること」とされていましたが、改定により電話等での実施を含め確認手法は問わないこととなりました。一方、訪問リハ・通所リハの事業所から移行先の通所介護等への情報提供として、訪問・通所リハビリテーション計画書が示されています。この提供にあたって

図表 6　社会参加支援加算

	改定前	改定後
指定通所介護等を実施した者の割合	5／100	訪問リハ：5／100 通所リハ：3／100
リハビリテーションの利用の回転率	25％	訪問リハ：25％ 通所リハ：27％
指定通所介護等の実施方法の確認の手法	訪問・通所リハ終了者の居宅を訪問	電話等
指定通所介護等への情報提供	－	訪問・通所リハビリテーション計画書（抜粋可）

は、計画書に記載されている本人の希望、家族の希望、健康状態・経過、リハビリテーションの目標、リハビリテーションサービス等の情報を抜粋し、提供することで差し支えないとされています。

───────────── **ポイント** ─────────────

・新たに通所介護事業所等への訪問／通所リハビリテーション計画書の提出の要件も追加された。

Q34 生活行為向上リハビリテーション実施加算

通所系

Q 通所リハビリテーションの「生活行為向上リハビリテーション実施加算」の単位数が2000単位から1250単位と大幅に減少しましたが、算定要件も緩和されたのでしょうか？

A 「生活行為向上リハビリテーション実施加算」は、単位数が2,000単位／月から1,250単位／月へと大幅に単位数が減少しました。ただし、対象期間が６月のみとなり、減算もなくなったことで給付管理上の調整も行いやすくなりました。算定要件については、リハビリテーションマネジメント加算（A）または（B）〔改定前のリハビリテーションマネジメント加算（Ⅱ）〜（Ⅳ）〕を算定していることが必要となります。一方で、加算算定期間において、指定通所リハビリテーション事業所の医師又は医師の指示を受けた理学療法士、作業療法士又は言語聴覚士が利用者の居宅を訪問し、生活行為に関する評価をおおむね１月に１回以上実施することが新たに算定要件に追加されました。

この算定要件では、緩和されたとは言い難い改定ですが、生活行為向上リハビリテーション実施加算の届出が7.5％（平成27年度介護報酬改定の効果検証及び調査研究に係る調査（平成28年度調査））という低調であったことから、「利用者の経済的な負担」「区分支給限度額への影響」「負担額に対する介護支援専門員の理解が得られない」等、届出をしていな

い理由を反映した改定になっています。

図表 7　通所リハビリテーションの場合

	改定前	改定後
3 月以内	2,000単位／月	1,250単位／月
3 月越、6 月以内	1,000単位／月	
加算終了後 6 月以内 (6 月超、12月以内)	所定単位数15／100減算	廃止

図表 8　生活行為向上リハビリテーション実施加算の見直し（イメージ）

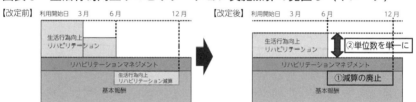

（出典：「令和 3 年度介護報酬改定における改定事項について」社保審－介護給付費
　　　　分科会第199回（R3.1.18）参考資料 1　厚生労働省）

────────── ポイント ──────────

・加算の単位数は減少しているが、基本報酬が増加し
　ているので、区分支給限度額管理には留意する。

Q35 生活機能向上連携加算

訪問系　　通所系　　短期入所系　　多機能系　　居住系　　施設系

Q 生活機能向上連携加算が従来の１通りから、（Ⅰ）（Ⅱ）の２通りが設定されました。（Ⅰ）は、算定要件が緩和されているのでしょうか？

A 生活機能向上連携加算の算定率が低いことから、その要因となる外部連携先の負担の大きさが指摘されていました。この点について特に負担が大きかった、理学療法士等の利用者宅訪問について、訪問を伴わない場合を（Ⅰ）〔100単位／月〕、訪問する場合が（Ⅱ）〔200単位／月〕となりました。（Ⅱ）の算定要件については、従来と変わりませんが、（Ⅰ）については、算定要件が緩和され取得しやすくなりました。ただし、（Ⅰ）は算定しやすくなった一方、３月に１回を限度とされているため、（Ⅱ）を算定すれば３月で600単位となるところが、（Ⅰ）では100単位となり件数を多くすることができなければ積極的に算定するメリットが少ないと考えられます。加算の目的等を共有しながら協力体制を構築できる外部連携先の理学療法士等との連携が望まれます。

───── **ポイント** ─────

・生活機能向上連携加算（Ⅰ）は、算定する回数の制限もあるため効率的にPT等の助言を受ける体制整備が求められる。

Q36 通所介護における個別機能訓練加算

通所系

Q 改定により、通所介護の「個別機能訓練加算」が３パターンになりましたが、いずれか１つしか算定できないのでしょうか？

A 改定後の「個別機能訓練加算」は、従来の個別機能訓練加算（Ⅰ）、（Ⅱ）の２パターンから個別機能訓練加算（Ⅰ）イ、（Ⅰ）ロ、（Ⅱ）の３パターンになりました。このうち、機能訓練指導員の配置時間が異なる（Ⅰ）イ、（Ⅰ）ロについては、併算定はできませんが、（Ⅱ）は、（Ⅰ）に加えて LIFE へのデータ提出とフィードバックの活用が算定要件となっており、（Ⅰ）イ、ロのいずれかと（Ⅱ）との併算定が可能となります。改定により、従来の（Ⅰ）は廃止され、従来の（Ⅱ）が改定後の（Ⅰ）イになります。

図表9 個別機能訓練

算定要件	改正前	改正後
機能訓練指導員を専従1名 (サービス提供時間を通じて) 集団対応可	Ⅰ:46単位／日	(廃止)
機能訓練指導員を専従1名 (時間の定めなし) 利用者5人程度の小集団か個別	Ⅱ:56単位／日	Ⅰイ:56単位／日
機能訓練指導員を専従1名 (サービス提供時間を通じて)利用者5人程度の小集団か個別	-	Ⅰロ:85単位／日
Ⅰに加えてLIFEへの情報提供、フィードバック情報の活用	-	Ⅱ:20単位／日

―――――――― ポイント ――――――――

・機能訓練は、集団での実施が加算の要件から外された。5人程度以下の小集団又個別が対象となる。

Q37 通所介護等の入浴介助加算

通所系

Q 入浴介助加算が従来の1通りから、（Ⅰ）（Ⅱ）の2通りが設定されました。（Ⅱ）の算定要件に「医師等が利用者の居宅を訪問し、浴室における利用者の動作、浴室の環境を評価」とありますが、自宅に浴室がない場合は、算定できないのでしょうか？

A 通所介護（地域密着型含む）、通所リハビリテーション、認知症対応型通所介護の入浴介助加算が（Ⅰ）、（Ⅱ）の2通りとなりました。

図表10　通所介護等の入浴介助加算

サービス種別	改定前	改定後
通所介護 地域密着型通所介護 認知症対応型通所介護	入浴介助加算： 50単位／日	入浴介助加算（Ⅰ）：40単位／日 入浴介助加算（Ⅱ）：55単位／日
通所リハビリテーション	入浴介助加算： 50単位／日	入浴介助加算（Ⅰ）：40単位／日 入浴介助加算（Ⅱ）：60単位／日

入浴介助加算（Ⅰ）については、単位数が下がりましたが、算定要件については従来と変わりません。一方、入浴介助加算（Ⅱ）については、次のような算定要件となっています。

・医師等（医師、理学療法士、作業療法士、介護福祉士、介護支援専門員等〔利用者の動作及び浴室の環境の評価を行うことができる福祉用具専門相談員、機能訓練指導員を含む。〕）による利用者居宅の訪問により、利用者の動作及び浴室の環境を評価すること。

・事業所の理学療法士、機能訓練指導員等が共同して、利用者の居宅を訪問した医師等と連携し、入浴計画を作成すること。

・入浴計画に基づき、個浴その他の利用者の居宅の状況に近い環境で入浴介助を行うこと。

　ただし、自宅に浴室がない等、具体的な入浴場面を想定していない利用者や、本人が希望する場所で入浴するには心身機能の大幅な改善が必要となる利用者にあっては、以下①～⑤をすべて満たすことにより、当面の目標として通所介護等での入浴の自立を図ることを目的として、同加算を算定することとしても差し支えないとされています。

①　通所介護等事業所の浴室において、医師等が利用者の動作を評価する。

②　通所介護等事業所において、自立して入浴することができるよう必要な設備（入浴に関する福祉用具等）を備える。

③　通所介護等事業所の機能訓練指導員等が共同して、利用者の動作を評価した者等との連携の下で、当該利用者の身体の状況や通所介護等事業所の浴室の環境等を踏まえた個別の入浴計画を作成する。

④　個別の入浴計画に基づき、通所介護等事業所において、入浴介助を行う。

⑤　入浴設備の導入や心身機能の回復等により、通所介護等以外の場面での入浴が想定できるようになっているかどうか、個別の利用者の状況に照らし確認する。

〔厚生労働省　令和３年度介護報酬等に係るQ&A　vol.8　問番号１より〕

　よって、自宅に浴室がない場合であっても入浴介助加算（Ⅱ）は算定

可能です。

　一方で加算については、利用日毎になるため、利用料や区分支給限度額に対する配慮も必要になってきます。届出上は、入浴介助加算（Ⅱ）であっても入浴介助加算（Ⅰ）で介護給付費請求を行うことができるため、（Ⅱ）で届出た上で、ケアマネジャーとの調整により（Ⅰ）、（Ⅱ）のどちらの対応もできるような、浴室の環境や体制を整備することで多様なニーズに対応できると考えられます。

　また、事業所における利用者の居宅に状況に近い環境における入浴介助については、環境構築に際してのノウハウも問われる点でもあるため、その環境を写真等でケアマネジャー等に示すことで事業所の取組を理解してもらうことにつながると考えられます。

━━━━━━━ ポイント ━━━━━━━

・（Ⅰ）と（Ⅱ）の違いで計画書、介助内容、費用も大きく変わってくるため、十分な意向確認を。

Q38 寝たきり予防・重度化防止のためのマネジメントの推進

施設系

Q 施設系サービスに新設された「自立支援促進加算」を算定する場合に、新たに配置すべき有資格者が必要となるでしょうか？

A 「自立支援促進加算」の算定要件では、医師による入所者ごとの医学的評価を行い、少なくとも6月に1回医学的評価を見直し、自立支援に係る支援計画の策定等に参加していることが求められています。本加算についての医師の配置については算定要件になっていません。

　この他の算定要件として、医学的評価の結果、特に自立支援のための対応が必要とされた入所者毎に、医師、看護師、介護職員、介護支援専門員、その他の職員が共同して、自立支援に係る支援計画を策定し、支援計画に従ったケアを実施していること及び少なくとも3月に1回入所者ごとに支援計画を見直すことが示されています。

　また、医学的評価の結果等についてLIFEへの情報提供及び情報の活用についても要件となっています。

── **ポイント** ──

・医師の配置は要件にないが、LIFEへのデータ提出とフィードバックの活用が要件である。

Q39 褥瘡マネジメント加算等

多機能系　施設系

Q　「褥瘡マネジメント加算」の算定が 3 月に 1 回限度から、毎月の算定が可能になり、新たに設定された「褥瘡マネジメント加算（Ⅱ）」は、従来よりも単位数も増えています。人員配置等が厳しくなったのでしょうか？

A　従来の「褥瘡マネジメント加算」は、褥瘡ケア計画に対する取組の評価と位置付けられますが、改定よって 2 パターンとなった「褥瘡マネジメント加算（Ⅰ）（Ⅱ）」は、（Ⅰ）が褥瘡ケア計画に対する取組の評価、（Ⅱ）が取組の成果と見ることができます。

　（Ⅰ）の算定要件は、下記のように主に 3 つ示されており、入所者全員に対して算定可能となっています。

・施設入所時等に評価するとともに、少なくとも 3 月に一回、評価を行い、その評価結果等を LIFE に情報提供し、褥瘡管理の実施に当たってフィードバック情報を活用していること。

・褥瘡が発生するリスクがあるとされた入所者等ごとに、医師、看護師、管理栄養士、介護職員、介護支援専門員その他の職種の者が共同して、褥瘡管理に関する褥瘡ケア計画を作成していること。

・評価に基づき、少なくとも 3 月に一回、入所者等ごとに褥瘡ケア計画を見直していること。

　これらは、多職種の共同による褥瘡ケア計画に基づく、PDCA〔褥瘡

ケア計画の作成（Plan）、当該計画に基づく褥瘡管理の実施（Do）、当該実施内容の評価（Check）とその結果を踏まえた当該計画の見直し（Action）〕の管理と LIFE の活用により運用されます。

　また、（Ⅱ）は、施設入所時に褥瘡が発生するリスクがあるとされた入所者について、評価を実施し、持続する発赤の褥瘡発症がない場合に算定できます。（Ⅱ）については、褥瘡発症がないという状態改善（アウトカム）評価を持って算定可能となるため、これまで以上に経過の観察やその原因について、多職種のチームによって検討していくことが求められます。よって、人員配置等について、人数や有資格者を求められている加算ではないため「投資のない加算」とも言えます。多くの加算のイメージは、人員配置等の体制整備への「投資」が必要でしたが、状態改善（アウトカム）が算定要件の場合は、結果で示すため、「投資」がなく、質の高い取組であれば要件を満たすととらえることができます。なお、（Ⅰ）と（Ⅱ）の併算定はできません。

※〔介護医療院の場合は、従来の褥瘡対策指導管理が褥瘡対策指導管理（Ⅰ）、（Ⅱ）になりました。〕

ポイント

・（Ⅱ）の算定に対し、追加の人員配置は不要である。取組の成果に対する加算である。

Q40 排せつ支援加算

多機能系　施設系

Q 「排せつ支援加算」が従来の〔100単位／月〕の 1 パターンから（Ⅰ）〔10単位／月〕、（Ⅱ）〔15単位／月〕、（Ⅲ）〔20単位／月〕と 3 パターンになり、単位数も大幅に小さくなりました。従来より、算定しやすくなったと考えてよいでしょうか？

A 従来の「排せつ支援加算」の対象者は、「排せつに介護を要する入所者」として、排尿または排便の状態が、「一部介助」又は「全介助」と評価される者とされていました。令和 3 年度の介護報酬改定後の「排せつ支援加算」（Ⅰ）では、入所者全員を対象として算定できるため、対象となる人数が増えることになります。また、従来は算定の期間が 6 ケ月以内とされていましたが、改定により継続的な取組を促進するために、 6 ケ月以降も継続して算定可能となりました。

（Ⅰ）の算定要件は、下記のように主に 3 つ示されています。

・施設入所時等に評価するとともに、少なくとも 6 月に一回、評価を行い、その評価結果等を LIFE に情報提供し、排せつ支援に当たってフィードバック情報を活用していること。

・要介護状態の軽減が見込まれる者について、医師、看護師、介護支援専門員等が共同して、排せつに介護を要する原因を分析し、それに基づいた支援計画を作成し、支援を継続して実施していること。

・評価に基づき、少なくとも 3 月に一回、入所者等ごとに支援計画を見

直していること。

（Ⅰ）の算定要件は、取組（プロセス）への評価になりますが、（Ⅱ）、（Ⅲ）の算定要件は、排せつ状態の改善（アウトカム）になります。施設入所時と比較して、排尿・排便の少なくとも一方が改善し、どちらにも悪化がない場合（A）、おむつ使用から使用なしに改善した場合（B）について、（Ⅱ）は、（A）または（B）、（Ⅲ）は（A）かつ（B）となります。

改定により、単位数は大幅に下がったように見えますが、継続的に算定できる可能性があるので、取組内容によっては、結果的に単位数が上がったと考えることができます。

図表11 排せつ支援加算の算定要件

	要件A	要件B	要件C
	・要介護状態の軽減の見込みに関する評価（6月に1回） ・LIFEへの情報提供とフィードバック情報の活用 ・支援計画の策定と継続した実施 ・支援計画の見直し（3月に1回）	排尿・排便の状態の少なくとも一方が改善するとともに、いずれにも悪化がない	おむつ使用ありから使用なしに改善
排せつ支援加算（Ⅰ）	該当	要件なし	
排せつ支援加算（Ⅱ）	該当	B、Cどちらかを満たす	
排せつ支援加算（Ⅲ）	該当	B、Cどちらも満たす	

─────── **ポイント** ───────

・入所者全員に対し、継続的に算定できるため、算定要件に対する手順や基準の標準化を。

Q41 サービス提供体制強化加算

| 訪問系 | 通所系 | 短期入所系 | 多機能系 | 居住系 | 施設系 |

Q サービス提供体制強化加算の単位数が増加していますが、算定要件が従来よりも厳しくなったのでしょうか？

A 最も加算の単位数が大きいサービス提供体制強化加算（I）の単位数が、18単位から22単位に増えています（通所系、居住系サービス）。ただし、算定要件については、通所系が従来の介護福祉士50％以上から介護福祉士70％以上へ、また居住系では、従来の介護福祉士60％以上から介護福祉士80％以上へと従業員に占める介護福祉士の割合が20ポイントと大幅に増加しました。

　介護職員の確保が厳しい状況で介護福祉士資格を有する職員を新たに確保することは容易ではありません。事業所では長期的視点で既存の職員の資格取得を目指すことで、勤続年数が長くなり、安定した運営につながると考えられます。

　また、サービス提供体制強化加算（Ⅲ）でも勤続年数要件が、3年から7年と2倍以上に延長されており、定着率が高い現場運営が評価される方向性が示されています。

図表12　サービス提供体制強化加算（通所介護例）

改定前	改定後
－	（Ⅰ）：介護福祉士70％以上または、勤続10年以上介護福祉士が25％【22単位】
（Ⅰ）イ：介護福祉士50％以上【18単位】	（Ⅱ）：介護福祉士50％以上【18単位】
（Ⅰ）ロ：介護福祉士40％以上【12単位】	（Ⅲ）：介護福祉士40％以上、または勤続7年以上が30％【6単位】
（Ⅱ）：勤続3年以上が30％【6単位】	

図表13　サービス提供体制強化加算（介護老人福祉施設）

改定前	改定後
－	（Ⅰ）：介護福祉士80％以上または、勤続10年以上介護福祉士が35％【22単位】
（Ⅰ）イ：介護福祉士60％以上【18単位】	（Ⅱ）：介護福祉士60％以上【18単位】
（Ⅰ）ロ：介護福祉士50％以上【12単位】	（Ⅲ）：介護福祉士50％以上、または常勤職員75％以上勤続7年以上が30％【6単位】
（Ⅱ）：常勤職員75％以上【6単位】	
（Ⅲ）：勤続3年以上が30％【6単位】	

――――――――――――――― ポイント ―――――――――――――――

・介護福祉士取得と職員の定着化という、既存職員の育成が評価につながる。

Q42 訪問介護の特定事業所加算

訪問系

Q 訪問介護の特定事業所加算は、新たに特定事業所加算（V）が追加されました。この加算は、従来から設定されている特定事業所加算（Ⅰ）〜（Ⅳ）と併算定は可能でしょうか？

A 訪問介護の特定事業所加算の算定要件は、大きく 3 つの要件、①体制要件、②人材要件、③重度者対応要件で区分されます。新たに設けられた特定事業所加算（V）は、①体制加算が、特定事業所加算（Ⅲ）と同じ要件です。また、特定事業所加算（V）には、③重度者対応要件が設定されておらず、特定事業所加算（Ⅲ）には②人材要件の設定がありません。よって、特定事業所加算（Ⅲ）の算定要件を満たしている事業所が、特定事業所加算（V）の②人材要件「訪問介護員等の総数のうち、勤続 7 年以上の者の占める割合が100分の30以上であること。」を満たしていれば、特定事業所加算（V）と併算定が可能となります。

特定事業所加算（V）に追加された「勤続年数 7 年以上の者の占める割合が30／100以上という基準については、サービス提供体制強化加算でも設定されており、職員の定着化、離職防止への取組の強化が求められていると言えます。

また、令和 3 年度の改定では、①体制要件のうち「利用者に関する情報または、サービス提供に当たっての留意事項の伝達等を目的とした会

図表14　特定事業所加算

[イメージ]

（Ⅰ）+20%　重度者対応要件（10）／人材要件（7）+（8）／体制要件（1）+（2）+（3）+（4）+（5）

（Ⅱ）+10%　人材要件（7）or（8）

（Ⅲ）+10%　重度者対応要件（10）

（Ⅳ）+5%　重度者対応要件（11）／人材要件（9）

（Ⅴ）+3%　人材要件（新）

体制要件（1）+（2）+（3）+（4）+（5）
（※（Ⅳ）は（1）ではなく（6））

※　（Ⅲ）と（Ⅴ）を同時に算定する場合を除いて、別区分同士の併算定は不可。

算定要件 \ 区分 加算率	Ⅰ +20/100	Ⅱ +10/100	Ⅲ +10/100	Ⅳ +5/100	(新)Ⅴ +3/100
体制要件 (1) 訪問介護員等ごとに作成された研修計画に基づく研修の実施	○	○	○		○
(2) 利用者に関する情報又はサービス提供に当たっての留意事項の伝達等を目的とした会議の定期的な開催	○	○	○	○	○
(3) 利用者情報の文書等による伝達（※）、訪問介護員等からの報告（※）直接面接しながら文書を手交する方法のほか、FAX、メール等によることも可能	○	○	○	○	○
(4) 健康診断等の定期的な実施	○	○	○	○	
(5) 緊急時等における対応方法の明示	○	○	○	○	○
(6) サービス提供責任者ごとに作成された研修計画に基づく研修の実施				○	
人材要件 (7) 訪問介護員等のうち介護福祉士の占める割合が100分の30以上、又は介護福祉士、実務者研修修了者、並びに介護職員基礎研修課程修了者及び1級課程修了者の占める割合が100分の50以上	○	○			
(8) 全てのサービス提供責任者が3年以上の実務経験を有する介護福祉士、又は5年以上の実務経験を有する実務者研修修了者若しくは介護職員基礎研修課程修了者若しくは1級課程修了者	○ 又は	○			
(9) サービス提供責任者を常勤により配置し、かつ、同項に規定する基準を上回る数の常勤のサービス提供責任者を1人以上配置していること。				○	
(新) 訪問介護員等の総数のうち、勤続年数7年以上の者の占める割合が100分の30以上であること。					○
重度者対応要件 (10) 利用者のうち、要介護4、5である者、日常生活自立度（Ⅲ、Ⅳ、M）である者、たんの吸引等を必要とする者の占める割合が100分の20以上	○		○		
(11) 利用者のうち、要介護3～5である者、日常生活自立度（Ⅲ、Ⅳ、M）である者、たんの吸引等を必要とする者の占める割合が100分の60以上				○	

（出典：「令和3年度介護報酬改定における改定事項について」厚生労働省）

議の定期的な開催」については、その手段としてオンライン会議システム等のICTの活用が可能となっており、オンラインによる開催でも要件を満たすことになりました。

Q43 計画作成担当者の配置基準の緩和

居住系

Q 認知症対応型共同生活介護に関する改定では、計画作成担当者の配置がユニットごとから事業所ごとに緩和されました。また、ユニット数が 2 ユニットから 3 ユニットへ拡大され、サテライト事業所も創設されました。計画作成担当者が作成する計画書は最も多い場合は、何人分を担当することなりますか？

A 令和 3 年度の改定では、①「計画作成者の配置が 1 ユニットに 1 人以上から 1 事業所に 1 人以上」、②「1 事業所のユニット数が 3 以下」となりました。1 ユニットの入居定員は、5 〜 9 人なので、1 事業所における計画作成担当者が、1 人の場合、最大で（3 ユニット）×（9 人）＝27人分の計画書作成となります。また、令和 3 年度の改定では、サテライト型の事業所も新たに位置付けられており、その計画作成担当者については、介護支援専門員でなくても、認知症介護実践者研修を修了した者あれば可となっています。ただし、この場合、本体事業所の介護支援専門員の監督を受けることになっています。

よって、本体事業所の介護支援専門員は、最も多い場合 3 ユニット分の入居者27人分の計画作成に加え、サテライト事業所の計画作成担当者（認知症介護実践者研修修了者）が担当する入居者 9 人分の計画作成の監督を行う場合が、最も多い場合として考えられます。

図表15 地域密着型サービス計画作成担当者の配置基準

		認知症グループホーム	小規模多機能型居宅介護 看護小規模多機能型居宅介護	地域密着型 介護老人福祉施設	地域密着型特定施設 入居者生活介護
計画作成担当者（介護支援専門員）	配置員数	事業所ごとに1人以上	事業所ごとに1人以上	施設ごとに1人以上	事業所ごとに1人以上
	人員要件	介護支援専門員 かつ 認知症介護実践者研修修了者	介護支援専門員 かつ 認知症介護実践者研修修了者 ＋ 小規模多機能型サービス等 計画作成担当者研修修了者	介護支援専門員	介護支援専門員
	その他の要件	2人以上の計画作成担当者を配置する場合、いずれか1人が介護支援専門員の資格を有していれば足りる（全員が研修修了者であることは必要）	－	－	－

図表16 認知症グループホームのサテライト型事業所のユニット数（イメージ）

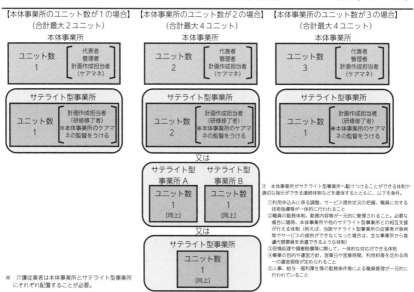

（出典：「令和3年度介護報酬改定における改定事項について」厚生労働省）

――――――――――― ポイント ―――――――――――

・サテライト型の計画作成担当者は、本体事業所の介護支援専門員の監督のもと、認知症介護実践者研修の修了者であれば可能である。

Q44 通所系サービス、多機能系
サービスの区分支給限度基準額

通所系　　多機能系

区分支給限度基準額の計算方法が変わりましたが、この変更に
により、従来から介護報酬が下がる可能性があるのでしょう
か？

区分支給限度基準額に関する計算方法については、
①同一建物減算等（通所系サービス、多機能系サービス）
②規模別の基本報酬（通所系サービス）
の 2 点についての改定がありました。

①　同一建物減算等

　同一建物減算適用前の単位数で区分支給限度基準額の管理を行うこと
になりました。また、②規模別の基本報酬については、大規模型の利用
者の区分支給限度基準額の管理には、通常規模型の単位数（大規模型の
単位数よりも大きい）を用いることになりました。①同一建物減算等に
ついては、減算に該当しなければ、区分支給限度基準額の計算に変更は
ありませんので、介護報酬が下がる要素にはなりません。一方、減算に
該当するような事業所と同一建物に居住する利用者であっても、区分支
給限度基準額に近い介護報酬でなければ介護報酬が減少することはない
と考えられます。もし、以前より、区分支給限度基準額ギリギリの利用

状況であれば介護保険対象外になる単位数が出てくる場合があり、その部分の自己負担額が大きくなるためにサービスを控える可能性があります。

②　規模別の基本報酬

　規模別の基本報酬に対する区分支給限度額の適用については、大規模型の通所系サービスについては、全利用者に対して区分支給限度の計算において、通常規模型の単位数を用いるため、これまでより区分支給限度内の単位数が少なくなります。このため、区分支給限度基準額に近い利用状況の場合は、介護保険外単位数が出る可能性があります。例えば、大規模型Ⅱ要介護2（7～8時間）は、713単位ですが、給付管理上は通常規模を適用し、773単位となります。その差は60単位であり、大規模型の単位数の約8％に相当します。よって、限度額に対し、通所介護のみで9割以上の給付になる場合は、限度額超過が発生する可能性があります。ただし、その対象となるような区分支給限度基準額に近い利用状況の利用者は、多くないと考えられるため、事業所全体として見ても介護報酬が下がる要因になりにくいと言えます。

─── **ポイント** ───

・通常規模型の単位数で給付管理する際、大規模型では限度額の9割以上の給付の場合に限度額超過になる可能性が高くなる。

Q45　訪問看護の機能強化

訪問系

Q 理学療法士、作業療法士、言語聴覚士が行う訪問看護の算定要件が改定されましたが、これまで訪問できていた利用者が該当しなくなる場合もあるのでしょうか？

A 理学療法士等が行う訪問看護については、利用者に対する要件が追加されました。訪問リハビリテーションの利用者同様に「理学療法士、作業療法士又は言語聴覚士による訪問看護については、通所リハビリテーションのみでは家屋内における ADL の自立が困難である場合かつ、ケアマネジメントの結果、看護職員と理学療法士、作業療法士又は言語聴覚士が連携した家屋状況の確認を含めた訪問看護の提供が必要と判断された場合」に、訪問看護費を算定できるものであるとされています。

家屋状況の確認については、看護師と理学療法士等が連携して行うものとされており、訪問に至るまでのアセスメントにより重きが置かれました。

また、これらの確認は、居宅サービス計画書から記載される内容になるため、サービス担当者会議でも重要な確認項目になると考えられます。

介護報酬については、看護師の訪問看護については、単位数が増加していますが、理学療法士等の訪問看護については、単位数が下がりまし

た。よって理学療法士等の訪問看護については、実施事項が増えた一方で介護報酬が下がったため、より効率的なサービス提供を意識することが求められます。

ポイント

・理学療法士等の行う訪問看護は「通所リハビリテーションのみでは家庭内の ADL の自立が困難な場合」かつ「家屋状況の確認を含め訪問看護が必要と判断された場合」が要件となる。

Q46 地域と連携した災害対策の強化

通所系　短期入所系　居住系　施設系

Q 非常災害対策について、地域住民の参加が得られるように連携に努めることが新たに義務付けられましたが、連携の内容としては、避難訓練に参加してもらうということでよいのでしょうか?

A 令和 3 年度施行の改正において、感染症や災害発生に対する業務継続計画（BCP）の策定等を行い、利用者により安全安心な体制で持続的にサービスを提供していくという点について、強化されました。

　非常災害対策（計画策定、関係機関との連携体制の確保、避難、救出訓練等）は、従来から運営基準にも記載のあった内容であり、日頃から消防団や地域住民との連携を図り、火災等の際に消火・避難等に協力してもらえるような体制作りを求めるとされていました。これについて、実際の非常時において、地域住民との連携が機能することを目的とした訓練を行うように定められました。

　避難、救出その他の訓練の実施に当たって、できるだけ地域住民の参加が得られるよう努めることとしたものであり、そのためには、日頃から地域住民との密接な連携体制を確保するなど、訓練の実施に協力を得られる体制づくりに努めることが必要であるとされています。

　また、訓練の実施に当たっては、消防関係者の参加を促し、具体的な指示を仰ぐなど、より実効性のあるものが求められています。よって、

訓練の計画時点から実施にあたっても消防関係者等からの助言を受ける
機会を持つことが望まれます。

ポイント

・連携が機能するために、日頃からの密接かつ協力が
得られる体制作りが必要である。

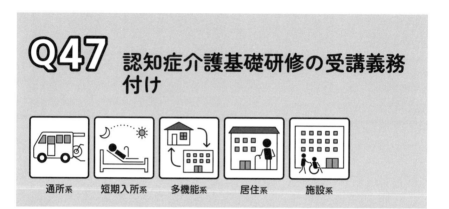

Q47 認知症介護基礎研修の受講義務付け

通所系　　短期入所系　　多機能系　　居住系　　施設系

Q 介護に直接携わる職員のうち、医療・福祉関係の資格を有さない者について、認知症介護基礎研修を受講することが義務付けられましたが、受講対象となるのは、無資格の職員のみでよいのでしょうか？

A 受講義務の対象とならない場合は、資格のカリキュラム等において、認知症介護に関する基礎的な知識及び技術を習得している場合となります。

　具体的には、看護師、准看護師、介護福祉士、介護支援専門員、実務者研修修了者、介護職員初任者研修修了者、生活援助従事者研修修了者に加え、介護職員基礎研修課程又は訪問介護員養成研修課程一級課程・二級課程修了者、社会福祉士、医師、歯科医師、薬剤師、理学療法士、作業療法士、言語聴覚士、精神保健福祉士、管理栄養士、栄養士、あん摩マッサージ師、はり師、きゅう師等が挙げられています。また、認知症介護実践者研修、認知症介護実践リーダー研修、認知症介護指導者研修等の認知症の介護等に係る研修を修了した者についても受講義務の対象となりません。

　さらに、各種学校での履修内容についても、養成施設については卒業証明書及び履修科目証明書により、事業所及び自治体が認知症に係る科

目を受講していることが確認できることを条件として受講対象外となります。福祉系高校の卒業者についても、認知症に係る教育内容が必修となっているため、卒業証明書により卒業が証明できれば受講対象外となります。

　一方、認知症サポーター等養成講座修了者は受講義務の対象外とはならないとされています。

　受講期間については、従来の職員に対しては、令和6年3月31日が期限になっています。新規採用職員に対しては、新卒、中途採用を問わず採用後1年までの期限が設けられています。

 ポイント

・認知症サポーター養成講座修了生は、認知症介護基礎研修の受講が必要である。

Q48 介護老人保健施設の所定疾患施設療養費

施設系

Q 介護老人保健施設における所定疾患施設療養費の対象となる疾患が見直されましたが、作業や管理上の追加点もあるのでしょうか？

A 介護老人保健施設における適切な医療の提供を評価することを目的に所定疾患施設療養費の要件等が見直されました。今後も重度化する入所者が増えることが予想されるため、施設内でも対応可能な状況が拡大できるような要件の変更がありました。

　対象となる疾患は、帯状疱疹の者については「抗ウイルス剤の点滴注射を必要とするものに限る」という限定が解除されました。

　新たに「蜂窩織炎の者」が追加されました。一方、実施内容は従来の「入所者に対し、投薬、検査、注射、処置等を行った場合」に（肺炎の者又は尿路感染症の者については検査を実施した場合に限る）という限定が追加されました。

　算定日数については、所定疾患施設療養費（Ⅱ）においては従来の「1月に1回、連続する7日を限度」から「1月に1回、連続する10日を限度」に延長されました。

　また、介護予防訪問看護の改定では、1日に2回を超えて介護予防訪問看護を行った場合に、「1回につき50/100に相当する単位数を算定」

となりました。改定前の「90/100」から「50/100」へと大幅に単位数が削減されることになりました。さらに、介護予防訪問看護を12ヶ月以上利用している場合も1回につき5単位を減算することとなり、介護予防訪問看護では、全般にわたって利用制限が講じられた形になりました。

　この改定により、施設内で対応できる疾患の範囲、期間が広がることにより、入所者に入退院の負担を掛けることなく、施設サービスの提供を継続することが可能になります。

ポイント

・所定疾患施設療養費（II）の算定は、7日限度→10日限度に延長され、給付明細書摘要欄の記載も任意となった。

Q49 介護老人保健施設のかかりつけ医連携薬剤調整加算

施設系

Q かかりつけ医連携薬剤調整加算が（Ⅰ）〜（Ⅲ）の3パターンになりましたが、3つを併算定することはできるのでしょうか？

A 介護老人保健施設の、かかりつけ医連携薬剤調整加算は、従来の1パターン125単位から（Ⅰ）100単位、（Ⅱ）240単位、（Ⅲ）100単位の3パターンと細分化されました。3つの加算は、併算定可能となっており、入所者1人につき1回を限度として、退所時に算定されます。併算定することで、従来の125単位から合計440単位と大幅に単位数が増えることになりました。

　主な算定要件は、以下のとおりです。

○かかりつけ医連携薬剤調整加算（Ⅰ）

・介護老人保健施設の医師又は薬剤師が、高齢者の薬物療法に関する研修を受講していること。

・入所後1月以内に、かかりつけ医に、状況に応じて処方の内容を変更する可能性があることについて説明し、合意を得ていること。

・入所中に服用薬剤の総合的な評価を行い、評価内容や入所時と退所時の処方内容に変更がある場合は変更の経緯及び変更後の状態につい

て、退所時又は退所後1月以内にかかりつけ医に情報提供を行い、その内容を診療録に記載していること。

○かかりつけ医連携薬剤調整加算（Ⅱ）

・かかりつけ医連携薬剤調整加算（Ⅰ）を算定していること。
・入所者の服薬情報等を厚生労働省に提出し、処方に当たって、当該情報その他薬物療法の適切かつ有効な実施のために必要な情報を活用していること（LIFE への情報提供とフィードバック情報の活用）

○かかりつけ医連携薬剤調整加算（Ⅲ）

・かかりつけ医連携薬剤調整加算（Ⅰ）と（Ⅱ）を算定していること。
・6種類以上の内服薬が処方されており、入所中に処方内容を介護老人保健施設の医師とかかりつけ医が共同し、総合的に評価・調整し、介護老人保健施設の医師が、入所時に処方されていた内服薬の種類を1種類以上減少させること。
・退所時において処方されている内服薬の種類が、入所時に比べ1種類以上減少していること。

　退所前からかかりつけ医との連携と内服薬の種類を減少させることは、その後の在宅生活への移行にあたって、かかりつけ医との情報共有や服薬の管理に対する負担軽減等につながるため、退所時の不安を少なくし、円滑な退所に寄与すると考えられます。

─────────── ポイント ───────────

・かかりつけ医連携薬剤調整加算（Ⅱ）は、LIFE への情報提供とフィードバック情報活用、（Ⅲ）はアウトカム評価（内服薬の減少）が必要となる。

Q50 有床診療所から介護医療院への移行促進

施設系

Q 有床診療所から介護医療院へ移行する場合に、特別浴槽でなく一般浴槽に入浴用のリフトでも対応可能となりましたが、減算等の対象にならないのでしょうか？

A 令和 3 年度の介護報酬改定では、介護医療院への移行に対し、これまでのような期限の延期はなく令和 6 年 3 月31日までの移行することとされました。これにより、介護医療院への移行を支援する改定がいくつか設定されており、この入浴設備に関する省令改正もそのひとつになります。

　介護医療院の浴室に関する施設基準において、一般浴槽のほか、入浴に介助を必要とする者の入浴に適した特別浴槽を設けることについては、基準上変わりはありません。

　今回は、介護医療院の新築、増築または全面的な改築の工事が終了するまでの期間における経過措置として、一般浴槽の他に入浴に介助を必要とする者の入浴に適した設備を設けることとされました。具体的には、入浴用リフトやリクライニングシャワーチェア等による入浴介助が対象になります。

　ただし、経過措置であるので、改築等の工事終了時には、特別浴槽が完成していることが求められます。

━━━━━━━━━━━━ ポイント ━━━━━━━━━━━━

・介護医療院移行時の一般浴槽＋入浴リフト対応は、改築工事終了時までの経過措置である。

介護医療院の長期療養・生活施設の機能強化

施設系

Q 介護療養型医療施設から介護医療院へ移行した利用者に対して、長期療養型生活移行加算が設定されましたが、要介護状態等に関わらず算定可能なのでしょうか？

A 令和3年度の介護報酬改定では、4つの施設サービスのうち唯一、基本単位数が下がった介護療養型医療施設サービスに対し、早期の介護医療院への移行を促す加算のひとつになります。療養病床から介護医療院への移行は、令和6年3月31日までとされていますので、本加算も必然的に令和6年4月1日以降は、算定できなくなります。算定要件は、次ページの通りです。

よって、要介護状態には関わらず、療養病床に1年間以上という入院期間が利用者の算定要件になっています。

図表17　長期療養生活移行加算の算定要件

・入所者が療養病床に1年間以上入院していた患者であること。
・入所にあたり、入所者及び家族等に生活施設としての取組について説明を行うこと（説明等を行った日時、説明内容等は記録をしておくこと）。
・入所者や家族等と地域住民等との交流が可能となるよう、地域の行事や活動等に積極的に関与していること。
・入所した日から90日間に限り算定可能である（療養病床を有する医療機関から転換を行って介護医療院を開設した場合は、転換を行った日が起算日）。

───────── **ポイント** ─────────

・入院期間、入所時説明、地域活動への積極的な関与のうち、全ての要件を満たした場合に算定可能である。

Q52 介護医療院の薬剤管理指導の LIFE 加算

施設ホ

Q 特別診療費の薬剤管理指導が LIFE による加算の対象になりましたが、加算も薬物管理指導と同じく月 4 回算定可能でしょうか？

A 薬剤管理指導の単位数は、令和 3 年度の介護報酬改定による変更はなく350単位／回のままです。薬剤管理指導の算定は週 1 回、月 4 回までの上限があります。今回の改定で新たに設定された加算は、算定要件として、入所者の服薬情報を LIFE に提出し、処方に当たって他の薬物療法の情報を活用した場合とされています。加算の算定は 1 月の最初の算定時となっているため、薬剤管理指導は月に 4 回算定できても、加算は月 1 回までに限られます。この加算における LIFE での情報提供は「薬剤変更等に係る情報提供書」の項目が対象になります。

━━━━━━━━━ **ポイント** ━━━━━━━━━

・LIFE 対応の加算算定の回数は、月の最初の算定時 1 回のみである。

Q53 介護療養型医療施設の円滑な移行

施設系

Q 指定された届出日までに、移行計画を提出しない場合に10%減算になりますが、提出した移行計画が実際と異なった場合には、減算対象にはならないでしょうか？

A 介護療養型医療施設は、令和5年度末の廃止期限があるため、現在の入所者に対しては円滑な移行が求められます。初回の移行計画提出日が令和3年9月30日で、以降半年おきに令和5年9月30日まで移行計画を提出することになっています。

提出した移行計画は、届出時点の状況で半年以上先の病床数を記載するため、届出後に届出内容と相違が生じる可能性もあります。このような場合であっても、届出内容との相違を理由に減算になることはありません。むしろ、正確さを期すために、届出期限が遅れてしまうと、期限が1日超過しただけでも、半年後の届出日まで届けることができず、その半年間は減算対象となるため、数字や内容の正確さよりも届出日の厳守への優先順位が高くなります。

Q54
緊急時の宿泊ニーズへの対応

居住系

Q 多機能系サービス（小規模多機能型居宅介護、看護小規模多機能居宅介護）の緊急時の短期利用について、登録者の数が登録定員未満という要件が削除されましたが、定員を超えての受入も可能でしょうか？

A 緊急時の宿泊ニーズについては、認知症対応型共同生活介護（グループホーム）において、定員を超えての短期利用の受入が可能になっていますが、多機能系サービスでは、令和３年度の介護報酬改定で「登録者の数が登録定員未満」という要件は削除されましたが、受入人数は定員以内であり、宿泊室の利用についても、登録者の宿泊サービス利用者と登録者以外の短期利用者の合計が、宿泊定員の範囲内であり、空いている宿泊室を利用するものとされています。

　対象となる利用者は、通常は地域の在宅で過ごされている要介護であり、居宅介護支援事業者が給付管理をしているため、実際の利用に結び付けるには、近隣の居宅介護支援事業所に在籍するケアマネジャー等への頻度の高い空き情報等の情報発信が必要になると考えられます。

Q55 通所介護における地域等との連携強化

通所系

Q 運営基準に新たに設けられた地域との連携等については、地域住民やボランティア団体等との連携及び協力とされていますが、避難訓練等へ参加等も含まれるでしょうか？

A 今回の法改正では、非常災害対策においても避難、救出等の訓練に地域住民の参加や密接な連携体制が求められています（Q46参照）が、地域との連携については、非常災害対策の他に通所介護の事業が地域に開かれた事業として行われることが求められています。

　これは、利用者の自立支援にあたって、地域における社会参加活動や地域住民との交流を促すことを目的にしています。地域に開かれた事業所という点では、これまで積極的ではなかった事業所もあると想定されますが、取組状況を発信していくことで地域における認知度が上がり、営業的な効果や職員採用への効果も期待できます。

―――――――――― **ポイント** ――――――――――

・地域等との連携の目的は、社会参加活動や地域住民との交流を通じた、利用者の自立支援の促進である。

Q56 個室ユニット型施設の設備・勤務体制

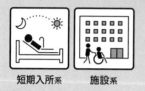

短期入所系　施設系

Q 個室型ユニット施設の１ユニットの定員が10人以下から15人以下とされましたが、15人にする場合は、定員10人よりも多い人員配置基準や見守り機器の導入等が必要になるのでしょうか？

A 改正前の入所定員を超えるユニットを整備している場合は、ユニット型施設における夜間及び深夜を含めた介護職員及び看護職員の配置の実態を勘案して職員を配置するよう努めるものとするとされており、令和３年度介護報酬改定前に認めてこられなかった入所定員の基準を超えるユニット（「改正前定員超過ユニット」という）に対して下記のような対応が必要になっています。

○改正前定員超過ユニットに勤務する介護職員及び看護師又は准看護師（以下「看護職員」という。）の数の届出

○改正前定員超過ユニットを整備する施設に対する介護職員及び看護職員の配置

・昼間：ユニット毎に常時１人配置。入居者の数が10を超えて１を増すごとに0.1以上（15人ユニットの場合は、ユニットごとに1.5人以上）

・夜間／深夜：２ユニット毎に１人配置。２ユニットに対して、入居者の合計数が20を超えて２又はその端数を増すごとに0.1以上（15人ユニットが２つ（計30人）の場合は、２ユニットごとに1.5人以上）

　上記については、人員基準として規定されているものではなく施設に対する指導内容として記載されています。よって、これらの体制が確保できない場合は、その理由や確保できる時期の見込等を都道府県等に回答することになります。

〈参考〉　厚生労働省「指定居宅サービス等の事業の人員、設備及び運営に関する基準等の一部を改正する省令の施行に伴う改正前の入居定員の基準を超えるユニットの適切な運営について（老指発0316第1号、老高発0316第1号、老認発0316第2号、老老発0316第1号）令和3年3月16日」
https://www.mhlw.go.jp/content/12404000/000755026.pdf

───────── ポイント ─────────

・1ユニット定員10人を超える場合は、相当した人員配置が必要となる。

Q57 認知症共同生活介護 （グループホーム）のサテライト型事業所

居住系

Q 認知症共同生活介護（グループホーム）のサテライト型事業所が創設されましたが、地域密着型サービスであるため同じ市町村内に設置することになるのでしょうか？

A サテライト型事業所の設置の目的については、地域の特性に応じたサービスの整備・提供とされており、本体事業所の同一建物、同一敷地内への設置は認めていません。

一方、設置地域については、自動車等による移動に要する時間が概ね20分以内の近距離とされており、都道府県、市町村が異なることを制限していません。この場合、設置に際して、予め市町村に設置される地域密着型サービス運営委員会等の意見を聞くこととされています。

また、本体事業所と設置市町村が異なる場合は、介護報酬については設置する市町村の地域区分に従うため、本体事業所と介護報酬が異なる可能性があります。サテライト型事業所は、新規設置だけでなく、既存の事業所をサテライト型事業所として位置付けることも可能となっており、事業所の職員に変更がないなど事業所が実質的に継続して運営していると認められる場合には、サテライト事業所としての新規指定を指定権者である市町村から受ける必要はなく、変更届及び介護給付費算定に係る体制等状況一覧の変更の届出のみで差し支えないとされています。

　これらサテライト型事業所の制度活用により、管理者や介護支援専門員を増やすことなく、拠点を増やすことが可能になりました。

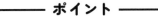

ポイント

・サテライト事業所は、本体事業所の所在地と異なる市町村への設置も可能であり、地域区分が異なる場合もある。

Q58 小規模多機能型居宅介護の登録定員超え

多機能系

Q 小規模多機能型居宅介護の登録定員について、定員を超えての利用が可能になりましたが、何名まで利用可能になったのでしょうか？

A 小規模多機能型居宅介護の登録定員、利用定員について、「従うべき基準」から「標準基準」になりましたが、まず、対象として過疎地域その他これに類する地域であって、地域の実情により当該地域における指定小規模多機能型居宅介護の効率的運営に必要であると市町村が認めた場合に限られています。また、その場合においても登録定員や利用定員を何名に増やすという数値の設定ではなく、登録定員並びに通いサービス及び宿泊サービスの利用定員を超えたサービス提供を例外的に認めることを定めたものです。

　よってその期間も固定されたものではなく、市町村が登録定員並びに通いサービス及び宿泊サービスの利用定員の超過を認めた日から市町村介護保険事業計画の終期までの最大 3 年間が基本となります。ただし、次期の市町村介護保険事業計画を作成するに当たって、市町村が将来のサービス需要の見込みを踏まえて改めて検討し、新規に代替サービスを整備するよりも既存の事業所を活用した方が効率的であると認めた場合に限り、次期の市町村介護保険事業計画の終期まで延長が可能です。

Q59 特別養護老人ホームにおける 個別機能訓練加算

施設系

Q 介護老人福祉施設（地域密着型含む）の個別機能訓練加算が従来の1通りから、（Ⅰ）（Ⅱ）の2通りが設定されました。（Ⅱ）の算定要件であるLIFEへの提出情報について「科学的介護情報システム（LIFE）関連加算に関する基本的考え方並びに事務処理手順及び様式例の提示について」では、「別紙様式3−3（個別機能訓練計画書）」等の様式が示されていますが、利用しているシステムの様式が異なる場合は、算定できないのでしょうか？

A 施設・居住系サービスの機能訓練加算については、介護老人福祉施設（地域密着型含む）、特定施設入居者生活介護（地域密着型含む）について、（Ⅰ）（Ⅱ）の2通りが設定されました。（Ⅰ）の算定要件は、従来通りで、（Ⅱ）については、LIFEへの情報提供及びフィードバック情報の活用が算定要件となっています。

　LIFEへの提出情報について「科学的介護情報システム（LIFE）関連加算に関する基本的考え方並びに事務処理手順及び様式例の提示について」では、「別紙様式3−3（個別機能訓練計画書）」等と記載されていますが、様式が異なっていても、項目として「評価日」、「職種」、「ADL」、「IADL」、「起居動作」、「作成日」、「前回作成日」、「初回作成日」、「障害高齢者の日常生活自立度又は認知症高齢者の日常生活自立

図表18　施設・居住系サービスの機能訓練加算

サービス種別	改定前	改定後
介護老人福祉施設 地域密着型介護老人福祉施設入所者生活介護 特定施設入所者生活介護 地域密着型特定施設入居者生活介護	個別機能訓練加算：12単位／日	個別機能訓練加算（Ⅰ）：12単位／日
		個別機能訓練加算（Ⅱ）：20単位／日 （Ⅰ）（Ⅱ）併算定可能

度」、「健康状態・経過（病名及び合併疾患・コントロール状態に限る。）」、「個別機能訓練の目標」及び「個別機能訓練項目（プログラム内容、留意点、頻度及び時間に限る。）」に係る情報をすべて提出すれば要件を満たすことになります。

　また、LIFE への情報提供、フィードバック情報の活用が算定要件いなっている加算については、機能訓練加算（Ⅱ）だけでなく、科学的介護推進体制加算、自立支援促進加算等も含めて算定する体制を整備し、いつの時点の情報を入力し、いつの時点のフィードバック情報を担当者に伝えるか等、活用するための業務フローの構築も含めた体制が望まれます。これにより、加算算定の漏れだけでなく、算定要件を満たさない請求のチェックや有効なフィードバック情報の活用につながると考えられます。

───── **ポイント** ─────

・個別機能訓練加算（Ⅱ）の算定では、別紙様式3-3以外の使用でも対象項目がLIFEにて提出、フィードバック情報の活用ができていれば算定可能である。

Q60 施設系サービスにおける 口腔衛生管理の強化

施設系

Q 施設系サービスにおける口腔衛生管理に関する加算について、従来の口腔衛生管理体制加算が廃止になり、口腔衛生管理加算が（Ⅰ）（Ⅱ）の2通りになりました。従来の口腔衛生管理体制加算の算定要件については、口腔衛生管理加算（Ⅰ）に含まれているのでしょうか？

A 令和3年度の介護報酬改定で廃止となった口腔衛生管理体制加算は、従来の算定要件として「歯科医師又は歯科医師の指示を受けた歯科衛生士が介護職員に対して口腔衛生に係る技術的助言及び指導を月1回以上行っている場合」とされていました。この要件は、口腔衛生管理加算ではなく、施設の基本サービスに含まれる形になりました。ただし、従来の口腔衛生管理体制加算では、口腔衛生に係る技術的助言及び指導の回数は、月1回以上でしたが、基本サービスに含めるにあたっては、年2回と少なく設定されました。

　よって、口腔衛生管理加算が（Ⅰ）の算定要件については、単位数含めて従来通りとなります。口腔衛生管理加算が（Ⅱ）は、LIFEへの情報提供、フィードバック情報の活用が算定要件として追加されています。また、従来は口腔衛生管理加算の算定要件として、口腔衛生管理体制加算を算定していることが定められていましたが、口腔衛生管理体

加算の廃止に伴い、算定要件が緩和されているので、口腔衛生管理加算
（Ⅰ）及び（Ⅱ）については、積極的な算定が望まれます。

　なお、特定施設入居者生活介護における口腔衛生管理体制加算は廃止
はなく、従来通りの算定が可能です。

───────── ポイント ─────────

・口腔衛生管理体制加算の廃止に伴い、口腔衛生管理
　加算の算定要件であった「口腔衛生管理体制加算の
　算定」がなくなった。

Q61 施設系サービスにおける 栄養ケアマネジメント強化

施設系

Q 従来の「栄養マネジメント加算」が廃止され「栄養マネジメント強化加算」が令和３年度の介護報酬改定で新たに位置付けられました。この加算は、入所者全員で算定できるものでしょうか？

A 施設系サービスにおける「栄養マネジメント加算」（14単位／日）、「低栄養リスク改善加算」（300単位／月）が廃止され、新たに「栄養マネジメント強化加算」（11単位／日）が位置付けられました。また、同時に「栄養管理基準減算」（14単位／日減算）も位置付けられ、栄養管理を実施していない場合、減算されることになりました（令和６年３月までの経過措置あり）。

廃止された「栄養マネジメント加算」の要件は、基本サービスに含まれることになり運営基準（省令）に定められます。従来、「栄養マネジメント加算」の要件では栄養士を１以上配置となっていた点については、栄養士又は管理栄養士を１以上配置とされました。その他の要件については、「入所者の栄養状態の維持及び改善を図り、自立した日常生活を営むことができるよう、各入所者の状態に応じた栄養管理を計画的に行わなければならない」とされています。また、廃止された「低栄養リスク改善加算」の要件は、「栄養マネジメント強化加算」に含めることになりました。

　一方、新設された「栄養マネジメント強化加算」は、施設の入所者全員に対して算定が可能です。算定要件として、以下の通りとなっています。

・管理栄養士（常勤換算）が入所者50に対して 1 以上（常勤栄養士の場合、入所者70に対して 1 以上）。
・低栄養状態のリスクが高い入所者に対し、医師、管理栄養士、看護師等が共同して作成した、栄養ケア計画に従い、ミールラウンドを週 3 回以上行い、入所者ごとの栄養状態、嗜好等を踏まえた食事の調整等を実施すること。
・低栄養状態態のリスクが低い入所者にも、問題がある場合は、早期に対応すること。
・入所者毎の栄養状態等の LIFE への情報提供、フィードバック情報の活用。

　この改定により、減算の対策も視野に入れた栄養ケア・マネジメントへの取組が必要となります。特に、「栄養マネジメント強化加算」では、栄養士等の配置が要件になっているため早期の手配が求められます。
　また、栄養ケア・マネジメント関連では、「経口維持加算」は原則 6 月となっていた算定期間の要件が撤廃されました。

━━━━━━━━━━ **ポイント** ━━━━━━━━━━

・栄養ケアマネジメント強化加算の算定要件では、低栄養状態のリスクが高い人、低い人の双方に対応すべきことが求められている。

Q62 多職種連携における管理栄養士の関与の強化

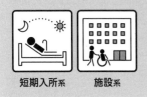

短期入所系　施設系

Q 施設系サービスでは、多職種連携の職種として管理栄養士の配置が示される要件、基準が多くなりましたが、加算を算定しなければ、管理栄養士の配置は不要でしょうか？

A 多職種連携で管理栄養士の配置が求められる加算については、「看取り介護加算」（介護老人福祉施設・地域密着型含む）では、「医師、看護職員、生活相談員、介護職員、管理栄養士、介護支援専門員等」また、「ターミナルケア加算」（介護老人保健施設）では、「医師、看護職員、介護職員、支援相談員、管理栄養士等」とされました。これにより、終末期の対応において管理栄養士の意見が求められるケースが増えてくると考えられます。

一方、基本報酬に対して人員基準で栄養士又は管理栄養士として管理栄養士の配置が追記されたものとして、介護療養型医療施設では、療養病床数100以上について、また介護医院では、入所定員100以上について1以上の場合とされています。基本報酬に要件については、栄養士又は管理栄養士とされているため、管理栄養士でなければならないということではありませんが、今後の栄養ケアへの取組、多職種連携を踏まえ管理栄養士の確保に努めることが質の向上とさらに多くの加算の取得につながると考えられます。

図表19　管理栄養士の明記が追加されたサービスと加算等

	短期入所療養介護	介護老人福祉施設	地域密着型介護老人福祉施設入所者生活介護	介護老人保健施設	介護療養型医療施設	介護医療院
看取り介護加算		○	○			
ターミナルケア加算				○		
基本報酬	○	○	○	○	○	○
褥瘡マネジメント加算		○	○	○		
褥瘡対策指導管理（特別診療費）						○

───────── ポイント ─────────

・基本報酬の算定では、管理栄養士の人員配置は、必須ではない。

施設系

Q63 介護老人保健施設における在宅復帰・在宅療養支援機能の評価の充実

在宅復帰・在宅療養支援機能等の指標が見直されましたが、従来より職員を増員しないと同じ指標を維持できないのでしょうか？

在宅復帰・在宅療養型支援等評価については、「居宅サービスの実施数」「リハ専門職の配置割合」の要件についてはハードルが上がりました。

「居宅サービスの実施数」については、2サービス実施で3点となっていましたが、2サービス中に訪問リハビリテーションを含むことが要件に追加されました。訪問リハビリテーションが含まれない2サービス実施では1点となります。「リハ専門職の配置割合」については、従来5人以上については専門職種の内訳は問われていませんでしたが、5人の内訳として理学療法士、作業療法士、言語聴覚士が含まれることが要件に追加されました。3職種が含まれない場合は、5人であっても3点になります。この評価項目については、職員を事実上増やさないことには、クリアするのが難しいと考えられます。

一方、介護老人保健施設の基本サービス費に係る届出内容について「医師の詳細な指示の実施」が要件として追加されました。内容は、「医師は、リハビリテーションの実施にあたり、理学療法士、作業療法士又

は言語聴覚士に対し、リハビリテーションの目的に加えて、リハビリテーション開始前又は実施中の留意事項、中止基準、リハビリテーションにおける入所者に対する負荷量等のうちいずれか一つ以上の指示を行うこと。」です。

　令和 3 年度の介護報酬改定では、「居宅サービスの実施数」に訪問リハビリテーションが含まれることとされましたが、事業所が多くないことからこの評価項目では、3 サービスを目指すのが妥当であると考えられます。また、「リハ専門職の配置割合」で理学療法士、作業療法士、言語聴覚士を配置するのもかなり時間、費用も要すことが考えられるため、「入所前後訪問指導割合」「退所前後訪問指導割合」等が30％以上の最高点でなければ、この評価項目の点数を上げるなど、注力する評価項目の優先順位を見直すことが必要になります。

─────── **ポイント** ───────

・在宅復帰・在宅療養支援等指標のうち「リハ専門職の配置割合」が PT、OT、ST のいずれも配置とハードルが高くなったため、他の評価項目での点数獲得が望ましい。

図表20　〔様式第46号〕

様式第46号 （第4次改正・追加、第5次改正・一部、第10次改正・一部、第18次改正・一部、
第50次改正・一部、第54次改正・一部）

福祉事業（在宅介護を行う介護人の派遣）申請書

	認定番号	

	申請年月日	年　　月　　日
地方公務員災害補償基金＿＿＿＿＿＿＿支部長＿＿殿	申請者の住所	
下記の福祉事業（在宅介護を行う介護人の派遣）を受けたいので申請します。	ふりがな 氏　　　名	
		年　月　日生（　歳）

1 被災職員に関する事項	所属団体名	所属部局名	
	傷病名	負傷又は発病の年月日	年　　月　　日
	申請者の受けている年金の種類 □ 傷病補償年金（第　　級） □ 障害補償年金（第　　級）	年金証書の番号	第　　　　　号
	居宅において介護を開始した年月日		年　　月　　日

2	派遣開始希望年月日又は最初に供与を受けた年月日	年　　月　　日

3 費用の支給申請	供与を受けた日時 　年　　月　　日　　時　　分〜　　時　　分（□3時間、□6時間、□9時間） 　年　　月　　日　　時　　分〜　　時　　分（□3時間、□6時間、□9時間） 　年　　月　　日　　時　　分〜　　時　　分（□3時間、□6時間、□9時間）	
	費用総額（A）	円
	うち自己負担額（賃金相当額の10分の3に相当する額）（B）	円
	申請金額（A−B）	円

4 送金希望の場合	□ 振込み 振込先金融機関名 　　　　銀行　　支店	預金の種類 □ 普通預金 　　　　　　□ 当座預金	□ 送金小切手 受取先金融機関名 　　　　銀行　　支店
	預金名義者名	口座番号	□ その他

＊ 受　　理 （到達した年月日）	所属部局 年　月　日	任命権者 年　月　日	基金支部 年　月　日

＊ 通知　　年　　月　　日 □ 支給　□ 不支給	＊ 決定金額 円	＊ 支払 年　　月　　日

〔注意事項〕

1　申請者は、＊印の欄には記入しないこと。また、該当する□にレ印を記入すること。

2　「3 費用の支給申請」の欄は、介護人の派遣に必要な費用の支給を受けようとする場合にのみ記入すること。なお、当該欄が不足する場合には別葉にしても差し支えないこと。

3　介護人の派遣に必要な費用の支給を申請する場合には、申請金額に係る領収書及び明細書を添付すること。

4　年月日の記載には元号を用いる。

Q64 介護職員処遇改善加算

訪問系　通所系　短期入所系　多機能系　居住系　施設系

Q 介護職員処遇改善加算（Ⅳ）（Ⅴ）が廃止となりましたが、介護職員処遇改善加算（Ⅰ）～（Ⅲ）の要件が満たされないような場合に、下位の加算がないことで加算算定できなくなる場合があるのでしょうか？

A 令和 3 年度の介護報酬改定で、廃止される介護職員処遇改善加算（Ⅳ）（Ⅴ）は、これまでの取得率が、（Ⅳ）は0.2％、（Ⅴ）は0.3％となっており、対象となっている事業所が極めて少ないことが廃止の理由になっています。また、介護職員処遇改善加算（Ⅰ）～（Ⅲ）の取得率は（Ⅰ）は79.5％、（Ⅱ）は7.2％、（Ⅲ）は5.4％と約80％が（Ⅰ）を取得しており、実際には（Ⅳ）（Ⅴ）等の下位加算の対象がほとんどないという状況でした。ただし、令和 3 年 3 月時点で（Ⅳ）（Ⅴ）を算定している事業者は、1 年間の経過措置が設けられています。

　算定要件については、職場環境等要件を中心に見直しが行われ「心身の不調に対応する取組」「生産性向上につながる取組」「やりがい・働きがいの醸成」等の区分別に取組がまとめられ、内容も大幅に増加しました。今後も介護職員の採用が困難な状況が続くと考えられる中で、既存の職員がやりがいを持って、継続して就労可能な現場となることが要件からも方向性として示されています。

図表21　職場環境等要件

区分	内容
入職促進に向けた取組	法人や事業所の経営理念やケア方針・人材育成方針、その実現のための施策・仕組などの明確化
	事業者の共同による採用・人事ローテーション・研修のための制度構築
	他産業からの転職者、主婦層、中高年齢者等、経験者・有資格者等にこだわらない幅広い採用の仕組の構築
	職業体験の受入れや地域行事への参加や主催等による職業魅力度向上の取組の実施
資質の向上やキャリアアップに向けた支援	働きながら介護福祉士取得を目指す者に対する実務者研修受講支援や、より専門性の高い介護技術を取得しようとする者に対する喀痰吸引、認知症ケア、サービス提供責任者研修、中堅職員に対するマネジメント研修の受講支援等
	研修の受講やキャリア段位制度と人事考課との連動
	エルダー・メンター（仕事やメンタル面のサポート等をする担当者）制度等導入
	上位者・担当者等によるキャリア面談など、キャリアアップ等に関する定期的な相談の機会の確保
両立支援・多様な働き方の推進	子育てや家族等の介護等と仕事の両立を目指す者のための休業制度等の充実、事業所内託児施設の整備
	職員の事情等の状況に応じた勤務シフトや短時間正規職員制度の導入、職員の希望に即した非正規職員から正規職員への転換の制度等の整備
	有給休暇が取得しやすい環境の整備
	業務や福利厚生制度、メンタルヘルス等の職員相談窓口の設置等相談体制の充実
腰痛を含む心身の健康管理	介護職員の身体の負担軽減のための介護技術の修得支援、介護ロボットやリフト等の介護機器等導入及び研修等による腰痛対策の実施
	短時間勤務労働者等も受診可能な健康診断・ストレスチェックや、従業員のための休憩室の設置等健康管理対策の実施
	雇用管理改善のための管理者に対する研修等の実施
	事故・トラブルへの対応マニュアル等の作成等の体制の整備

区分	内容
生産性向上のための業務改善の取組	タブレット端末やインカム等の ICT 活用や見守り機器等の介護ロボットやセンサー等の導入による業務量の縮減
	高齢者の活躍（居室やフロア等の掃除、食事の配膳・下膳などのほか、経理や労務、広報なども含めた介護業務以外の業務の提供）等による役割分担の明確化
	5 S 活動（業務管理の手法の 1 つ。整理・整頓・清掃・清潔・躾の頭文字をとったもの）等の実践による職場環境の整備
	業務手順書の作成や、記録・報告様式の工夫等による情報共有や作業負担の軽減
やりがい・働きがいの醸成	ミーティング等による職場内コミュニケーションの円滑化による個々の介護職員の気づきを踏まえた勤務環境やケア内容の改善
	地域包括ケアの一員としてのモチベーション向上に資する、地域の児童・生徒や住民との交流の実施
	利用者本位のケア方針など介護保険や法人の理念等を定期的に学ぶ機会の提供
	ケアの好事例や、利用者やその家族からの謝意等の情報を共有する機会の提供

─────────── ◆ ポイント ───────────

・廃止される介護職員処遇改善加算（Ⅳ）（Ⅴ）は、取得率0.3％以下で、経過措置もあり事業所への影響は少ない。

Q65 処遇改善加算の職場環境等要件

訪問系　通所系　短期入所系　多機能系　居住系　施設系

Q 介護職員処遇改善加算及び介護職員等特定処遇改善加算の職場
環境要件が改定されましたが、取組むべき内容が増えたので
しょうか？

A 職場環境要件の改定では、従来の「資質の向上」「労働環境・
処遇の改善」「その他」の3区分から「入職促進に向けた取組」
「資質の向上やキャリアアップに向けた支援」「両立支援・多様な働き方
の推進」「腰痛を含む心身の健康管理」「生産性向上のための業務改善の
取組」「やりがい・働きがいの醸成」の6区分になりました。6区分に
ついては、特定加算の実績報告において各区分で1つ以上の取組を行う
こととされています。

　今回新規に追加された職場環境要件の内容では、「入職促進に向けた
取組」のうち「法人や事業所の経営理念やケア方針・人材育成方針、そ
の実現のための施策・仕組などの明確化」「職業体験の受入れや地域行
事への参加や主催等による職業魅力度向上の取組の実施」がこれまでに
なかった視点の取組になっています。経営理念やケア方針・人材育成方
針については、周知等の段階でしたが、今回は、実現ための施策・仕組
などの明確化とされており、かなり踏み込んだ表現になっています。ま
た、職業体験等の記載については、地域に開かれた事業所であることに
加え、地域の若い世代にも職業の魅力を伝えることで単なる求人ではな

く、担い手を育てる機能を持つことも期待されています（Q64図表　職場環境等要件参照）。

───────────── ポイント ─────────────

・法人の経営理念や方針については、周知だけでなく、実現に向けた施策、仕組が問われる。

訪問系　　通所系　　短期入所系　　多機能系　　居住系　　施設系

Q 介護職員等特定処遇改善加算の平均賃上げ額の配分ルールが見直されましたが、平均賃金改善額（月額、年額）も見直されたのでしょうか？

A 令和３年度の介護報酬改定によって、平均賃上げ額について「経験・技能のある介護職員」：「他の介護職員」：「その他の職種」の配分ルールが「２以上：１：0.5以下」から「１より大きい：１：0.5以下」とされました。この改定は、加算を配分するにあたって、小規模事業所の場合、加算額自体が少ない状況で「経験・技能のある介護職員」の賃上げ額を大きくするのが難しいといった状況に鑑みたものです。

　これにより、従来の「経験・技能のある介護職員」と「他の介護職員」の平均賃金上げ額の差が小さくなるケースも可能となります。また、配分のルールは「経験・技能のある介護職員」が１より大きければ条件を満たすため、従来通りの２以上であっても構いません。

　ただし、賃金改善に要する費用については、「月額８万円の改善又は改善後の賃金が年額440万円以上」は、改定後も引き続き設定する必要があるため、この基準での平均賃上げを行うことが原則になります。

図表22　介護職員等特定処遇改善加算の見直し

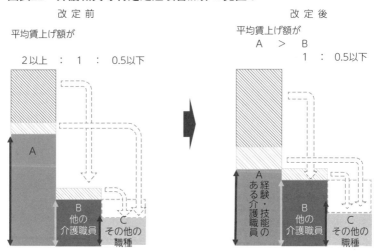

（出典：「令和３年度介護報酬改定における改定事項について」厚生労働
　省）

───────────────── **ポイント** ─────────────────

・賃金改善の配分ルールは変更になったが、月額８万
円の改善又は改善後の賃金年額440万円以上は変わ
らない。

Q67 見守り機器等を導入した場合の夜勤職員配置加算

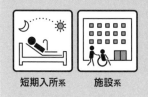

短期入所系　施設系

Q 見守り機器等を導入した場合の夜勤職員配置加算について、従来の「0.9人配置要件」に加えて「0.6人配置要件」が追加されました。「0.9人配置要件」では、見守り機器の導入割合が、改定により入所者の15％から10％に緩和されましたが、「0.6人配置要件」では導入割合が100％となっています。導入に対する設備投資の負担が大きく、メリットが少ないのではないでしょうか？

A 夜勤職員配置加算は、平成30年（2018年）度の介護報酬改定で見守り機器等導入による「0.9人配置要件」が設定されました。今回の改定では、「0.9人配置要件」については、見守り機器導入割合が、15％から10％に緩和され、さらに導入のハードルが下げられました。また、新たに「0.6人配置要件」が追加され、この場合の見守り機器の導入割合が入所者に対して100％（入所者全員）とされました。さらに「0.6人配置要件」に対しては、夜勤職員全員がインカム等のICTを活用していること及び安全体制を確保していることも要件となっています。

図表23　安全体制の確保の具体的な要件

①利用者の安全やケアの質の確保、職員の負担を軽減するための委員会設置
②職員に対する十分な休憩時間の確保等の勤務・雇用条件への配慮
③機器の不具合の定期チェックの実施（メーカーとの連携を含む）
④職員に対するテクノロジー活用に関する教育の実施
⑤夜間の訪室が必要な利用者に対する訪室の個別実施

　「0.9人配置要件」に対して「0.6人配置要件」の新設要件を比較すると、かなり大きな設備投資や体制整備が必要となります。ただし、この新設要件は、今回の改定で設定された「夜間の人員配置基準の緩和」「日常生活継続支援加算の介護福祉士配置要件の緩和」にも共通して適用できる要件であるため、算定できる加算が増えることにより全体としては大きな効果が期待できる投資であると考えられます。介護職員の確保が難しい状況では、採用コスト、退職のリスク等を含めて考えると、むしろ設備投資で解決できる問題であれば、ここで出遅れるよりも積極的な導入を検討する価値はあると考えられます（ICT 導入支援や介護ロボット導入支援の基金等も活用できるため）。

━━━━━━━━━━━━━━━ **ポイント** ━━━━━━━━━━━━━━━

・「0.6人配置要件」である見守り機器や ICT 整備は大きな投資となるが、他の加算の要件にもなっているため効果は大きい。

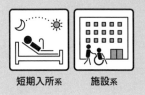

Q68 見守り機器等を導入した場合における人員配置基準の緩和

短期入所系　施設系

Q 介護老人福祉施設等の夜間の人員配置基準が緩和されましたが、見守り機器やICTが利用者、職員全員に導入されていれば届出できるのでしょうか?

A 今回、対象となるのは、従来型の介護老人福祉施設になります。算定要件は、夜勤職員配置加算の0.6人配置要件と同じになります（Q67参照）。

図表24　見守り機器等導入の人員配置基準

【安全体制要件】
①利用者の安全やケアの質の確保、職員の負担を軽減するための委員会を設置
②職員に対する十分な休憩時間の確保等の勤務・雇用条件への配慮
③緊急時の体制整備（近隣在住職員を中心とした緊急参集要員の確保等）
④機器の不具合の定期チェックの実施（メーカーとの連携を含む）
⑤職員に対するテクノロジー活用に関する教育の実施
⑥夜間の訪室が必要な利用者に対する訪室の個別実施

※③は、夜勤職員配置加算にはない。

また、緩和後の配置人員数は、例えば利用者数61〜80人の場合は、現行の3人以上から2.4人以上になります（図表25参照）。

図表25　算定要件等

※併設型短期入所生活介護（従来型）も同様の改定

○ 介護老人福祉施設（従来型）の夜間の人員配置基準の緩和にあたっては、利用者数の狭間で急激に職員人員体制の変更が生じないよう配慮して、改定前の配置人員数が 2 人以上に限り、1 日あたりの配置人員数として、常勤換算方式による配置要件に変更する。ただし、配置人員数は常時 1 人以上（利用者数が61人以上の場合は常時　2 人以上）配置することとする。

改定前		
配置 人員数	利用者数25以下	1 人以上
	利用者数26～60	2 人以上
	利用者数61～80	3 人以上
	利用者数81～100	4 人以上
	利用者数101以上	4 に、利用者の数が 100を超えて25又は その端数を増すごとに 1 を加えて得た数以上

⇒

改定後		
配置 人員数	利用者数25以下	1 人以上
	利用者数26～60	1.6 人以上
	利用者数61～80	2.4 人以上
	利用者数81～100	3.2 人以上
	利用者数101以上	3.2 に、利用者の数が 100を超えて25又は その端数を増すごとに 0.8 を加えて得た数以上

（要件）
・施設内の全床に見守り機器を導入していること
・夜勤職員全員がインカム等のICTを使用していること
・安全体制を確保していること（※）

※安全体制の確保の具体的な要件
①利用者の安全やケアの質の確保、職員の負担を軽減するための委員会を設置
②職員に対する十分な休憩時間の確保等の勤務・雇用条件への配慮
③緊急時の体制整備（近隣在住職員を中心とした緊急参集要員の確保等）
④機器の不具合の定期チェックの実施（メーカーとの連携を含む）
⑤職員に対するテクノロジー活用に関する教育の実施
⑥夜間の訪室が必要な利用者に対する訪室の個別実施

○ 見守り機器やICT導入後、上記の要件を少なくとも 3 か月以上試行し、現場職員の意見が適切に反映できるよう、夜勤職員をはじめ実際にケア等を行う多職種の職員が参画する委員会（具体的要件①）において、安全体制やケアの質の確保、職員の負担軽減が図られていることを確認した上で届け出るものとする。

（出典：「令和 3 年度介護報酬改定における改定事項について」厚生労働省）

　例えば、介護老人福祉施設では、約 4 割が利用定員81名以上の規模となっています。この定員規模における、配置人員数は、改定前の 4 人以上から3.2人以上と 2 割ほど配置人員が削減されました。4 人から3.2人となると約 1 人分が丸ごと減少するイメージとなります（上記表参照）。これに対し、算定要件を導入するにあたって、見守り機器や ICT 導入後、3 ヶ月以上試行し委員会において、安全体制やケアの質確保、職員の負担軽減等が図られていることを確認した上で届出ることとされています。入所者全員への見守り機器や夜勤職員全員への ICT 導入が実現できたとしても、夜勤業務の担当業務や業務フローが従来通りであれば、単に職員が少なくなり忙しくなっただけということになりかねません。導入にあたっては、担当業務、業務フローの見直しにより新しい人員配置基準で業務に対応できるか確認することが望まれます。

Q69 テクノロジーの活用による サービスの向上・業務効率化

居住系　　施設系

Q 介護老人福祉施設における日常生活継続支援加算及び特定施設入居者生活介護（介護付きホーム）における入居継続支援加算について見守り機器等を導入した場合に介護福祉士の配置要件が緩和されますが、インカムの導入は配置された介護福祉士が対象になるのでしょうか？

A 配置基準が緩和されるのは、介護福祉士の人数になりますが、インカムの導入は、介護福祉士だけではなく全ての介護職員が対象になります。介護福祉士の配置要件は、従来の６：１から７：１になります。算定要件は、下記の通りです。

図表26　算定要件

> ・テクノロジーを搭載した以下の機器を複数導入していること（少なくとも①〜③を使用）
> ①入所者全員に見守り機器を使用
> ②職員全員がインカムを使用
> ③介護記録ソフト、スマートフォン等の ICT を使用
> ④移乗支援機器を使用
> ・安全体制を確保していること（図表27）

図表27　テクノロジーを搭載した機器導入時の安全体制要件

①利用者の安全やケアの質の確保、職員の負担を軽減するための委員会を設置
②職員に対する十分な休憩時間の確保等の勤務・雇用条件への配慮
③機器の不具合の定期チェックの実施（メーカーとの連携を含む）
④職員に対するテクノロジー活用に関する教育の実施

　なお、安全体制要件は、「夜勤職員配置加算」で 5 項目、「夜間におけ
る人員配置基準の緩和」で 6 項目、「日常生活継続支援加算」（介護老人
福祉）及び特定施設入居者生活介護（介護付きホーム）における「入居
継続支援加算」は、4 項目になっています。夜間における人員配置基準
の緩和を算定できれば、他 2 加算の安全体制要件を全て満たすこととなる
ため、効率的な加算算定を目指すことが可能になります。

───────── **ポイント** ─────────

・「夜間における人員配置基準の緩和」の安全体制要
　件を満たせば、「夜勤職員配置加算」等の要件も包
　含するため効率的な加算算定ができる。

Q70 認知症グループホームの夜勤職員体制

居住系

Q 認知症対応型共同生活介護（グループホーム）の夜勤職員体制が緩和されましたが、見守り機器や ICT 導入はどの程度必要となるのでしょうか？

A 認知症グループホームの夜勤職員体制の見直しについては、3ユニットを運営している場合に、事業所全体で夜勤職員数を2人以上（通常は3人）の配置にすることを可能としたものです。介護老人福祉施設等についても、夜勤職員体制について、見守り機器導入等を要件とした、人員配置基準の緩和に関する改定がありましたが、グループホームについては、そのような機器等の導入は要件に含まれていません。

設備面の要件として「3ユニットの場合であって、各ユニットが同一階に隣接」という要件があります。今回の改定では、3ユニットの設置に関する改定にもありましたので、事実上、介護職の採用が難しい状況で、3ユニットのグループを増やすための支援策という見方もできそうです。

要件については、
・3ユニットであること
・各ユニットが同一階に隣接している

・安全対策（マニュアル、訓練）をとっていること

となっています。この体制の場合、介護報酬の単位数は、新たなに設定される「3ユニットで夜勤を行う職員の員数を2以上とする場合」（▲50単位）が適用されます。

　例えば、これを3ユニット満室で適用した場合、

　　▲50単位×10円×9人×3ユニット×30日＝▲405,000円

となり、毎月約40万円の減算となります。

　一方、職員を1名少なくした場合に支払わずにすむ人件費は、233,640円（平成30年度介護従事者処遇状況等調査結果（認知症対応型共同生活介護・常勤者給与額・介護職員処遇改善加算の取得事業所）となります。実際の人件費は事業所により設定されていますが、介護報酬面のメリットは大きくないと考えられます。

━━━━━━━━━━ **ポイント** ━━━━━━━━━━

・認知症グループホームの3ユニット夜勤職員2人体制については、単位数が減算されるので、減算分と人件費の比較検討が必要である。

Q71 従来型とユニット型併設の人員配置基準

施設系

Q 施設系サービスの介護・看護職員の配置について、従来型とユニット型を併設する施設では、入所者の処遇に支障がない場合に兼務が認められることになりました。入所者の処遇に支障がない場合の基準は、どのように考えれば良いのでしょうか？

A 令和３年度の介護報酬改定の主旨は、介護人材の確保や職員定着が課題なっていることが背景になっており、これまで認めていなかった兼務を認めるにあたっては、サービスレベルの低下を招かないことが、大前提になります。この改定に関する、国のQAでは、留意する事項として、下記が示されています。

・食事、入浴、排せつ等の介護、相談及び援助、社会生活上の便宜の供与その他の日常生活上の世話、機能訓練、健康管理及び療養上の世話を行うことにより、入所者がその有する能力に応じて自立し、尊厳ある日常生活を営むことができるよう、十分な数の職員が確保され、ケアの質が担保されていること

・職員の休憩時間の確保や有給休暇の取得など労務管理が適切になされるために十分な数の職員を確保し、シフトを組むことによって、一人の職員に過度な負担がかからないよう配慮されていること

これまで従来型、ユニット型それぞれで配置されていた介護・看護職員について、兼務が認められたことで、時間帯等によっては、人数として少なくすることが可能な場合も出てきます。その際に、常勤換算値として介護・看護職員の基準を満たしていたとしても、実際の現場レベルの業務では、従来型とユニット型で異なる業務フロー、役割りや担当が設定されている場合もあります。単に、常勤換算値の人数だけでなく、実際の業務の流れに即して配置を見直すことが望まれます。

図表28　併設する場合の介護・看護職員の兼務の可否

改定前		従来型	ユニット型
	従来型	○	×
	ユニット型	×	○

⇩

改定後		従来型	ユニット型
	従来型	○	○
	ユニット型	○	○

ポイント

・従来型とユニット型の間で介護・看護職員の兼務が可能になったが、ケアの質の担保と職員の負担への配慮が必要である。

Q72 他の社会福祉施設等の栄養士等との連携

施設系

Q 地域密着型特別養護老人ホーム（サテライト型居住施設を除く。）において、他の社会福祉施設等との連携を図る場合、栄養士又は管理栄養士を置かないことができるとされましたが、他の社会福祉施設等には医療機関は含まれるでしょうか？

A 地域密着型特別養護老人ホーム（サテライト型居住施設を除く。）において、他の社会福祉施設等の栄養士又は管理栄養士との連携を図ることにより地域密着型特別養護老人ホームの効果的な運営を期待することができ、入所者への適切な栄養管理が行われている場合は、栄養士又は管理栄養士を置かないことができるとされました。この場合の他の社会福祉施設等の栄養士又は管理栄養士は、隣接の他の社会福祉施設や病院等の栄養士又は管理栄養士との兼務や地域の栄養指導員とされており、他の社会福祉施設等には医療機関も含まれています。

　今回の改定では、栄養士又は管理栄養士が算定要件に明記される加算等も多くあったため、配置することが望ましいと言えますが、有資格者を採用するハードルもあるため早期に体制を構築するにあたっては、他施設との連携が現実的な対応であると考えられます。

Q73 介護保険施設と小規模多機能を併設する場合の人員配置基準

多機能系　　施設系

Q 広域型特別養護老人ホーム又は介護老人保健施設と小規模多機能型居宅介護事業所を併設する場合において、入所者の処遇や事業所の管理上支障がない場合、管理者・介護職員の兼務が可能となりましたが、看護小規模多機能型居宅介護との管理者・介護職員との兼務も可能でしょうか？

A 令和 3 年度から管理者・介護職員の兼務が可能となったのは、広域型特別養護老人ホーム又は介護老人保健施設と小規模多機能型居宅介護事業所を併設する場合であり、看護小規模多機能型居宅介護事業所は対象になっていません。

　従来から、併設する小規模多機能型居宅介護事業所との管理者・介護職員の兼務が可能となっている地域密着型介護老人福祉施設、地域密着型特定施設入居者生活介護、認知症対応型共同生活介護、介護療養型医療施設又は介護医療院と合わせると全ての施設系サービスと特定施設入居者生活介護を除く居住系サービスにおいて管理者・介護職員の兼務が可能となりました。ほとんどの施設系サービス、居住系サービスの管理者・介護職との兼務が可能になった小規模多機能型居宅介護ですが、特に今回対象として追加された広域型特別養護老人ホームについては、事業規模と利用者層の違いが大きいサービスになります。事業規模につい

ては、広域型特別養護老人ホームの場合、定員100人を超える場合も多いですが、小規模多機能型居宅介護は、在宅サービスであり泊り利用者がいない日もあります。また、利用者についても広域型特別養護老人ホームの場合「終の棲家」として考えている利用者、家族が多いと考えられます。小規模多機能型居宅介護では、今回の改定で看取り期における対応として「人生の最終段階における医療・ケアの決定プロセスに関するガイドライン」等の内容に沿った取組を行うことが定められましたが、求められるサービスの目的が異なる事業での兼務という点に留意することが求められます。

図表29　介護老人福祉施設等の人員配置基準の見直し

改定前

小規模多機能型居宅介護に併設する施設・事業所	介護職員の兼務	管理者の兼務
地域密着型介護老人福祉施設 地域密着型特定施設 認知症対応型共同生活介護事業所 介護療養型医療施設又は介護医療院	○	○
広域型の特別養護老人ホーム 介護老人保健施設	×	×
(留意事項) ・兼務できる施設・事業所は、「併設する施設・事業所」		

改定後

小規模多機能型居宅介護に併設する施設・事業所	介護職員の兼務	管理者の兼務
地域密着型介護老人福祉施設 地域密着型特定施設 認知症対応型共同生活介護事業所 介護療養型医療施設又は介護医療院	○	○
広域型の特別養護老人ホーム 介護老人保健施設	○	○
(留意事項) ・兼務できる施設・事業所は、「併設する施設・事業所」		

（出典：「令和３年度介護報酬改定における改定事項について」厚生労働省）

───── ポイント ─────

・特定施設入居者生活介護以外の居住系、施設系サービスと併設する小規模多機能型居宅介護の管理者・介護職員の兼務が可能に。

Q74 サテライト型居住施設の人員配置基準

居住系　施設系

Q サテライト型居住施設において、**本体施設が特別養護老人ホーム・地域密着型特別養護老人ホームである場合**に、本体施設の生活相談員によりサテライト型居住施設の入所者の処遇が行われていると認められるときは、生活相談員を置かないことが可能になりましたが、**本体施設が介護老人保健施設の場合ではどうなるのでしょうか?**

A 今回の改定では、サテライト型居住施設の生活相談員に関する配置が不要となる基準が示されました。本体施設が介護老人保健施設の場合、本体施設には、生活相談員は配置されておらず、支援相談員が配置されています。この場合、本体施設である介護老人保健施設の支援相談員によるサービス提供が、本体施設及びサテライト型居住施設の入所者に適切に行われると認められるときは配置不要となっています。

───── **ポイント** ─────

・介護老人保健施設が本体施設である場合、そこの支援相談員がサテライト型居住施設でサービス提供を行うことで、生活相談員は配置不要となる。

Q75 看護職員の配置基準

短期入所系

Q （介護予防）短期入所生活介護における看護職員の配置基準が常勤１人以上から緩和されていますが、週に何日程度配置できればよいのでしょうか？

A 　（介護予防）短期入所生活介護における看護職員の配置基準は、従来は、単独型及び併設型かつ定員19人以下の場合は規定なし（０人）、併設型かつ定員20人以上の場合は常勤１人以上配置とされていました。今回の改定では、単独型、併設型及び定員の人数にも関係なく看護職員の配置規定がなくなりました。要件としては、利用者の状態像に応じて必要がある場合には、看護職員を病院、診療所又は訪問看護ステーション等との密接かつ適切な連携により確保することとされており、利用者の状態によって連携の頻度も変わることになります。想定される場合として、短期入所生活介護事業所を初めて利用する利用者や、担当介護支援専門員等から前回利用時より状態が変化している等の報告があった利用者等にあっては、利用開始時に健康状態の確認を行うことが想定されます。

　一方、従来から看護職員が配置できている短期入所生活介護では、介護職員よりも人件費の高い看護職員を常勤で配置することが負担という方向で考える場合も想定されます。ただし、要介護者の重度化、医療依存度が高まる状況で、常勤看護職員が配置できていることも大きなメ

リットであるので単に人件費の負担と見るのではなく、利用者層を踏まえた安心、安全へのニーズに応える視点で捉えることが求められます。

─────────── **ポイント** ───────────

・短期入所生活介護の看護師配置（併設型・定員20名以上）は、常勤配置から関連機関との連携による確保でも可能となった。

Q76 外部評価に係る運営推進会議の活用

居住系

Q 認知症対応型共同生活（グループホーム）に義務付けられている外部評価について、運営推進会議における自己評価の報告、評価も外部の評価として位置付けられることになりました。この場合の運営推進会議は、複数事業所の合同開催であっても差し支えないのでしょうか？

A 従来、認知症対応型共同生活（グループホーム）の運営上義務付けられている外部評価については、都道府県が指定する外部評価機関によるサービスの評価を受けその結果を公表するものとされていました。今回の改定では、従来の外部評価の他、運営推進会議における評価でも差支えがないとする位置付けになりました。

この場合、まず事業所において自己評価を行い、その結果を運営推進会議に報告し、そこで評価されたものを公表します。運営推進会議の開催方法には、年に義務付けられている回数の半分を超えない範囲での複数事業所合同開催が認められていますが、外部評価に係る運営推進会議は単独開催とされています。

また、外部評価機関によるサービスの評価を5回連続受けた場合は、外部評価の公表が毎年から2年に1回とすることができますが、運営推進会議による外部評価については、外部評価機関の評価の実施回数には

含まれません。

　ただし、毎年の実施であっても自己評価であれば外部評価機関の受審のコストや実施に伴う日程調整等作業負担がありますが、それらの負担が軽減されることから、毎年実施し、手順化していくメリットがあると考えられます。

━━━━━━━━━━ **ポイント** ━━━━━━━━━━

・グループホームの外部評価は、外部評価機関による評価か、運営推進会議における評価かのいずれかから選択可能となった。

Q77 介護保険施設におけるリスクマネジメントの強化

施設系

Q 介護保険施設における事故発生の防止と発生時の適切な対応を推進する目的で、安全管理体制未実施減算、安全対策体制加算が新たに設定されましたが、運営基準に示されている「事故発生の防止及び発生時の対応」が実施できれば、安全管理体制未実施減算をクリアできて、同時に安全対策体制加算の要件を満たすでしょうか？

A 安全管理体制未実施減算は、運営基準における事故の発生または再発を防止するための措置が講じられていない場合に減算されることになります。運営基準に示されている項目は、

・事故発生防止のための指針の整備
・事故が発生した場合等における報告と、その分析を通じた改善策を従業者に周知徹底する体制の整備
・事故発生防止のための委員会及び従業者に対する研修の定期的な実施
・事故発生防止等の措置を適切に実施するための担当者の設置

とされています。

これに対し「安全対策体制加算」では、上記の運営基準に加え、

・外部の研修を受講した担当者を配置
・施設内に安全管理対策部門を設置
・組織的な安全対策を実施するために事故の防止に係る指示や事故発生

時における対応について従業者全員に行き渡る体制の整備
とされており、組織としての体制整備が示されています。

　なお、外部の研修については、介護現場における事故の内容、発生防
止の取組、発生時の対応、施設のマネジメント等の内容を含むものであ
り、関係団体（公益社団法人全国老人福祉施設協議会、公益社団法人全国老
人保健施設協会、一般社団法人日本慢性期医療協会等）等が開催する研修
が想定されています。

　担当者については、資格や人数は示されていませんが、事故防止検討
委員会で安全対策を担当する者と同一の従業者が務めることが望ましい
とされています。ただし、取組内容や範囲から鑑み、担当者はフロア単
位等の複数で行うことが望まれます。

──────────── ポイント ────────────

・「安全管理体制未実施減算」の対象は、事故発生や
　防止に対する指針整備等が目的であり、「安全対策体
　制加算」の目的は、担当部門による組織的な活動を
　するための体制整備である。

訪問系　　通所系　　短期入所系　　多機能系　　居住系　　施設系

Q 高齢者の保健事業と介護予防が一体的に実施できるような法改正が施行されましたが、事業者の取組では何が変わるのでしょうか？

A 介護保険法の他、国民健康保険法、高齢者の医療の確保に関する法律（高確法）の改正により、75歳以上高齢者に対する保健事業を市町村が介護保険の地域支援事業等と一体的に実施することができるよう、国、広域連合、市町村の役割等について定めるとともに、市町村等において、各高齢者の医療・健診・介護情報等を一括して把握できるよう規定の整備等を行うことが定められました。

　後期高齢者となる75歳以上では、医療保険が後期高齢者医療制度へ切り替わりますが、74歳まで加入していた市町村等の保健事業との情報等の連携に課題があったこと、また、医療保険の対象となる生活習慣病対策、フレイル対策と介護保険の対象となる介護予防への取組が要介護認定者が増える後期高齢者に対してバラバラの取組になっていることが課題となっていました。これに対し、市町村が主体となって、保健事業から疾病予防、重症化予防を支援する形で通いの場での保健医療への取組と介護予防への取組を一体的に行うことをイメージしています。

　通いの場の運営に関わる事業所では、保健事業と介護予防の一体的な

図表30　高齢者の保健事業と介護予防の一体的な実施事業の概要

（市町村における実施のイメージ図）

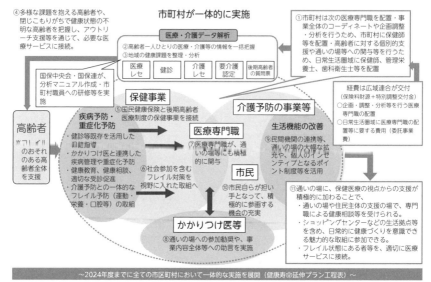

（出典：「高齢者の保健事業と介護予防の一体的な実施」厚生労働省）

実施に関わることになる場合があります。具体的な事業内容は、市町村（保険者）により多様な事例があります。

〈参考〉　厚生労働省「高齢者の保健事業と介護予防の一体的な実施に向けて」

https://www.mhlw.go.jp/content/12600000/000561340.pdf

―――――――――― **ポイント** ――――――――――

・通いの場を中心とした、生活習慣病対策（保健事業）と介護予防への取組が連携することが想定される。

Q 「地域共生社会の実現のための社会福祉法等の一部を改正する法律」により、重層的支援体制整備事業が位置付けられましたが、この事業は地域包括支援センターで取組む事業でしょうか？

A 重層的支援体制整備事業は、地域共生社会の実現に向けた包括的な支援体制の構築に向けた事業になります。事業の実施については、市町村の任意とされています。重層的な支援の対象は、制度で表すと

・介護保険制度

・障害者自立支援制度

・子ども・子育て支援制度

・生活困窮者自立支援制度

の４つにまたがっています。よって、事業の財源は個別の制度ではなく交付金で対応することになります。事業のテーマとして「断らない相談支援」「伴走型支援」が挙げられています。事業を実施する市町村においては、地域包括支援センターに対しても事業参加が求められると考えられます。

図表31　重層的支援体制整備事業における各事業の概要

包括的相談支援事業	・属性や世代を問わず包括的に相談を受け止める ・支援機関のネットワークで対応する ・複雑化・複合化した課題については適切に多機関協働事業につなぐ
参加支援事業	・社会とのつながりを作るための支援を行う ・利用者のニーズを踏まえた丁寧なマッチングやメニューをつくる ・本人への定着支援と受け入れ先の支援を行う
地域づくり事業	・世代や属性を超えて交流できる場や居場所を整備する ・交流・参加・学びの機会を生み出すために個別の活動や人をコーディネートする ・地域のプラットフォームの形成や地域における活動の活性化を図る
アウトリーチ等を通じた継続的支援事業	・支援が届いていない人に支援を届ける ・会議や関係機関とのネットワークの中から潜在的な相談者を見付ける ・本人との信頼関係の構築に向けた支援に力点を置く
多機関協働事業	・市町村全体で包括的な相談支援体制を構築する ・重層的支援体制整備事業の中核を担う役割を果たす ・支援関係機関の役割分担を図る

図表32　重層的支援体制整備事業について

重層的支援体制整備事業について（イメージ）

○ 相談者の属性、世代、相談内容に関わらず、包括的相談支援事業において包括的に相談を受け止める。受け止めた相談のうち、複雑化・複合化した事例については多機関協働事業につなぎ、課題の解きほぐしや関係機関間の役割分担を図り、各支援機関が円滑な連携のもとで支援できるようにする。
○ なお、長期にわたりひきこもりの状態にある人など、自ら支援につながることが難しい人の場合には、アウトリーチ等を通じた継続的支援事業により本人との関係性の構築に向けて支援をする。
○ 相談者の中で、社会との関係性が希薄化しており、参加に向けた支援が必要な人には参加支援事業を利用し、本人のニーズと地域資源の間を調整する。
○ このほか、地域づくり事業を通じて住民同士のケア・支え合う関係性を育むほか、他事業と相まって地域における社会的孤立の発生・深刻化の防止をめざす。
○ 以上の各事業が相互に重なり合いながら、市町村全体の体制として本人に寄り添い、伴走する支援体制を構築していく。

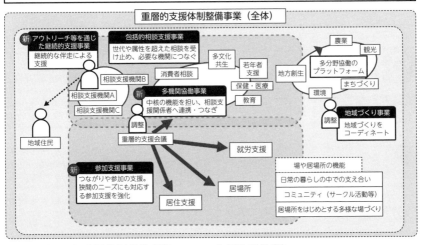

（出典：「重層的支援体制整備事業について」厚生労働省）

― ポイント ―

・横断的な福祉ニーズへの対応が求められるため、地域包括支援センターも機能の一部として参加が求められる。

Q80 社会福祉連携推進法人からの資金貸付

訪問系　通所系　短期入所系　多機能系　居宅介護支援系　居住系　施設系

Q 社会福祉連携推進法人から、資金貸付が受けられるようですが、複数の社会福祉連携推進法人から資金貸付を受けることは可能でしょうか？

A 令和 2 年度の社会福祉法の改正により、社会福祉事業に取り組む社会福祉法人や NPO 法人等を社員として、相互の業務連携を推進する社会福祉連携推進法人制度が創設されました。

国も地域共生社会の実現に向けての指針を示すなかで、地域における福祉ニーズは多様化しており、社会福祉法人も増加傾向をたどっています。一方で、事業規模が小さい法人が多く、合併を行った社会福祉法人の 8 割以上が「業務不振法人の救済」を理由に挙げています。ただし、合併等にあたっては、法人の設立動機や理念等に合わない点があるなどの問題点も指摘されています。このような状況下における社会福祉法人等に対し、地域の法人間で自主的な連携も見られるなか、そのような緩やかな連携と合併・事業譲渡等の中間に位置する連携の仕組として社会福祉連携推進法人が制度化されました。

社会福祉連携推進法人で実施される事業としては、①地域福祉支援業務、②災害時支援業務、③経営支援業務、④貸付業務、⑤人材確保等業務、⑥物資等供給業務が挙げられます。

図表33　社会福祉連携推進法人について

（出典：厚生労働省資料を基に作図）

④貸付業務では、社会福祉連携推進法人に参画する社会福祉法人等（社員という）に資金を貸し付ける事業ですが、複数の社会福祉連携推進法人からの貸付を受けることはできません。また、1つの社会福祉連携推進法人からの貸付期間は3年以内とされており、1回の貸付が完済されるまで2回目以降の貸付を受けることはできません。

───── **ポイント** ─────

・ひとつの法人は、複数の社会福祉連携推進法人への参画が可能であるが、貸付は1つの社会福祉連携法人に限る。

Q81 雇用保険等の一部を改正する法律について

訪問系　通所系　短期入所系　多機能系　居宅介護支援系　居住系　施設系

Q 介護職員の採用が難しく、65歳以上の採用を考えていますが、高齢者の雇用を支援する制度等はどのようになっているのでしょうか?

A 今回の介護保険法改定のうち介護職員処遇改善加算の職場環境等要件における「生産性向上のための業務改善の取組」では、「高齢者の活躍等による役割分担の明確化」が示されており、介護職員の採用が難しくなっている状況では、高齢者も現場の担い手として期待されています。今回の制度面の改正では、雇用保険法等の一部を改正する法律、年金制度の機能強化のための国民年金法等の一部を改正する法律が成立しています。まず、高齢者の就業機会の確保及び就業の促進として、下記が定められました。

・65歳から70歳までの高齢者就業確保措置を講ずることを企業の努力義務とし、70歳までの就業を支援する。

・雇用保険制度において、65歳から70歳までの高齢者就業確保措置の導入等に対する支援を雇用安定事業に位置付ける。

・複数の事業主に雇用される65歳以上の労働者について、雇用保険を適用する。〔令和 4 年 1 月施行〕

これまでは「 1 つの事業所で 1 週間の所定労働時間が20時間以上」が

雇用保険加入要件になっていましたが、これが「複数事業所の合算」も含められることになり65歳以上就業者の兼業や副業に対する支援環境が整備されることになります。

　また、国民年金法等の改正により、年金の受給開始時期が従来の「60〜70歳」から「60〜75歳」（令和4年度より）になり、受給開始年齢を繰り下げることにより年金受給額が増額されることになります。さらに、60〜64歳の在職老齢年金（特別支給分）については、現在、「賃金＋老齢厚生年金」の合計が月額28万円を超えると「老齢厚生年金」が減額されますが、その基準額が月額47万円に緩和されます（令和4年度より）。これにより、就労時間を抑えていた在職老齢年金受給者がさらに多くの時間、就労可能となります。

─────── **ポイント** ───────

・高齢者の就業を支援する制度、助成金が多種あるため、それらの案内を含めた求人情報がより効果である。

第 **3** 章

介護業界の新たな動き

第 **1** 節　これからの介護業界はどうなる?

訪問系

通所系

短期入所系

多機能系

居宅介護支援系

居住系

施設系

　令和 3 年度施行の介護保険法改正内容及び介護業界が置かれている状況を踏まえ、今後の介護事業所等の運営にどのような影響があるのかについて見ていきます。

(1)　介護人材・人員基準緩和

　「介護人材の確保・介護現場の革新」では、見守り機器やインカム導入等と人員基準の緩和策が示されているため、新しいテクノロジーの導入が目的であるように見えます(もちろん、その目的もあります)が、どう転んでも新たに介護職員を採用することが業界として困難であることを受けた上での転換という意味合いも強く感じます。人員基準は、福祉分野の基本的な評価指標である「ストラクチャ評価」の代表的なものであり、その評価指標が変わることになります。また、評価指標で見ると改定による多くの加算で導入されることになった LIFE については、「アウトカム評価」を進展させるベースとして大きな役割を担っています。

　このような、評価指標の世代交代が示されたのが今回の改正の影響であると考えています。とはいえ、介護職員によるサービス提供という基本は変わらないため、介護人材の確保は継続する取組になりますが、採用よりも育成・定着に施策の重点が置かれることは間違いないと考えられます。定着の度合いを表す平均勤続年数は、介護職員と産業計と比較

図表 1　介護職員の平均勤続年数（職種別、年齢別）

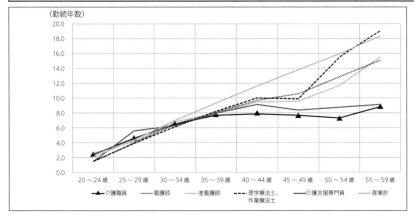

○　介護職員の平均勤続年数について職種間及び産業計と比較すると、30 〜 34 歳までは概ね変わらないが、35 歳以上は下回っている。

（出典：「令和 3 年度介護報酬改定を踏まえた処遇改善に係る加算の見直しについて」厚生労働省）

　すると35歳以上では、下回っているという表現以上に年齢を重ねても約8年程度から伸びていないという深刻な状況になっています。このグラフの数値を表現すると「35歳以上の介護職は勤続8年になると辞めてしまう。」とも言い換えられます。また、グラフ中には、看護師、准看護師、理学療法士・作業療法士、介護支援専門員との比較もありますが、介護支援専門員も介護職員同等の傾向にあり、40歳を超えたあたりから勤続年数が伸びていません。

　採用についても、従来のような経験、有資格者という即戦力ではなく、採用後の育成を含めた考え方が求められます。これは、介護職員処遇改善加算の職場環境等要件の「入職促進に向けた取組」の「他業種からの転職者、主婦層、中高年齢層等、経験者・有資格者等にこだわらない幅広い採用の仕組の構築」にも表れています。生産年齢人口の減少というパイが限られた中で、従来のような採用にこだわるのは「人材紹介会社」のお得意様になるだけです。

（2）　自己負担増

　令和3年度の介護報酬改定では、従来から論点になっていた「自己負担1割→2割」「ケアプラン作成料自己負担化」については、見送られましたが、次回の制度改定においては導入の可能性もあります。これらの改定は、利用者にとっては、多くの場合支払い額が約2倍になり、無料であったケアプラン作成料が有料になることで非常に大きな負担増になります。一方、介護事業者にすると収入増の要因はないどころか、負担額の増大への対応が難しい、従来の利用者の利用控えにより大幅な収入減の可能性が出てきます。

　このような状況では、介護事業所としての考え方として保険外サービス提供対応等の事業メニューを増やし、新たなニーズに対応することを

図表2　介護保険・介護特約の加入率（民保加入世帯ベース）

(%)

	世　帯	世帯主	配偶者
2021 （令和3）年	16.7	13.6	8.5
2018 （平成30）年	14.1	10.5	7.8
2015 （平成27）年	15.3	11.8	7.9
2012 （平成24）年	14.2	10.8	7.6
2009 （平成21）年	13.7	11.1	6.2

＊民保（かんぽ生命を除く）に加入している世帯が対象
＊寝たきりや認知症によって介護が必要な状態になり、その状態が一定の期間継続したときに、一時金や年金などが受け取れる生命保険、あるいは特約が付加された生命保険であり、損害保険は含まれない

（出典：「2021（令和3）年度生命保険に関する全国実態調査〈速報版〉」公益財団法人生命保険文化センター）

検討することが望まれます。一方、利用者側では、約 2 倍という高額な支払い額に対して、民間介護保険への加入が対策として効果が見込まれると考えられます。民間介護保険への世帯加入率は16.7％（令和 3 年）と多い状況とは言い難いですが、自己負担 2 割が導入されると民間介護保険に対しても、多くのニーズが出てくると考えられます。

（3）　保険外サービス

　保険外サービスについては、前回の法改正からかなり注目度が上がっており、介護保険対象サービスであった介護予防訪問介護、介護予防通所介護が総合事業に移行しました。今後も訪問介護の生活援助が総合事業に移行が検討されるなど、介護保険対象サービスが縮小される状況においては、事業所の収益という観点だけでなく、要介護者やその家族が置かれている衣食住環境に対してどのようなニーズがあるのかという観点で見た場合に事業所における既存のリソースを大幅に変えることなく介護保険対象外のサービスを追加することが可能になると考えられます。

　具体的な事例では、東京都豊島区においては、介護保険サービスと保険外サービスを適切に組み合わせて提供することを「選択的介護」として、平成30年 8 月から令和 3 年 3 月までのモデル事業を経て、令和 3 年 4 月から本運用を開始しています。主な保険外サービスのメニューとして、同居家族分の洗濯・調理・買い物、趣味等への同行、ペットの世話、大掃除、草むしり・草木の水やり等が示されています。

　選択的介護登録事業者として登録されている事業者は、訪問介護事業者、通所介護事業者ともに 6 事業者となっています（令和 4 年 1 月現在）。

　ただし、介護保険外サービスなのでメニューに記載されている以外にも利用者のニーズに応じて、サービスをアレンジすることも可能であり、介護保険法の基準には含まれないため、ヘルパーの資格も問われないことになるので、担当する職員も保険外サービスのメニューが得意な専門ヘルパーの稼働も可能となります。現時点では、大きなニーズが表

図表3　介護保険でできないことの例

出していない状況ですが、今後に向けてニーズを洗い出し、保険外サービスの提供実績を重ねていくことが保険対象事業の収入が減少してきた場合の支えになる可能性があると考えられます。さらに、事業としての可能性を拡げるのであれば、利用者についても要介護認定を受けている要件も問われないため、65歳以上のみならず全ての年齢層へのサービスの提供となってきます。所属しているヘルパーのスキルがどのようなサービスに展開できるのかを検討する機会も必要になると考えられます。

　また、通所介護の場合、介護保険におけるサービス提供中に保険外サービスを提供した場合に保険外サービスを除く前後の介護保険サービスについて保険請求が可能となっています。このような、通所介護サービス提供中の保険外サービスとして、事業所内における理美容サービス、健康診断、外出同行支援、物販、移動販売等が該当します。ただし、介護保険による通所介護サービス提供中に、同時に介護保険サービスと保険外サービスを提供する場合は、両方の利用者数合計に対して運

営基準を満たすよう職員配置を行い、利用定員を超えない運営をすることが求められます。このように、保険外サービスの導入が介護保険サービスの基準に影響を及ぼす場合もあるので注意が必要です。

第2節 組織・仕組づくりについて

訪問系

通所系

短期入所系

多機能系

居宅介護支援系

居住系

施設系

（1） 介護事業所の運営に関する組織的な取組

　運営基準に示される人員基準では、人数、保有資格等については、要件として示されていますが、それら職員が業務を遂行する組織・仕組について示さることはほとんどありませんでした。

　その中でも、今回の改定では介護職員処遇改善加算の職場環境要件の「入職促進に向けた取組」の内容で「法人や事業所の経営理念やケア方針・人材育成、その実現のための施策・仕組などの明確化」が示され、従来のような業務に関する能力に応じた有資格者、職員を利用者数に対して妥当な人数配置するという技術的、量的のみの次元から個人単位ではなく組織としての取組に向けて一歩踏み込んだ内容が示されました。

　介護事業所の運営に関する組織的な取組については、運営基準で示されている内容ではないので、問われることもない状況でした。組織的な取組が問われる場面として、福祉サービス第三者評価が挙げられます。「組織マネジメント」の「リーダーシップと意志決定」「職員と組織の能力向上」「事業所の重要課題に対する組織的な活動」等の評価カテゴリーにおいて、組織の職員に対するマネジメントの状況が問われています（東京都事例）。ただし、福祉サービスの第三者評価が受審義務となっている都道府県及び対象事業は一部に限られています。よって、業界としても共通の課題として認識されることが多くありませんでした。

課題として頻繁に挙げられるのは、職員の能力等についてであり、「いい人」（およその基準として「資格」「経験」「人柄」）が採用できればいいサービスが提供できるという認識が多く見られます。よって、組織的な取組が論じられることなく、個人の能力に注力し、仕事ができる人材を求めるという属人的（いわゆる「背中を見て覚える」職人気質）な運営方法が多くの事業所で見られる現状であると考えられます。

　これは、介護事業所調査における「介護サービス事業を運営する上での問題点」（複数回答）で第1位が「良質な人材の確保が難しい」（53.2%）という調査結果からも見えてくる実情です。（「令和2年度介護労働実態調査　事業所における介護労働実態調査」公益財団法人介護労働安定センター）。ちなみに、本設問では、「管理者の指導・管理能力」や「経営者・管理者と職員間のコミュニケーション」「介護従事者間のコミュニケーション」に関する選択肢はありますが、組織、チーム運営に関する選択肢自体が存在しないところからも介護業界としての画一的な視点が浮かび上がります。）

　令和3年度の介護報酬改定により、介護職員処遇改善加算の職場環境要件に追加された「法人や事業所の経営理念やケア方針・人材育成、その実現のための施策・仕組などの明確化」については、「前職を辞めた理由」（図表4）の第2位「職場の人間関係に問題があった」（16.6%）、第7位「理念や運営のあり方に不満があった」（9.8%）（「令和2年度介護労働実態調査　介護労働者の就業実態と就業意識調査」公益財団法人介護労働安定センターの調査結果より）という状況から見ても、組織としての取組に重きが置かれず、属人的な運営をしてきたことに対する、課題感の現れであると捉えられます（参考：第1位「結婚・出産・妊娠・育児」、第3位「自分の将来に見込みが立たなかった」）。

　また、介護福祉士に対する調査における「以前の福祉・介護・医療分野の職場を辞めた理由」（「令和2年度介護福祉士就労状況調査」公益財団法人社会福祉振興・試験センターより）においても第1位「職場の雰囲気や人間関係に問題があった」（40.4%）、第4位「法人・会社の理念や方

図表 4　前職をやめた理由（複数回答）

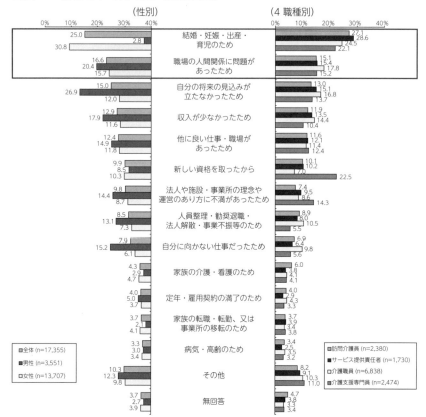

（出典：「令和 2 年度介護労働実態調査　介護労働者の就業実態と就業意識調査」
　　　公益財団法人介護労働安定センター）

針に共感できなかった」（26.2%）等組織としてのあり方に課題があることが浮かびあがっています。

(2)　組織運営は福祉分野全体の問題

　組織運営に関する問題は、介護分野だけではなく、障害者や保育等も含めた福祉分野全体の問題になります。これらは、国家資格でもある社会福祉士養成講座で使用されるテキスト『福祉サービスの組織と経営

図表 5　以前の福祉・介護・医療分野の職場を辞めた理由（介護福祉士資格
　　　　保有者のみ集計）

(n=242,944)	辞めた理由(複数回答)		辞めた最も大きな理由	
	回答数(人)	割合(%)	回答数(人)	割合(%)
やりたい仕事ができなかった	46,833	19.3	11,173	4.6
心身の健康状態の不調	80,199	33.0	30,858	12.7
法人・会社の理念や方針に共感できなかった	63,609	26.2	17,584	7.2
職場の雰囲気や人間関係に問題があった	98,070	40.4	40,826	16.8
給与や賃金の水準に満足できなかった	76,773	31.6	25,550	10.5
勤務形態が希望に沿わなかった	56,626	23.3	13,159	5.4
副業・兼業ができなかった	7,046	2.9	333	0.1
育児や介護の支援が得られなかった	18,015	7.4	5,244	2.2
将来のキャリアアップが見込めなかった	43,928	18.1	6,497	2.7
より魅力的な職場が見つかった	45,755	18.8	14,203	5.8
起業・開業	5,119	2.1	3,190	1.3
転居（家族の転勤等を含む）	24,455	10.1	15,941	6.6
人員整理、退職勧奨、法人解散等	15,875	6.5	9,566	3.9
その他	44,339	18.3	28,554	11.8
無回答	10,266	4.2	20,266	8.3

（出典：「令和 2 年度介護福祉士就労状況調査」公益財団法人社会福祉振興・試験セ
ンター）

（第 5 版）』（中央法規）にも次のように記述されています。
・「サービスを提供する組織単位は、従来でいう福祉施設単位つまり
サービス実施事業所や事業所内の各職場等が考えられる。しかし、福
祉サービス事業主体が福祉サービスを提供する対象は、個人であった
り、グループであったり、地域社会であったりするが、サービス提供
組織が組織体として効果的なはたらきをしているとはいい難い。社会
福祉援助技術でもあるケースワークもグループワークもコミュニ
ティ・オーガニゼーションも介護も、サービス提供側は個人を中心に
考えられてきた。」（P5・L4）
　ここで例示されている社会福祉援助技術は、介護現場ではあまり馴染
みのないものですが、介護サービスの提供においても、職員個人が中心
にとらえられる場合が多い状況であり、「同じフロアの職員」「同じシフ
ト」「同じ職種」という属性が同じ職員のグループはあってもサービス
提供に対するマネジメント対象としての組織とは異なっています。一方
で、利用者個別のサービス計画に取組む上では、施設・在宅を問わず職
種間の連携が必要になっており、組織として、チームとしての対応が求

められています。

　また、福祉サービス組織を考えるに当たっての課題として、下記のような内容が挙げられています。

・「これからのあらゆる福祉サービス組織は、組織としてのサービス提供体制をどのように確立するか、その組織のもつ力をどう活かすか、組織のもつリスクをどう回避するかといった、組織体としてのあり方を確立することが求められている。」(P 5・L15)

　このような課題提起に対し、「うちの施設は施設長がいて、その下に課長や主任、リーダーもいる。それぞれの役割りも職務分掌規程に記載がある。施設として組織が完成している。」という施設も多いと思われます。

　先のテキストにおいては、

・「福祉サービスの世界で「組織」という言葉が用いられる場合、限定的な意味で用いられる傾向にある。具体的には、「個人の思いや考えだけで行動すべきではなく、組織全体のなかの規律も重視すべきである」というニュアンスで用いられる場合が多い。「組織図」のような組織の命令系統や、「ほう・れん・そう」(報告・連絡・相談)に代表される、組織の一員としての行動のなかで用いられる場合が多いのである。

　このように、「組織」を狭い意味でとらえる傾向がある大きな理由の一つが、かつての福祉サービスの内容・形態にある。(中略)かつては、施設処遇中心という前提があった。また、当時の施設では流れ作業的な業務のなかで、入所者の都合より施設側の都合が優先されるようなサービスの提供され方があった。固定的な1日のスケジュール、1週間のスケジュールを守る(利用者の立場からは「守らされる」)ためには、上から下に命令伝達するピラミッド型組織が適している。こうした「組織」において、「組織」という言葉が、「従事者の規律」という意味として用いられるようになったのは自然であるともいえる。」(P93・L11)

　このような記載については、介護保険法施行（参照元のテキストは初版が2009年なので、介護保険法施行後 9 年である）により「利用者主体」の理念の元、変化の見られる施設も多数存在していますが、介護保険法施行までに現場で教わってきた職員からすると、仕事の考え方としてそれまでのやり方が基本になってしまっている場合もあります。一方で介護保険法の理念に沿った考え方の現状については、下記のように記載されています。

・「ところが、昨今では、利用者の尊厳を支えるために全人的なケアが求められ、流れ作業的なサービスのあり方は否定されている。さらには、一つひとつのケアの単位を小規模化し、利用者に身近な地域において展開することが求められている。この流れとは別に、一方では経営の安定性の観点から法人の規模の拡大を重視する考え方が生まれている。こうしたなかで、福祉サービスの提供においても、多様な組織の考え方やとらえ方が求められるようになってきたのである。」（P94・L 5 ）

　以上のような福祉サービス提供体制に対し、今回の改定内容を組織としての観点でとらえ直してみると下記のような課題や検討が必要な部分であると考えられます。

　まず、地域包括ケアシステムについては、今回の改定だけでなく、国が従来から進めている大きな方向性ですが、その実現に向けた改定も多く見られました。そのためには、介護と医療の密接な連携が望まれます。連携に関わる主な改定として以下のようなものが挙げられます。
・居宅療養管理指導における医師・歯科医師の指導、助言等。薬剤師・歯科衛生士・管理栄養士による医師等への情報提供。
・老健の医師とかかりつけ医の連携。
・退院時のカンファレンスへの福祉用具専門相談員等の参加。
・老健入所前後のケアマネジャーとの連携。
　このような地域包括ケアシステムにおけるフィールドでの活動は、地

域の医療・介護ネットワークにおける活動となり、事業所内の業務とは異なる考え方や解釈が出てくる場面もある中で「事業所の一員」としての業務を進めることが求められます。このような場合、例えば定例的な会合で前任者から引き継いだ場合に、組織としての考え方がなく、個人に委ねる状況であれば「後任の方は、前任者とは違う事業所のような考え方の提案をされますね。」となるか「一旦、持ち帰って上司に確認してから回答します。」という悠長な対応になりかねません。

　また、今回の改定では、自立支援・重度化防止に向けて、リハビリ・機能訓練・口腔・栄養に関する取組が多く設定され、栄養士及び管理栄養士、歯科衛生士、理学療法士、作業療法士、言語聴覚士等の活躍の場が増えたという一方、組織やチームとしての活動ができない状況では、個人の持つ技術等のみに依存することになり、成果を出しにくい場面も出てくることになります。

(3)　LIFE 導入に関して

　今回の改定で大きなウェイトを占める LIFE 関連ですが、算定要件として示される内容の大多数は

・サービスの質の向上を図るため、LIFE への提出情報及びフィードバック情報を活用

・利用者の状態に応じた計画の作成（Plan）、当該計画に基づく支援の提供（Do）、当該支援内容の評価（Check）、その評価結果を踏まえた内容の見直し・改善（Action）の一連のサイクル（PDCA サイクル）により、サービスの質の管理を行うとされています。

　LIFE への情報を提出するにあたっては、個人の作業の延長でも可能かもしれません（間違いなく、データ収取モレ等なくし、精度高く PDCA 運用を進める前提であれば、チームとしての運用が望ましいと考えます）。一方、フィードバック情報を活用するにあたってはいかがでしょうか？

　「パソコンが得意な職員を担当にしている」「フィードバック情報から分析を行った」では、フィードバック情報の活用にはなりません。算定

要件の PDCA サイクルの管理では、フィードバック情報から分析した結果から実施した支援内容の評価を行い（Check）、評価結果を踏まえた支援、計画内容の見直し・改善（Action）につなげることが求められています。フィードバック情報をどう解釈し、それをどのように見直しに活かすのかについては組織としての体制が構築されていないと、個々の職員の能力だけでは回らない業務になる可能性があります。LIFE の運用がまだできていない事業所においては、令和 3 年度内は、操作の慣れや正確にデータを管理する整備もあると考えられるので、まず一部の職員により、業務の形として PDCA サイクルが回せるところを最初のステップとして位置付け、次に他の職員も関われるように手順や担当を割り振り、分析・評価及び改善の内容の充実を図る段階を踏むことが望まれます。

　そもそも、LIFE 導入が掲げる科学的介護の目的は、なんでしょうか？データを収集し、フィードバック情報を活用することで記録や集計の時間が削減され、生産性が向上するからでしょうか？違いますね（効果としてはアリかもしれませんが）。最大の目的は、利用者の自立支援、重度化防止です。そのために PDCA サイクルを運用し、提供したサービス、取組んだ支援計画のアウトカム評価を行うことにあります。LIFE については、新しい取組であり、次回制度改正に向けてもさらに範囲が広くなる可能性の高い取組であるため、組織としての考え方や実務面の体制整備を構築しておきたいところです。

(4)　5 S

　今回の改定で内容が盛りだくさんとなった介護職員処遇改善加算の職場改善要件ですが、「生産性向上のための業務改善の取組」の区分に「5S 活動（整理・整頓・清掃・清潔・躾）等の実践による職場環境の整備」が追加されました。「5S 活動」は工場の製造現場を中心に浸透し、現在では医療現場や一般的なオフィスでも活用されています。単に現場がきれい、清潔というだけでなく、備品の置き場所、ストック状況

がすぐに分かり、書類・ファイル等の最新版がすぐに確認でき、古くてほとんど見ないものは別途保管し、安全かつ効率的な作業を実現するための活動、考え方です。言葉の意味としては、「①整理：必要なもの、不必要なものを区別」「②整頓：必要なものを使いやすい場所に置く」「③清掃：いつでもすぐに使える状態にしておく（使用中の状況が瞬時に把握できるように）」「④清潔：きれいな状態が維持できているかの確認（①〜③の3Sの維持）」「⑤躾：①〜④のルール、基準作り＝標準化」と定義されます。この活動も組織としての考え方が定まっていないと有効活用できなかったり、継続が難しくなったりします。

(5)　BCP 等

　また、今回の改定では組織として大きな方向性や姿勢を問われる内容が多く設定されていました。主なものでは、
・業務継続計画（感染症・災害等）の策定等
・ハラスメント対策の強化
・リスクマネジメント（事故発生）の強化
・高齢者虐待防止の推進
が挙げられます。これらの策定については、法人として事業所として、地域でどのような役割を担うのか、対象となる利用者としてどのような状態の方を想定するのか、逆に受入難しい利用者の範囲はどうであるか、災害時等に職員がどこまで稼働できるのか、職員個々の家族を考慮した場合、災害時に出勤できる人がどれだけいるのか等々、事業所の考え方と職員の意向のすり合わせがないと効果的なものができあがりません。

(6)　今後の組織運営について（ティール組織等）

　以上、示したように令和3年度の改定内容を見ると組織としての取組、活動がないと成果を出しにくい内容のものが多く示されていると言えます。

　一方で、組織運営の方法については、規模、事業や地域の特性等により大きく異なってくると言えます。では、介護・福祉分野における組織の考え方としてどのようなものがあるのかという点については、考え方としてこれからという状況です。関連する内容では、比較的新しい書籍（大平剛士著『介護サービス組織の連携と経営』2021年2月晃洋書房）では、介護サービスの組織構造において「施設介護サービス組織は従来から議論されている病院や福祉施設などの官僚制組織に近い特徴を有するが、一方で訪問介護サービス組織は相互依存のネットワークの中に存在し、情報交換が円滑にできるコミュニケーション技術が必要とされるため、従来の官僚制組織とは異なるネットワーク型組織に近い特徴を有しているとの指摘がある」とされています（ただし、引用されている論文自体が新しくないため、この分野に関する研究自体が多くないという状況です）。

　今後の組織運営という視点、しかも福祉分野に限定すると情報が少ないため、標準的な経営理論から介護分野に有効と考えられるものについて紹介します。
〈参考〉「世界標準の経営理論」入山章栄著（2019年　ダイヤモンド社）
　「時代とともに変化する、あるべき組織の姿」として紹介されているものです。「ティール組織」といい日本では2018年に『ティール組織』フレデリック・ラルー著　鈴木立哉訳　喜村賢州解説（英知出版）が刊行され広く知られるようになりました。組織形態を表す場合、自律分散型組織、また組織の発達段階になぞらえて進化型組織とも呼ばれています。
　ここでは、概要のみをお示しします。ティール組織は、以下の3つが特徴と言われています。
①自主経営
②全体性
③存在目的

　一言で表現すると、「各々のメンバーが「存在目的」を拠り所に、自律的に活動するので、中心的なリーダーが存在しない。また、仕事、家庭、趣味等々を含めた個人を大事にした働き方ができているので、職員は自分らしい生き方ができる」という職場、職員のイメージになると考えらえます。

　このような組織が経営理論においても、あるべき組織の姿として示されていますが、この組織は介護を初めとする福祉分野には非常に有効であると考えられます。その理由として、進化型組織の特徴である①自主経営、②全体性、③存在目的に対する相性が良いという点が挙げられます。例えば、大きな枠で介護事業を想定した場合に 3 つの特徴は下記のように表せます。

・自主経営：対人サービスであり、個々のサービス提供は 1 人の職員で完結する場合が多い。仕入れ、加工等の工程がなく、業務フローを大きく変えることなく、自律的なサービス提供の仕組を構築しやすい。
・全体性：24時間サービスを提供する場合が多く、常勤、パート、夜勤専門等、職員それぞれのライフスタイルに合わせた職員が協働する現場であり、それぞれが補完し合いながらサービス提供体制を構築することが可能である（小さい子どもや高齢者と同居している職員であれば尚更）。
・存在目的：支援を必要とする利用者のライフラインとも言える事業（いわゆるエッセンシャルワーク）であり、また公金（社会保険）による事業であるため法的に限定された事業内容であり、その地域における存在目的を職員で共有しやすい。

　また、書籍『ティール組織』では、世界における進化型組織の事例が紹介されていますが、最もページ数を割いて紹介されているのはビュートゾルフ社というオランダの訪問看護の会社についての取組です。

ビュートゾルフ社は、看護師の働き甲斐を追求し、住み慣れた地域での自立に向けた利用者中心の訪問看護を展開してきました。ビュートゾルフ社は、10年間で従業員が 4 人から15,000人（2020年）に急成長し、オランダでは最優秀雇用者賞を2011年、2012年、2014年、2015年に受賞し、従業員満足度、利用者満足度が非常に高い企業として知られています。

　これらの理由により、介護事業と進化型組織や自律分散型組織の相性が良いことをお伝えしましたが、自律分散型組織の運営が軌道に乗ると、管理職や主任等からの指示命令がなく業務が回り始めるので、いわゆるパワハラ等の可能性が少なくなります。

　また、全体性が発揮できる職場となることで、お互いの都合で働きやすい時間を調整した結果、ストレスが少ない状態で業務に携わることが可能になるため、従業員満足度も向上すると考えられます。また、そのような状態でサービス提供を行うことで同時に利用者満足度の向上も向上することが期待できます。

〈ティール組織等の導入事例〉

　このようなティール組織に代表される進化型組織は、現時点において全事業を見てもまだまだ一般的と言えるものではありません。さらに、進化型組織や自律分散型組織の実現に向けて、既存の組織に導入する具体的な手段も決して多い状況ではありませんが、その中でも実績があるものとして DXO（ディクソー）※という導入プログラムをご紹介します。このプログラムは、業種を限定したものではありませんので、介護事業以外への導入実績もありますが、現時点で介護事業及び介護事業に近い事業への導入実績としては、医療機関、訪問看護への導入実績があります（2022年 1 月現在）。

※ DXO（進化型組織デザインプログラム）by 手放す経営ラボラトリー
　日本初のティール的組織と言われるダイヤモンドメディア株式会社の創設者、代表取締役であった武井浩三氏による知見と自律分散型組織

をはじめとした多数の進化型組織の研究を通じて得た手順をプログラム化、監修し開発されたもの。

■医療法人八女発心会

姫野病院（福岡県八女郡広川町・理事長兼院長　姫野亜紀裕氏）

●実施事業：一般病棟70床・地域包括ケア病棟70床

　法人内に有料老人ホーム（3）、保育園（2）、訪問介護（1）、訪問入浴（1）、通所リハビリ（1）、訪問看護（1）（カッコ内は事業所数）

●導入動機：看護師長が退職する病棟において、後任の目途が立たない状況がありました。その際、将来的な運営形態として検討していた自律分散型組織の契機ととらえ導入に踏み切りました。

●導入状況：半年間のプログラム導入後、従来の看護師長の業務を看護師各自が自律的に業務遂行できるような業務フローが再構築できました。その結果、院長も自律的に業務を行う職員に変わってきていることを実感しています。これにより、職員が主体的に行動する結果、個々の職員の能力開発も進みました。その経緯でこれまで、目的が明確でないまま継続されていた削減可能な業務も整理できたため効率化も進み、現場の業務も指示待ちではなく自律的に動けるようになったためアウトプットも早くなり、残業時間も少なくなりました。職員からも働きやすくなったとの意見が多く、今後は他病棟や法人内の高齢者施設への導入も予定しています。

■株式会社やさしい手諏訪

わかみや訪問看護ステーション（長野県岡谷市・代表取締役　花岡邦浩氏）

●実施事業：訪問介護、訪問看護、居宅介護支援、サービス付き高齢者向け住宅、看護小規模型多機能居宅介護

●導入動機：新規の依頼が増えてくる状況で、各職員への負担が増えていき、保育園の送迎、家族の介護等、プライベートの時間が犠牲にな

るケースも出てきていました。経営層に対する不満等が出始めたため、トップダウンによる業務管理ではなく、職員が自律的に行動でき、働きやすい現場への再構築に取組みました。

●導入状況：経営層含め、全職員で地域における事業の位置付け、訪問看護に対する全職員の価値観を共有し、全体の方向性を定めました。また、業務の要素を分解し、改めて全体の方向性に沿って自律的に業務を進めていけるような業務フロー、指標の設定、運営手順を再構築しました。

概要としては、サービス提供業務を主体としたチーム、利用者紹介元ケアマネジャーとの関係性の構築や新規利用者受入れを担うチーム、サービスの質や新たなサービスの開発に関わるチームとDXOの手順に沿った3つのチーム構成になっています。

2022年1月に導入プログラムが完了し、これから新たな体制のもと実業務を進めていく段階ですが、経営層は職員の行動、仕事への姿勢が主体的、自律的に変わってきたと効果を感じています。

なお、DXOのテキストは無料でダウンロードでき、copyleft（著作権フリー）（2022年1月現在）としているので、自律分散型組織に興味のある方はダウンロードし事業所の職員により導入することも可能になっています。

〈参考〉　DXO テキストダウンロードサイト

https://dxo.tebanasu-lab.com/

(7)　テクノロジーの活用

令和3年度の介護報酬改定では、「介護人材の確保・介護現場の革新」という大項目において、「テクノロジーの活用や人員基準・運営基準の緩和を通じた業務効率化・業務負担の軽減の推進」に対する改定項目が示されています。ここで言うテクノロジーの活用については、介護ロボット、見守り機器、ICT、介護ソフト、スマートフォン、インカム等

図表 6　ICT 導入支援事業の実施状況

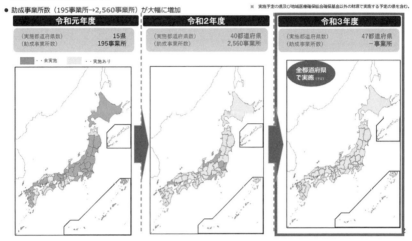

(出典：「介護現場における ICT の利用促進・ICT 導入支援事業の概要資料」厚生
　　　労働省)

が示されています。ここで、現状の ICT 導入状況を見てみます。

　この図は、ICT 導入支援事業の助成事業所が対象ですが、令和元年
度（195事業所）から令和 3 年度（2,560事業所）までの 2 年間で約13倍と
なっています。ICT 導入支援事業の助成事業所のみの数値なので、実
際の ICT 導入事業所はさらに多いことが想定されます。

　続いて、導入された製品、導入効果ですが、「介護ソフト」が45％、
「タブレット」が27％となっており、2 つで72％を占めています。実際
の感覚としても、ここ数年でタブレットがある介護事業所は多くなった
という印象があります。また、効果については、間接時間（直接ケアに
含まれない間接的な業務時間）が短縮されたとする効果が85％となってお
り、その結果、直接ケアにあたる時間が増えたケースが73％を占めてい
ます。現場でお聞きするタブレット導入の効果としては、パソコンのあ

図表 7　ICT 導入支援事業導入効果報告の分析

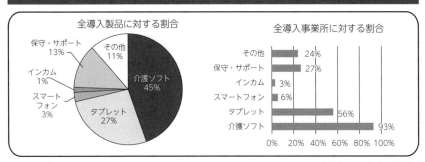

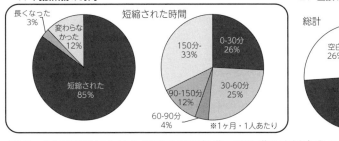

（出典：「介護現場における ICT の利用促進・ICT 導入支援事業の概要資料」厚生
労働省）

る事務所に戻らずに入力できることから移動時間が大幅に削減されたと
いう意見が多いと感じています。

　また、削減された間接業務時間については、64.8％の事業所が「30分
以上」と回答しています。この数値は、職員 1 人当たりの月平均なの
で、職員が20人いる現場では、この20倍の時間が削減さることになりま
す。さらに、増加した直接ケアにあたる時間では、39.4％の事業所が
「30分以上」と回答しています。

　このように ICT 機器導入により、間接業務時間の削減、直接ケアに
あたる時間を増加させるには、単に ICT 機器導入により、作業を置き
換えるだけでなく、業務フロー等を見直すことにより、大きな効果へと
繋がります。これらに関する手引きが厚生労働省の「介護現場における

ICT の利用促進」にも掲載されているので、導入にあたって、また導入後であってもより効果を引き出すに際して大変参考になると考えられます。

　また、導入効果としてコメントにより報告されたものに下記も示されていました。

・外国人でも簡単なケアの記録なら入力可能となった。

図表 8　削減した間接業務時間・増加した直接ケア時間

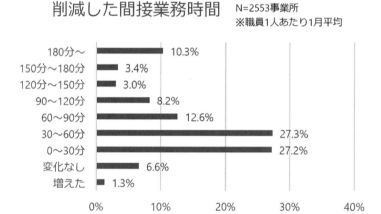

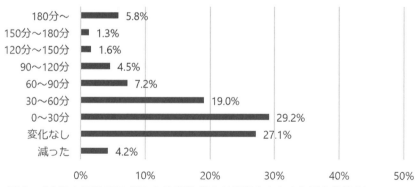

（出典：「令和 2 年度 ICT 導入支援事業 導入効果報告まとめ」厚生労働省）

・隙間時間が活用できるようになった。

・紙媒体より個人情報漏えいを防止できるようになった 。

・人為的なミスが大幅に減った。

・記録書式や文言を 統一でき、見やすくなり、内容が充実した。

・書類の保管場所が削減できた。

・スケジュール管理がしやすくなった。

(出典：「令和 2 年度 ICT 導入支援事業 導入効果報告まとめ　ICT 導入による直接的効果（その他のコメントより）」厚生労働省)

　物理的に紙を扱わないことで、情報漏洩、紛失、保管スペースについても効果が確認されています。実際に、記録保管のために事業所外に倉庫を賃借している介護事業所もあるため、場合によってはコスト削減効果にもつながるケースもあると考えられます。

　ICT 導入支援事業では、導入機器としてほとんどが「介護ソフト」「タブレット」であり「インカム」の実績は、 1 ％と「実質ないに等しい」数値になっています。また、改定された加算等のうち「インカム」が指定されている加算等（日常生活継続支援加算、入居継続支援加算、夜勤職員配置加算、夜間における人員配置基準）の対象になっているサービスは施設サービス、特定施設入所者生活介護となっており、その使用対象もさらに限定されて「夜勤職員」とされています。このように指定されると、「インカム」は夜勤職員が夜間の職員が少ない時間帯にどの居室にいても、レスポンスよくコミュニケーションを行うツールというとらえ方になってしまいます（実は筆者もそう思っていました）。

　一方で、使い方によっては、通所介護であっても大きな効果を引き出せる事例があったのでご紹介しておきます（筆者がヒアリングを行った事例）。

COLUMN　インカム事例に見る自律的な運営効果

　その通所介護事業所（以下、デイサービス）でインカムを使用することになったのは、有料老人ホームも運営している本社からの指示でした。ただし、現場の職員数に満たない数だったので、当初は本社の指示ということもあり、順番にローテションして使うことになりました。使い方の説明もなかったので、「何を話すのか？」「インカムを付けると介助作業のジャマ」「今日は、インカムの日だ、イヤだな」という感覚があったそうです。その頃、デイサービスの置かれている状況は、定員46人に対し、利用者30人とまだ空きの目立つ状況でした。施設長は、新規利用者獲得のためにケアマネ訪問等に出かけたいところでしたが、現場からは「人手が足らないので、施設長も現場に入って下さい」「今の状況で、新規受入れは困難です」「先にスタッフ増員して下さい」という訴えがありました。そして、いつもスタッフからの相談に多くの時間を割いて、現場の交通整理をしていました。

　その後、厚生労働省の生産性向上プロジェクト活動に参加することになり、インカムの有効活用が始まりました。
・送迎車到着前、デイサービス1つ手前の信号から到着前報告をして、受入スタンバイをお願いする。
・入浴介助で前の利用者が終わりそうなタイミングで次の利用者を連れてきてもらう等々。
　（詳細は「介護サービス事業における生産性向上に資するガイドライン」（厚生労働省）に記載されています。）
　約半年のプロジェクト活動の結果は、インカムはデイサービスにはなくてはならないツールになっていました。
・いつも午後までかかっていた入浴介助が午前中に終わるようになった。
・残業がなくなった。
・全職員分のインカムを用意して欲しい（インカムなしには仕事できない）。
・施設長は現場にこなくても大丈夫です（施設長自身は現場が好きなの

で、残念という感想もあり)。
・スタッフ同士がインカムでスグに相談するので、施設長に相談しにくることがなくなった (施設長からすると、寂しいという感想もあり)。
・いまのスタッフ数で利用者10人増えても大丈夫です。

　このデイサービスでのヒアリングを通じて、筆者も想定外の効果に驚きました (施設長ももちろん、現場の変化ぶりに驚いたそうですが)。
　筆者自身も下記のような印象を持っていましたが、見事に壊されました。「管理職が関与しないことで、現場がうまく回るのでしょうか?日常的な業務の状況であれば、そうかもしれません。ただ、トラブル、クレーム、ヘルプが欲しい状況…介護現場であればむしろそのような状況も頻繁に発生し、現場を仕切るリーダーなしには回らないと思うのが当たり前かもしれません。」
　また、この事例は、デイサービスにおいて大きな効果が得られたケースですが、国が示す「インカム」に対する扱いは、「施設夜勤職員」になっているため、それに囚われない、このデイサービスのような事例は広く共有されることを望みます。
　このデイサービスの変化を図示すると以下のようなイメージになります。

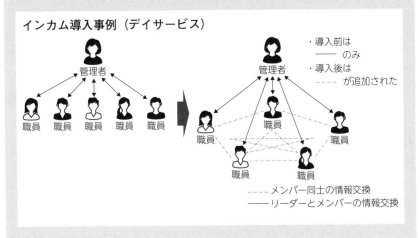

インカム導入事例 (デイサービス)

管理者
職員　職員　職員　職員　職員

・導入前は
　──── のみ
・導入後は
　----- が追加された

管理者
職員　職員　職員　職員　職員

----- メンバー同士の情報交換
──── リーダーとメンバーの情報交換

（導入前）
・個々の職員が管理者（施設長）に指示や決裁を受ける、相談して業務
　を進めるという形であった。
（導入後）
・インカムを使い始めると、現場の状況が全ての職員がリアルタイムで
　共有できるため、ヘルプ等もすぐに可能となり管理者に相談して行動
　する機会がほとんどなくなった。
・職員が自律的に動けるようになったことで、判断、行動に取り掛かる
　時間も短縮され、職員が動きやすい現場に変化していき、結果的に作
　業時間も削減された。

（8）　マインドフルネス

　ここで、先の経営理論「世界標準の経営理論」で紹介されている「マ
インドフルネス」についても触れておきたいと思います。既にマスコミ
や多くのビジネス誌でも頻繁に取り上げられていますが、google で採
用されたことがきっかけで apple、Facebook（現在 Meta）等米 IT 企業
を中心に採用が広がり、日本でも上場企業の導入事例も増えています。
　導入実績350社（株式会社 Yahoo、LINE 株式会社、カルビー株式会社、
福岡市保健福祉局他）一般社団法人マインドフルリーダーシップインス
ティテュートホームページより
　「マインドフルネス」は、「今、この瞬間の体験に意図的に意識を向
け、評価をせずに、とらわれのない状態で、ただ観ること」（日本マイ
ンドフルネス協会）とされています。（ここで、「観る」は「見る」という
視覚情報だけない気付きという意味が含まれています。）
　主に瞑想によるプログラムが多くの団体から紹介されており、その効
果については、主に下記が挙げられています。
・高い自己認識と感情の管理
・心理的安全性

・共感的コミュニケーション

・高い集中力と注意力

・レジリエンス（回復力）

・コンパッション（慈悲）・セルフコンパッション

・ストレスマネジメント

　これらの効果については、介護職員処遇改善加算の職場環境要件に記載されている「ストレスチェック」「メンタルヘルス」にも関連しており、介護現場にも導入効果が期待できるものです。

〈マインドフルネス導入事例〉

　生産性も向上「マインドフルネス」注目の背景

　Sansan、カルビー…日本でも導入企業が拡大中

　生産性の向上にも寄与

　グーグルだけではない。限られた時間の中で最大限のパフォーマンスを発揮できるとして、Facebook（現在 Meta）やシスコ、パタゴニアなどの大手企業などが導入し、「数年前の時点でアメリカ企業の56% が取り入れている」（イェール大学で脳科学を研究し、ロサンゼルスでクリニックを開業する精神科医久賀谷亮氏の報告）。

　具体的な数値での成果も報告されている。アメリカの医療保険会社エトナは、マインドフルネスを取り入れる前と後で従業員にアンケートした。導入後に「ストレスを感じている」と回答した人は、導入前に比べて3分の1に減った。すべてがマインドフルネスを導入したからとは言えないが、1人あたりの生産性も年間約3,000ドル（約34万円）向上したという。（東洋経済オンライン　2021.2.24掲載　国分瑠衣子著）

　上記のようにマインドフルネスについては、一般的な企業における組織マネジメント、リーダーシップへの効果がメリットとして挙げられていますが、さらに医療・介護・福祉分野においては、専門職としてのメリットも大きいとされています。

　これらの分野は、「感情労働」と言われることもあり、作業を通じての労働よりも精神的な負担の方が大きい場面も少なくありません。このような場合に、悲しみ・怒り・喪失等の感情的な反応を鎮める、精神的なストレスの低減、レジリエンス（回復力）等により職員を守る手段になります。

　マインドフルネスの導入が進んでいるアメリカでは介護施設における実績もあります。知的障害者授産施設の介護職を対象に「Ａ：マインドフルネス研修」「Ｂ：通常の介護職研修」を 2 グループ（それぞれ約40名）に対して10週間実施した結果の報告では、Ａ の方がストレスが大幅に低減しました。また、それぞれの介護職が担当する利用者に対する身体拘束（興奮を抑える投薬、1 対 1 の監視体制含む）については、Ａ が担当した利用者では身体拘束に係る介入が大幅に減少していました（介護職の対応により、利用者の反応に変化があった）。さらに、介護職の負傷、欠勤、退職やそれに伴うスタッフの手配、新規採用やそれらに関連する費用についても Ａ、Ｂ で比較したところ約45万ドル（約5,000万円）の経費削減が報告されています。（〈参考〉『福祉職・介護職のためのマインドフルネス』池埜聡著（中央法規）【同書籍 P161　図表11】）

(9)　職場における「心理的安全性」

　介護職員処遇改善加算の職場環境要件では、従来から記載のあった「職場内コミュニケーションの円滑化による個々の介護職員の気づきを踏まえた勤務環境やケア内容の改善」については、今回の改定にも記載され、継続したテーマになっています。職場における上司と部下のコミュニケーション等については、介護分野だけでなく他業種においても課題とされています。この点について、数年前より「心理的安全性」という考え方が見られるようになりました。これは、2012年から米Google 社が 4 年間にわたり「効果的なチーム」に関する調査・分析をした結果、重要なのは「誰がチームメンバーであるか」よりも「チームがど

のように協力しているか」であり、その中でも「心理的安全性」が最も
重要とされました。また、「心理的安全性」が確保されたチームは離職
率が低く、生産性が高いとされています。このような結果が伝えられ
「心理的安全性」という言葉が注目を集め、日本でも業界を問わず広く
知られるようになりました。

　「心理的安全性」が高い職場とは、「健全に意見を戦わせ、生産的でよ
い仕事に力を注げる職場」「学習して成長する職場」とされています。
また、「心理的安全性」の４因子として、①話しやすさ、②助け合い、
③挑戦、④新奇歓迎が示されています。（出典：『心理的安全性のつくり
方』石井遼介著（日本能率協会マネジメントセンター））

心理的安全性をつくる「４つの因子」

話 助 挑 新

1 話しやすさ
「何を言っても大丈夫」

2 助け合い
「困った時はお互い様」

3 挑戦
「とりあえずやってみよう」

4 新奇歓迎
「異能、どんと来い」

（出典：『心理的安全性のつくり方』石井遼介著（日本能率協会マネジメントセン
　　ター））

　先に示した、介護職の退職理由に関する種々の調査結果において、い
ずれの調査においても高い順位となっている「職場の人間関係に問題が
あった」という現状を考えると介護現場における「心理的安全性」の確

保については、人材の定着という点から見ても非常に有効な施策である
と考えられます。

　また、介護の職場では、人が人にサービスを提供する現場であり、
サービスを受ける人が福祉的なニーズを持つ人であるので、他のどの業
種よりも「心理的安全性」が担保された職場のメリットが大きい業種で
あると考えられます。

〔参考〕介護関連サイトにおける「心理的安全性」の記事等
・「みんなの介護」賢人論。（株式会社クーリエ）
　「助けを求められる「心理的安全性」が確保されると日本は変わると
　思います」株式会社 ZENTech 取締役　石井遼介
　https://www.minnanokaigo.com/news/special/ryosukei
　shii1/
・「けあサポ」介護・福祉の応援サイト（中央法規出版）
　「A. 介護は複雑でクリエイティブな仕事であることを共有したうえ
　で、安心して意見を言える環境（心理的安全性）をチームに確保しま
　しょう。」
　日本社会事業大学専門職大学院教授　井上由起子
　https://www.caresapo.jp/onayamiqa/qa11

■「心理的安全性」の導入事例

　「心理的安全性」の考え方を組織に導入した事例について紹介します。
　「心理的安全性認定マネジメント講座」等を開催する株式会社
ZENTech の研修ファシリテーター萩原寛之氏が関わった事例です。

●実施事業：通所介護（3ヵ所）

　導入先の介護施設は、同一法人内に 3 つの介護施設があり、施設長以
下主任等が参加する月次のミーティングを開催していました。当時の
ミーティングの内容は、売上高、新規入居者数等の数字を報告すること
が主となっており、結果が芳しくないと経営陣が現場メンバーに対して

叱責するような状況（いわゆる詰める）が頻発していました。その結果、職員は怒られないようにしようという意識が先に出てしまい「利用者のために頑張りたい」と言って入社してきたメンバーも、怒られないように仕事をこなす雰囲気になっていき、意見やアイデアも出しづらくなり「話しやすさ」はなくなっていきました。そのために、また数字は伸びないという負の連鎖にはまっている状況でした。

　そこで、萩原氏から「心理的安全性」の導入が始まりました。まず、「とりあえずやってみよう」という考え方から、メンバーが集まって話し合う「大切なこと」を明確にした結果、「良い事例の共有」の場、「課題解決の作戦会議」の場を設定することになり、数字を報告するだけの会議を廃止しました。とは言え、開始当初は、「課題解決の作戦会議」も解決策の内容が稚拙なものが多く、「口出し」しそうになるところを、その発言が「悪いみかえり」とならないように、「意見が出る」という行動が増加することを優先にして、軌道に乗せていきました。これらの活動の結果が出始めると、施設間での「助け合い」も生まれ、他の施設の事例を取り込むことでさらに課題解決が促進されました。これにより、かつての指示待ちや怒られないようにしようという姿勢が徐々に改善され、メンバーからの積極的な意見も増えて、主体的な取組が展開されるようになりました。さらに、組織としての成果が見え始めてからは、各メンバーに対して1on1で個別に対話する機会を設け、メンバー個人の主体性の発揮へと拡がっていきました。

（10）　実地指導について

　制度改定により、人員配置基準や新規の加算の設定にともなう新たな算定要件への対応を考えた場合に、同時に実地指導に対する課題感を持つ管理者等も多いのではないかと思います。

　国では、実地指導の実施率が18.0%（令和元年度）と低い状況であり、指定有効期間内に実地指導を1度も受けていない事業所があることから、実施率の向上に向けて、令和元年には「実地指導の標準化・効率

化等の運用指針」を定め、実地指導における効率化を図り、事業所側・行政機関側双方の事務負担を減らすことを目指しています。さらに令和３年度中には、「介護保険施設等実地指導マニュアル」の改正が予定されており、より積極的な実地指導実施への方向性が示されています（2021年11月現在）。

　ただし、実地指導で確認される内容は、法的な基準等であり、介護事業所運営の最低限を示しているものです。それが実際に介護サービス提供の現場でできていなければ、大きな問題としてとらえる必要があります。では、実施指導で指摘を受けた場合に、その項目が実施されていないかと言えば、実際には「実施しているが、記録がない」「記録の仕方が適切でない」（算定要件を満たす表現になっていない）という事例を現場でも多く見てきました。指摘を受ける要因の分析としては、

①運営基準、算定要件等の理解不足

②記録の不備（①の理解はある）

に大別されます。制度改定のあった年度については、①については、改定部分、新規加算等に対しては、重点的に確認する必要があります。記載方法、記載内容が算定要件を満たしていないという場合の確認も①に含まれます。

　一方、②については、「忙しくて記録が間に合っていない」「記載もれのまま気が付かなかった」等、①の理解はしていたが、業務の都合上、手が回らなかったというものです。この点については、筆者が介護事業者の内部監査室を担当していた頃、年間60～70事業所以上見ていた実績でも多くあった事例です。「記載もれのまま気が付かなかった」は、担当者自身が忘れている場合の他、前任者からの引継ぎが十分でなかったという場合でも多く見られました。離職や社内の異動が多い介護事業所ではよく見受けられる状況です。このような②の状況についても、担当者に「間違いのないようにしっかりして下さい」という指示（業務の指示にしては稚拙ですが）だけでは、問題の解決には程遠いと言わざるをえません。組織として記録の不備をなくす仕組を構築するという視点で

取り組まない限り、実地指導の度に深夜残業を余儀なくされるのが管理者の当たり前の仕事になってしまいます。さらに、最悪の場合、指摘事項があった場合に、責任感から退職に至るような事態になったりと、組織としての仕組がない状況で、個人的な責任だけを背負った管理者、担当者が業務の負担や精神的なストレスを抱え次々に折れていくことになります。

　例えば、書類の作成頻度に合わせて、記載内容の確認タイミング（毎日、週1回、月1回、3ヶ月1回等）、担当者を定め、その時間を確保するという運用があるだけでも効果は違ってきます。ありがちな「気が付いた人が気が付いた時」では、個人の責任に帰するだけです。個人を守るという目的でも組織的な運用を導入することが望まれます。

第3節 人材不足対応

訪問系

通所系

短期入所系

多機能系

居宅介護支援系

居住系

施設系

（1） 外国人技能実習生等

　介護職員の採用が非常に困難な状況となっており、長期的に見ても生産年齢人口の減少、少子化の進行という背景から、今後も大幅な増加は見込みにくい状況です。そのような背景から、今回の改定においては人員基準の緩和策が多く導入されました。一方で、外国人介護職員については、今後も増加が見込める施策になっています。

　特に、技能実習については、平成29年11月に外国人技能実習制度の対象職種に介護職種が追加されたこともあり、増加傾向となっています。2020年1月末時点で技能実習計画申請件数10,225件、計画認定件数8,652件、さらに2020年10月末時点では申請件数20,005件、認定件数18,034件まで増えています。新型コロナウィルス感染症の影響で一時入国が制限されていましたが、その後、状況を見て、入国制限、待機日数も緩和され、新規入国が認められる方向です。

　また、介護の技能実習に対して、一定の要件を満たす講習を入国前に受けてきた実習生を対象として、入国後講習の一部を短縮する措置（入国後講習の所定時間数を第1号技能実習予定時間全体の6分の1以上から12分の1以上に短縮）が設定されていました。この要件の1つとして、入国前講習は「過去6ヶ月以内」に受けていなければいけないとされていたものがあります。

図表 9　外国人の受入

介護分野の外国人受入実績について

在留資格	受入実績
ＥＰＡ介護福祉士・候補者	在留者数：3,155人（うち資格取得者782人） ※2020年10月1日時点（国際厚生事業団調べ）
在留資格「介護」	1,324人 ※2020年6月末時点（入管庁）
技能実習	申請件数：20,005件 認定件数：18,034件 ※2020年10月末時点（速報値）（外国人技能実習機構）
特定技能	在留資格認定証明書交付件数：139件 在留資格変更許可件数：181件 ※2020年7月10日時点（速報値）（入管庁） 在留者数：343人 ※2020年9月末時点（速報値）（入管庁）

（出典：「介護分野における特定技能協議会運営委員会（令和2年度第1回）資料」
　　　令和2年12月9日　厚生労働省）

　これについて、コロナ禍の入国制限などを受けて、厚生労働省は令和3年2月、この「過去6ヶ月以内」を「2019年8月1日以降」とする特例を導入し、令和3年7月31日までに申請された技能実習計画などを対象として定めていましたが、見直しにより、この技能実習計画の対象期限が令和4年7月31日まで1年間延長となりました。国としても注力している施策であるので、介護事業所側も積極的な制度利用が望まれます。筆者も外国人介護職の実態については、首都圏、関西の数施設で外国人介護職員本人と施設長等にヒアリングを行いました。全員、海外から来ているとあって、向学心向上心は非常にしっかりしておられ、日本語もスピーチについては高いレベルにありました。漢字のリード、ライ

図表10 外国人介護人材の受入れ

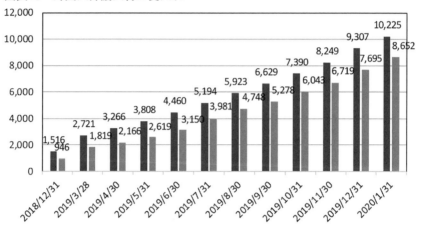

（出典：「外国人介護職員がいきいきと活躍できる職場づくりとは？（外国人介護職員の受入れと活躍支援に関するガイドブック）」「外国人介護人材の受入れ実態等に関する調査研究事業」令和元年度老人保健健康増進等事業　厚生労働省）

トはやはり難しい面があるようですが、記録システムを日本語／英語対応にしている施設もあり、IT の進化が言葉の壁を低くしていました。先に記載した ICT 導入効果においても「外国人でも簡単なケアの記録なら入力可能となった。」というコメントがあり、メニューやボタンの操作で入力できることが、日本語のライティング（筆記）のハードルを下げていると考えられます。

　また、施設側ではマニュアルを見直したり、事務室や現場での保管場所のネームプレートを貼付したりと業務の標準化を進める契機にもなっていました。

（2）　介護ロボット等

　令和３年度の介護報酬改定に関する国からの資料でも「介護ロボット」という表現が含まれており、新しいテクノロジーの導入を感じさせ

ていました。一般的に「ロボット」とう呼称では以前、一部施設でよく
見かけた「ペッパー君」のようなひと形のロボットというものを想像し
てしまいますが、厚生労働省で示す介護ロボットの定義は以下のように
なっています。介護保険制度では、「見守りセンサー」が今回改定で多
くの算定要件に指定された「見守り機器」になります。また、「自動排
せつ処理装置」は福祉用具貸与の対象になっています。排泄に関する福
祉用具としては、膀胱の尿のたまり具合を測定して排尿のタイミングを
知らせる排泄予測支援機器が2022年4月から特定福祉用具販売の対応に
追加される予定になっています。「移乗支援」では、装着型パワーアシ
ストについて、サイバーダイン社のHALをはじめ多くの機器が開発さ
れています。介護ロボット導入支援事業で導入補助金の対象になってい
るものも多くあります（都道府県単位に令和5年度までの実施が予定され
ています）。

　図表12で示したように、地域医療介護総合確保基金（厚生労働省老健
局／問合せ先：都道府県庁）や、介護ロボット導入計画の実現のため介
護業務の負担軽減や効率化に資するものを対象に介護ロボット導入支援
事業もあります。
補助上限額：1機器30万円、
移乗支援・入浴支援ロボット：補助上限額100万円
介護ロボット導入に伴う通信環境整備（Wi-Fi工事、インカム）：上限
750万円

図表11　介護ロボット導入

介護ロボットとは

1．ロボットの定義とは、
●**情報を感知**（センサー系）
●**判断し**（知能・制御系）
●**動作する**（駆動系）
　この３つの要素技術を有する、知能化した機械システム。
2．ロボット技術が応用され利用者の自立支援や介護者の負担の軽減に役立つ介護機器を介護ロボットと呼んでいる。

介護ロボットの例

| 移乗支援 | 移動支援 | 排泄支援 | 認知症の方の見守り |

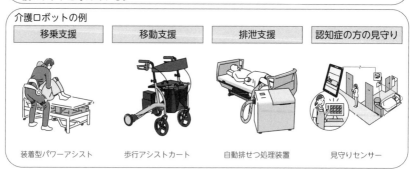

装着型パワーアシスト　　歩行アシストカート　　自動排せつ処理装置　　見守りセンサー

図表12　地域医療介護総合確保基金と介護ロボット導入支援

○　介護ロボットの普及に向けては、各都道府県に設置される地域医療介護総合確保基金を活用し、介護施設等に対する介護ロボットの導入支援を実施しており、令和2年度当初予算で支援内容を拡大したところ。

○　こうした中、新型コロナウイルス感染症の発生によって職員体制の縮小や感染症対策への業務負荷が増えている現状を踏まえ、更なる職員の負担軽減や業務効率化を図る必要があることから、以下の更なる拡充を行ったところ。

　　①介護ロボットの導入補助額の引上げ（移乗支援及び入浴支援に限り、1機器あたり上限100万円）
　　②見守りセンサーの導入に伴う通信環境整備に係る補助額の引上げ（1事業所あたり上限750万円）
　　③1事業所に対する補助台数の制限（利用者定員の2割まで）の撤廃
　　④事業主負担を1／2負担から都道府県の裁量で設定できるように見直し（事業主負担は設定することを条件）

○　令和2年度第3次補正予算においては、いわゆるパッケージの組み合わせ※への支援を拡充及び一定の要件を満たす事業所の補助率の下限を4分の3まで引き上げ、事業主負担の減額を図る。

※見守りセンサー、インカム、介護記録ソフト等の組み合わせ

	介護ロボット導入補助額（1機器あたり）	見守りセンサーの導入に伴う通信環境整備（Wi-Fi工事、インカム）（1事業所あたり）	補助上限台数（1事業所あたり）	補助率
令和元年度	上限30万円	−	利用定員1割まで	対象経費の1／2
令和2年度（当初予算）	上限30万円	拡充 上限150万円 ※令和5年度までの実施	拡充 利用定員2割まで ※令和5年度までの実施	対象経費の1／2
令和2年度（1次補正予算）	拡充 ○移乗支援（装着型・非装着型）○入浴支援 上限100万円 / 上記以外 上限30万円	拡充 上限750万円	拡充 必要台数（制限の撤廃）	拡充 都道府県の裁量により設定（負担率は設定することを条件）
令和2年度（3次補正予算）	拡充 ○移乗支援（装着型・非装着型）○入浴支援 上限100万円 / 上記以外 上限30万円	上限750万円（見守りセンサー等の情報を介護記録にシステム連動させる情報連携のネットワーク構築経費を対象に追加）	必要台数（制限の撤廃）	拡充 一定の要件を満たす事業所は、3／4を下限に都道府県の裁量により設定　それ以外の事業所は1／2を下限に都道府県の裁量により設定

更なる拡充

対象となる介護ロボット

➤ 移乗支援、移動支援、排泄支援、見守り、入浴支援などで利用する介護ロボットが対象
○装着型パワーアシスト（移乗支援）
○非装着型離床アシスト（移乗支援）
○入浴アシストキャリー（入浴支援）
○見守りセンサー（見守り）

※令和2年度（当初予算）以降の拡充分は令和5年度までの実施

事業の流れ

都道府県基金（負担割合：国2／3、都道府県1／3）
介護ロボット導入計画 ↔ 介護ロボット導入支援
介護保険施設・事業所
サービス提供 ➤負担軽減 効率化
利用者

（一定の要件）
導入計画書において目標とする人員配置を明確にした上で、見守りセンサーやインカム、介護記録ソフト等の複数の機器を導入し、職員の負担軽減等を図りつつ、人員体制を効率化させる場合

実績（参考）

➤ 実施都道府県数：45都道府県（令和2年度）
➤ 都道府県が認めた介護施設等の導入計画件数

H27	H28	H29	H30	R1	R2
58	364	505	1,153	1,813	2,574

（注）令和2年度の数値はR3.1月時点の暫定値
※1施設で複数の導入計画を作成することがあり得る

（出典：「地域医療介護総合確保基金－介護ロボット導入支援事業」厚生労働省を基に作成）

第 2 編

介護事業の経理

第1章

介護サービスの種類と
収益構造

第 **1** 節

介護保険制度の概要

1 介護保険制度と会計

　介護保険制度は、加齢に伴って生ずる心身の変化に起因する疾病等により要介護状態となり、入浴、排せつ、食事等の介護、機能訓練並びに看護及び療養上の管理その他の医療を要する者等について、これらの者が尊厳を保持し、その有する能力に応じ自立した日常生活を営むことができるよう、必要な保健医療サービス及び福祉サービスに係る給付を行うため、国民の共同連帯の理念に基づき設けられた制度で、国民の保健医療の向上及び福祉の増進を図ることを目的としています（介護保険法1）。

　この介護保険制度に関する費用を適正化するため、保健医療サービス又は福祉サービスを提供する事業者に対しては、法令・通知により介護保険事業に係る会計を区分して経理し、明確にすることが求められています。

2 介護保険制度の仕組み

　介護保険制度の仕組みは［図表1］のようになっています。

[図表 1] 介護保険制度の仕組み

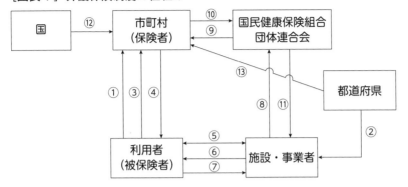

　[図表 1] の①〜⑬の矢印が表している内容は以下のとおりです。

①　介護保険料の支払

　被保険者は介護保険料を支払い又は徴収されます。

　　※　「被保険者」(介護保険法 9)
　　　・第 1 号被保険者：市町村内に住所を有する65歳以上の者
　　　・第 2 号被保険者：市町村内に住所を有する40歳以上65歳未満の医療保険加
　　　　入者

②　施設又は事業者の指定

　都道府県知事は介護保険の施設又は事業者の申請に基づき指定を行い
ます(介護保険法70、78の 2 、79、86、94、115の 2 、115の12、115の22)。

　　※　「介護保険施設」(介護保険法 8 ㉕、旧介護保険法 8 ㉖)
　　　　指定介護老人福祉施設、介護老人保健施設、介護医療院、指定介護療養型
　　　　医療施設。
　　※　地域密着型サービスについては、市町村長が指定を行います。

③　認定申請

　介護保険給付を受けるための要介護又は要支援の認定を申請します
(介護保険法27、32)。

　※　ただし第2号被保険者は、特定疾病（初老期における認知症など）が原因
　　である者に限り、認定を受けることができます。

④　認　定

　市町村の認定審査会は申請があった被保険者につき、調査票及び主治
医意見書に基づき、要介護、要支援の該当、要介護区分について審査及
び判定し、その結果により市町村は要介護又は要支援の認定をします
（介護保険法27、32）。

　※　認定の有効期間は、原則として6ヶ月（月の初日以外は認定の効力の生じ
　　た日からその月の末日までを加算）です（介護保険法施行規則38、52）。
　※　認定調査は、原則として市町村が自ら行うか、指定市町村事務受託法人に
　　委託されます（介護保険法24の2）。

⑤　契　約

　重要事項説明書に基づき施設又は事業者との契約を行います。

⑥　サービス提供

　契約に基づき介護保険施設に入所し、又は居宅サービス、介護予防
サービス、地域密着型サービス若しくは地域密着型介護予防サービスを
受けます（介護保険法8、8の2）。

　※　「支給限度額（支給限度基準額）」
　　要介護区分又は要支援区分ごとに、居宅サービス（特定施設入居者生活介
　　護及び認知症対応型共同生活介護を除きます。）では1ヶ月単位で利用で
　　きる単位の限度額（介護保険法43、44、45、55、56、57）

⑦　利用者負担の支払

　サービスに応じた介護報酬の10％〜30％を原則として施設又は事業者
に支払います。ただし、生活保護の適用者のような介護扶助のため負担
がない又は軽減される場合があります。

⑧　報酬の請求─代理受領

　法定代理受領に基づき原則介護報酬の90％～70％を国保連に請求します（介護保険法41、42の 2 、46、48、53、54の 2 、58）。

　　※　「法定代理受領（現物給付）」
　　　　指定居宅サービス及び指定介護予防サービス（地域密着型サービスを含み、一部のサービスを除きます。）が法定代理受領となるのはケアプランに基づいて提供された場合に限ります。法定代理受領にならない場合は一旦利用者が報酬の全額を事業者に支払い、後日市町村に介護給付費を請求します（償還払い）。

　　※　ケアプラン（居宅サービス計画又は介護予防サービス計画）
　　　　指定居宅介護支援事業者又は指定介護支援事業者に作成してもらう、毎月の居宅サービス又は介護予防サービスを受けるための計画です。指定居宅介護支援事業者は報酬の全額を法定代理受領として国保連に請求します（介護保険法46、58）。

⑨　報酬の請求

　国保連が審査の上、各市町村に介護給付費の支払を請求します（介護保険法41、42の 2 、46、48、53、54の 2 、58、176）。

⑩　報酬の支払

　各市町村が国保連に介護給付費を支払います。

⑪　報酬の支払

　国保連が施設又は事業者に介護給付費を支払います（介護保険法176）。

⑫　国の負担

　国が給付費の20％又は15％、調整交付金及び介護予防・日常生活支援総合事業に要する費用の額を市町村に対して交付します（介護保険法121、122、122の 2 、127）。

⑬　都道府県の負担

　都道府県が給付費及び介護予防事業の費用の12.5％又は17.5％並びに介護予防・日常生活支援総合事業に要する費用の額の12.5％を市町村に対して交付します（介護保険法123）。

介護サービスの種類

1 介護保険サービス

　介護サービスには、介護保険が適用されるサービス（以下「介護保険
サービス」といいます。）と介護保険が適用されないサービス（以下「介
護保険外サービス」といいます。）があります。

　介護保険サービスには、次のようなサービスがあります。

① 施設サービス

　［図表1］に掲げる介護保険施設において要介護者に提供されるサー
ビスをいいます（介護保険法8㉖、86、94、107）。

［図表1］介護保険施設

施　設	内　　容
指定介護老人福祉施設	入所定員30人以上の特別養護老人ホームであって、これに入所する要介護者に対し、施設サービス計画に基づいて、入浴、排せつ、食事等の介護その他の日常生活上の世話、機能訓練、健康管理及び療養上の世話を行うことを目的とする施設をいいます（介護保険法8㉗）。

介護老人保健施設	要介護者であって、主としてその心身の機能の維持回復を図り、居宅における生活を営むことができるようにするための支援が必要である者に対し、施設サービス計画に基づいて、看護、医学的管理の下における介護及び機能訓練その他必要な医療並びに日常生活上の世話を行うことを目的とする施設として、都道府県知事の許可を受けたものをいいます（介護保険法 8 ㉘）。
介護医療院	要介護者であって、主として長期にわたり療養が必要である者に対し、施設サービス計画に基づいて、療養上の管理、看護、医学的管理の下における介護及び機能訓練その他必要な医療並びに日常生活上の世話を行うことを目的とする施設として、都道府県知事の許可を受けたものをいいます（介護保険法 8 ㉙）。
指定介護療養型医療施設	平成24年 4 月以降は設置できず、令和 6 年 3 月31日をもって廃止予定の医療施設です（旧介護保険法 8 ㉙）。

②　指定居宅サービス

　［図表２］に掲げるサービスで、居宅要介護者に対して指定事業者が提供するものをいいます（介護保険法８①、70）。

　「**居宅要介護者**」とは、要介護者であって、居宅（養護老人ホーム、軽費老人ホーム及び有料老人ホームにおける居室を含みます。以下同じ。）において介護を受けるものをいいます。

［図表２］居宅サービス

サービスの種類	内　　　容
訪問介護	要介護者であって、居宅要介護者について、その者の居宅において介護福祉士等により行われる入浴、排せつ、食事等の介護その他の日常生活上の世話で一定のものをいいます。ただし、定期巡回・随時対応型訪問介護看護又は夜間対応型訪問介護に該当するものを除きます（介護保険法８②）。
訪問入浴介護	居宅要介護者について、その者の居宅を訪問し、浴槽を提供して行われる入浴の介護をいいます（介護保険法８③）。
訪問看護	居宅要介護者について、その者の居宅において看護師等により行われる療養上の世話又は必要な診療の補助をいいます。ただし、居宅要介護者は主治の医師がその治療の必要の程度につき基準に適合していると認めたものに限ります（以下「基準適合居宅要介護者」といいます。）（介護保険法８④）。
訪問リハビリテーション	基準適合居宅要介護者について、その者の居宅において、その心身の機能の維持回復を図り、日常生活の自立を助けるために行われる理学療法、作業療法その他必要なリハビリテーションをいいます（介護保険法８⑤）。
居宅療養管理指導	居宅要介護者について、病院、診療所又は薬局の医師、歯科医師、薬剤師等により行われる療養上の管理及び指導で一定のものをいいます（介護保険法８⑥）。
通所介護	居宅要介護者について、特別養護老人ホーム等又は老人デイサービスセンターに通わせ、その施設において入浴、排せつ、食事等の介護その他の日常生活上の世話で一定のもの及び機能訓練を行うことをいいます。ただし、利用定員が19人以上であるものに限り、認知症対応型通所介護に該当するものを除きます（介護保険法８⑦）。

通所リハビリテーション	基準適合居宅要介護者について、介護老人保健施設、介護医療院、病院、診療所等に通わせ、その施設において、その心身の機能の維持回復を図り、日常生活の自立を助けるために行われる理学療法、作業療法その他必要なリハビリテーションをいいます（介護保険法 8 ⑧）。
短期入所生活介護	居宅要介護者について、特別養護老人ホーム等又は老人短期入所施設に短期間入所させ、その施設において入浴、排せつ、食事等の介護その他の日常生活上の世話及び機能訓練を行うことをいいます（介護保険法 8 ⑨）。
短期入所療養介護	基準適合居宅要介護者について、介護老人保健施設、介護医療院等に短期間入所させ、その施設において看護、医学的管理の下における介護及び機能訓練その他必要な医療並びに日常生活上の世話を行うことをいいます（介護保険法 8 ⑩）。
特定施設入居者生活介護	有料老人ホーム等の特定施設に入居している要介護者について、その特定施設の特定施設サービス計画に基づき行われる入浴、排せつ、食事等の介護その他の日常生活上の世話であって一定のもの、機能訓練及び療養上の世話をいいます（介護保険法 8 ⑪）。
福祉用具貸与	居宅要介護者について福祉用具のうち厚生労働大臣が定めるもので一定の方法により行われる貸与をいいます（介護保険法 8 ⑫）。
特定福祉用具販売	居宅要介護者について福祉用具のうち入浴又は排せつの用に供するものその他の厚生労働大臣が定めるもの（以下「特定福祉用具」といいます。）の一定の方法により行われる販売をいいます（介護保険法 8 ⑬）。

③　指定介護予防サービス

　［図表 3］に掲げるサービスで、居宅要支援者に対して指定事業者が提供するものをいいます（介護保険法 8 の 2 ①、115 の 2）。

　「居宅要支援者」とは、要支援者であって、居宅において支援を受けるものをいいます。

[図表3]　介護予防サービス

サービスの種類	内　　容
介護予防訪問入浴介護	居宅要支援者について、その介護予防を目的として、その者の居宅を訪問し、介護予防サービス計画で定める期間にわたり浴槽を提供して行われる入浴の介護をいいます（介護保険法8の2②）。
介護予防訪問看護	居宅要支援者について、その者の居宅において、その介護予防を目的として看護師等により介護予防サービス計画で定める期間にわたり行われる療養上の世話又は必要な診療の補助をいいます。ただし、居宅要介護者は主治の医師がその治療の必要の程度につき基準に適合していると認めたものに限ります（以下「基準適合居宅要支援者」といいます。）（介護保険法8の2③）。
介護予防訪問リハビリテーション	基準適合居宅要支援者について、その者の居宅において、その介護予防を目的として、介護予防サービス計画で定める期間にわたり行われる理学療法、作業療法その他必要なリハビリテーションをいいます（介護保険法8の2④）。
介護予防居宅療養管理指導	居宅要支援者について、その介護予防を目的として、病院等の医師、歯科医師、薬剤師等により行われる療養上の管理及び指導で一定のものをいいます（介護保険法8の2⑤）。
介護予防通所リハビリテーション	基準適合居宅要支援者について、介護老人保健施設、介護医療院、病院、診療所等に通わせ、その施設において、その介護予防を目的として、介護予防サービス計画で定める期間にわたり行われる理学療法、作業療法その他必要なリハビリテーションをいいます（介護保険法8の2⑥）。
介護予防短期入所生活介護	居宅要支援者について、特別養護老人ホーム等又は老人短期入所施設に短期間入所させ、その介護予防を目的として、介護予防サービス計画で定める期間にわたり、その施設において入浴、排せつ、食事等の介護その他の日常生活上の支援及び機能訓練を行うことをいいます（介護保険法8の2⑦）。
介護予防短期入所療養介護	基準適合居宅要支援者について、介護老人保健施設、介護医療院等に短期間入所させ、その介護予防を目的として、介護予防サービス計画で定める期間にわたり、その施設において看護、医学的管理の下における介護及び機能訓練その他必要な医療並びに日常生活上の支援を行うことをいいます（介護保険法8の2⑧）。
介護予防特定施設入居者生活介護	特定施設（介護専用型特定施設を除く。）に入居している要支援者について、その介護予防を目的として、その特定施設

	の特定施設介護予防サービス計画に基づき行われる入浴、排せつ、食事等の介護その他の日常生活上の支援であって一定のもの、機能訓練及び療養上の世話をいいます（介護保険法 8 の 2 ⑨）。
介護予防福祉用具貸与	居宅要支援者について福祉用具のうちその介護予防に資するものとして厚生労働大臣が定めるもので一定の方法により行われる貸与をいいます（介護保険法 8 の 2 ⑩）。
特定介護予防福祉用具販売	居宅要支援者について福祉用具のうちその介護予防に資するものであって入浴又は排せつの用に供するものその他の厚生労働大臣が定めるもの（以下「特定介護予防福祉用具」といいます。）の一定の方法により行われる販売をいいます（介護保険法 8 ⑪）。

④　指定地域密着型サービス

[**図表 4**] に掲げるサービスで、市町村において、事業者を指定して要介護者に提供されるサービスです（介護保険法 8 ⑭、78 の 2 ）。

[図表 4] 地域密着型サービス

サービスの種類	内　　容
定期巡回・随時対応型訪問介護看護	次のいずれかに該当するものをいいます（介護保険法 8 ⑮）。 ・居宅要介護者について、定期的な巡回訪問により、又は随時通報を受け、その者の居宅において、介護福祉士等により行われる入浴、排せつ、食事等の介護その他の日常生活上の世話であって一定のものを行うとともに、看護師等により行われる療養上の世話又は必要な診療の補助を行うこと。 ・居宅要介護者について、定期的な巡回訪問により、又は随時通報を受け、訪問看護を行う事業所と連携しつつ、その者の居宅において介護福祉士等により行われる入浴、排せつ、食事等の介護その他の日常生活上の世話であって一定のものを行うこと。
夜間対応型訪問介護	居宅要介護者について、夜間において、定期的な巡回訪問により、又は随時通報を受け、その者の居宅において介護福祉士等により行われる入浴、排せつ、食事等の介護その他の日常生活上の世話であって一定のものをいいます。ただし、定期巡回・随時対応型訪問介護看護に該当するものを除きます（介護保険法 8 ⑯）。

地域密着型通所介護	居宅要介護者について、特別養護老人ホーム等又は老人デイサービスセンターに通わせ、その施設において入浴、排せつ、食事等の介護その他の日常生活上の世話であって一定のもの及び機能訓練を行うことをいいます。ただし、利用定員が19人未満であるものに限り、認知症対応型通所介護に該当するものを除きます（介護保険法8⑰）。
認知症対応型通所介護	居宅要介護者であって、認知症であるものについて、特別養護老人ホーム等又は老人デイサービスセンターに通わせ、その施設において入浴、排せつ、食事等の介護その他の日常生活上の世話であって一定のもの及び機能訓練を行うことをいいます（介護保険法8⑱）。
小規模多機能型居宅介護	居宅要介護者について、その者の心身の状況、その置かれている環境等に応じて、その者の選択に基づき、その者の居宅において、又はサービスの拠点に通わせ、若しくは短期間宿泊させ、その拠点において、入浴、排せつ、食事等の介護その他の日常生活上の世話であって一定のもの及び機能訓練を行うことをいいます（介護保険法8⑲）。
認知症対応型共同生活介護	要介護者であって認知症であるものについて、その共同生活を営むべき住居において、入浴、排せつ、食事等の介護その他の日常生活上の世話及び機能訓練を行うことをいいます（介護保険法8⑳）。
地域密着型特定施設入居者生活介護	有料老人ホーム等であって、その入居者が要介護者、その配偶者その他厚生労働省令で定める者に限られるもの（以下「介護専用型特定施設」といいます。）のうち、その入居定員が29人以下であるもの（以下「地域密着型特定施設」といいます。）に入居している要介護者について、その地域密着型特定施設が提供する地域密着型特定施設サービス計画に基づき行われる入浴、排せつ、食事等の介護その他の日常生活上の世話であって一定のもの、機能訓練及び療養上の世話をいいます（介護保険法8の2㉑）。
地域密着型介護老人福祉施設入所者生活介護	入所定員29人以上の特別養護老人ホーム（地域密着型介護老人福祉施設）に入所する要介護者に対し、地域密着型施設サービス計画に基づいて行われる入浴、排せつ、食事等の介護その他の日常生活上の世話、機能訓練、健康管理及び療養上の世話をいいます（介護保険法8㉒）。
指定看護小規模多機能型居宅介護（複合型サービス）	訪問看護及び小規模多機能型居宅介護の組合せその他の居宅要介護者について一体的に提供されることが特に効果的かつ効率的なサービスの組合せにより提供されるサービスとして一定のものをいいます（介護保険法8の2㉓）。

⑤　地域密着型介護予防サービス

　[図表 5]に掲げるサービスで、市町村において、事業者を指定して居宅要支援者に提供されるサービスです（介護保険法 8 の 2 ⑫、115の12）。

[図表 5] 地域密着型介護予防サービス

サービスの種類	内　　　容
介護予防認知症対応型通所介護	居宅要支援者であって、認知症であるものについて、その介護予防を目的として、特別養護老人ホーム等又は老人デイサービスセンターに通わせ、その施設において、厚生労働省令で定める期間にわたり、入浴、排せつ、食事等の介護その他の日常生活上の支援であって一定のもの及び機能訓練を行うことをいいます（介護保険法 8 の 2 ⑬）。
介護予防小規模多機能型居宅介護	居宅要支援者について、その者の心身の状況、その置かれている環境等に応じて、その者の選択に基づき、その者の居宅において、又はサービスの拠点に通わせ、若しくは短期間宿泊させ、その拠点において、その介護予防を目的として、入浴、排せつ、食事等の介護その他の日常生活上の支援であって一定のもの及び機能訓練を行うことをいいます（介護保険法 8 の 2 ⑭）。
介護予防認知症対応型共同生活介護	要支援者であって認知症であるものについて、その共同生活を営むべき住居において、その介護予防を目的として、入浴、排せつ、食事等の介護その他の日常生活上の支援及び機能訓練を行うことをいいます（介護保険法 8 の 2 ⑮）。

⑥　指定居宅介護支援

　指定事業者が、居宅要介護者に居宅サービス計画の作成その他の便宜を提供するサービスです（介護保険法 8 ㉔、79）。

⑦　指定介護予防支援

　指定事業者が、居宅要支援者に介護予防サービス計画の作成その他の便宜を提供するサービスです（介護保険法 8 の 2 ⑯、115の22）。

⑧　基準該当サービス

　上記②〜⑦までのサービスに相当するものとして都道府県の条例で定める基準等を満たした事業者により提供されるサービスです（介護保険法42①、42の3①、47①、54①、54の3①、59①）。ただし、報酬については通常の指定サービスより減額されます。

⑨　介護予防・日常生活支援総合事業

　市町村が、被保険者の要介護状態等となることの予防又は要介護状態等の軽減若しくは悪化の防止及び地域における自立した日常生活の支援のための施策を総合的かつ一体的に行うため、厚生労働省令で定める基準に従って、地域支援事業として行う、次に掲げる事業をいいます（介護保険法115の45①）。

・第1号訪問事業
・第1号通所事業
・第1号生活支援事業
・第1号介護予防支援事業
・第一号被保険者の要介護状態等となることの予防又は要介護状態等の軽減若しくは 悪化の防止のため必要な事業であって介護予防サービス事業及び地域密着型介護予防サービス事業並びに第1号訪問事業及び第1号通所事業を除くもの（第2号事業）

⑩　市町村特別給付

　市町村は、要介護被保険者又は居宅要支援被保険者に対し、上記②〜⑦までの保険給付のほか、条例で定めるところにより、市町村特別給付としてサービス（配食サービス等）を行うことができます（介護保険法62）。

② 介護保険外サービス

　介護保険外サービスは、事業者が独自に行うものもありますが、市町村の委託事業と行われる次のようなサービスがあります。

①　地域包括支援センター

　地域包括支援センターは、第一号介護予防支援事業及び包括的支援事業その他厚生労働省令で定める事業を実施し、地域住民の心身の健康の保持及び生活の安定のために必要な援助を行うことにより、その保健医療の向上及び福祉の増進を包括的に支援することを目的とする施設です（介護保険法115の46①③、115の47①）。

　地域包括支援センターの設置に当たっては、介護保険法施行規則で定める基準に従って保健師、社会福祉士及び主任介護支援専門員その他これに準じる者を置かなければならないこと、これらの者が協働して医療の向上及び福祉の増進のための包括的支援事業を実施するために条例を定める必要があります（介護保険法115の46⑤⑥、介護保険法施行規則140の66）。

　市町村は、地域包括支援センター等に対し、包括的支援事業の実施に係る方針を示して、その包括的支援事業を委託することができます（介護保険法115の47①）。

②　市町村の委託事業

　市町村が、高齢者を対象に、次のようなサービスを事業者に委託して実施する場合があります。

- ・配食サービス
- ・外出支援サービス（移送サービス）
- ・寝具洗濯消毒乾燥サービス
- ・見回り・安否確認サービス

第3節

介護サービスの収益構造

1 収益構造の概要

介護サービスにおける収益構造は、おおむね［**図表1**］のようになっています。

［図表1］介護サービスの収益構造

	市町村の負担	利用者の負担
サービス費用	A　保険請求額	
サービス費用	B　公費請求額	
サービス費用		C　利用者負担額
	F　特定入所者介護サービス費及び特定入所者介護予防サービス費	D　食費
		E　居住費用
		G　利用者の選定による全額負担のサービス費用
	H　委託料	I　委託事業に係る負担金
		J　独自のサービス費用負担金

2　介護保険サービス

①　サービス費用

　介護サービス費は施設及び居宅とも各種加算を含みます。旧措置入所者の介護福祉施設サービス費は、介護保険法施行前から特別養護老人ホームに入所していた措置入所者に対して指定介護福祉施設サービスを提供した場合に、支払を受けることができる費用です（介護保険法13）。

A　保険請求額

　指定事業者が介護報酬のうち利用者負担額を控除した金額を法定代理受領により国民健康保険団体連合会（以下「国保連」といいます。）に請求する金額です。会計処理上、この請求額は施設サービスや居宅サービス等の種類ごとの請求額は把握する必要があります。

B　公費請求額

　一人の利用者について、介護保険と他の法律による公費負担が適用される場合があります。このような場合、介護保険を優先して適用し、その後他の法律による公費負担が適用されることになります。

　この公費の請求についても、指定事業者が代理受領により国保連に請求します。

C　利用者負担額

　原則として、公費請求額を除き、利用者の所得に応じて費用の10%～30%になっています。ただし、次のような点に留意する必要があります。

(i)　社会福祉法人による利用者負担の軽減

　社会福祉法人は、次のサービス及び対象者について、利用者負担の2分の1から4分の1を軽減することができます。

市町村は利用者負担を軽減した総額のうち、本来受領すべき利用者負担収入の１％を超えた部分の２分の１の範囲内を補助します。ただし、実際の助成額、助成時期などの内容は市町村によって異なります。

・対象となるサービス

　　指定介護老人福祉施設、指定通所介護、指定短期入所介護、指定介護予防短期入所介護、指定訪問介護

・対象者

　　高額介護サービス費の上限額が最も低い所得区分に属する高齢者その他これに準ずるものと市町村長が認めた者

(ii)　償還払い方式又は受領委任方式

　償還払い方式とは、特定福祉用具販売等の法定代理受領にならない場合は一旦利用者が報酬の全額を事業者に支払い、後日市町村に介護給付費を請求する方式をいいます。

　受領委任方式とは、本来償還払い方式であるものを市町村と事業者の契約により、利用者負担分以外を事業者から市町村に直接請求する方式をいいます。

　対象となるのは、次のようなサービスです。

・ケアプランのない居宅サービスの提供

・基準該当サービス

・市町村特別給付（介護保険法62）

・高額介護サービス費

②　食費及び居住費用（介護保険法 41 ①、42 ③、42 の 2 ①、42 の 3 ③、48 ①）

D　食　費

　次のサービスにおける食事の提供に要する費用（食材料費のみの場合を含みます。）は、利用者の全額自己負担となります。ただし、特定入所者等（所得区分第３段階以下の入所者をいいます。以下同じ。）について

は、次の F の補足給付があります。

・通所介護、通所リハビリテーション、短期入所生活介護、短期入所療養介護及び特定施設入居者生活介護
・介護予防通所リハビリテーション、介護予防短期入所生活介護、介護予防短期入所療養介護及び介護予防特定施設入居者生活介護
・地域密着型通所介護、認知症対応型通所介護、小規模多機能型居宅介護、認知症対応型共同生活介護、地域密着型特定施設入居者生活介護、地域密着型介護老人福祉施設入所者生活介護及び指定看護小規模多機能型居宅介護
・介護予防認知症対応型通所介護、介護予防小規模多機能型居宅介護及び介護予防認知症対応型共同生活介護
・介護福祉施設サービス、介護保健施設サービス、介護医療院サービス及び介護療養施設サービス
・第 1 号通所事業

E　居住費用

　次のサービスにおける居住に要する費用、滞在に要する費用、宿泊に要する費用及び家賃は、利用者の全額自己負担となります。ただし、特定入所者等については、次の F の補足給付があります。

・短期入所生活介護、短期入所療養介護及び特定施設入居者生活介護
・介護予防短期入所生活介護、介護予防短期入所療養介護及び介護予防特定施設入居者生活介護
・小規模多機能型居宅介護、認知症対応型共同生活介護、地域密着型特定施設入居者生活介護、地域密着型介護老人福祉施設入所者生活介護、指定看護小規模多機能型居宅介護
・介護予防小規模多機能型居宅介護及び介護予防認知症対応型共同生活介護
・介護福祉施設サービス、介護保健施設サービス、介護医療院サービス及び介護療養施設サービス

F　特定入所者介護サービス費及び特定入所者介護予防サービス費（補足給付）

　特定入所者等に係る次のサービスの費用については介護保険から支給されます（介護保険法51の3、61の3）。

ア　対象となるサービス
- ・指定介護福祉施設サービス
- ・介護保健施設サービス
- ・介護医療院サービス
- ・指定介護療養施設サービス
- ・短期入所生活介護
- ・短期入所療養介護

イ　支給額

　次の合計額が支給されます。特定入所者が特定介護保険施設等に対し、食事の提供に要する費用、居住等に要する費用又は滞在に要した費用として、食費の基準費用額、居住費の基準費用額又は滞在費の基準費用額（代理受領により特定入所者介護サービス費の支給があったものとみなされた特定入所者等にあっては、食費の負担限度額、居住費の負担限度額又は滞在費の負担限度額）を超える金額を支払った場合には、特定入所者介護サービス費は支給されません。

- ・食費の基準費用額から食費の負担限度額を控除した額
- ・居住費の基準費用額から居住費の負担限度額を控除した額
- ・滞在費の基準費用額から滞在費の負担限度額を控除した額

③　利用者の選定による全額負担のサービス費用

G　利用者の選定による全額負担のサービス費用

　利用者の選定による［**図表2**］のサービスの費用は全額利用者の負担となります。

[図表2] 利用者の選定によるサービスの費用

サービス		利用者の選定によるサービスの費用	
	消費税の課非区分	非課税	課税
・介護老人福祉施設 ・介護老人保健施設 ・介護医療院 ・介護療養型医療施設（経過措置） ・地域密着型介護老人福祉施設入所生活介護		①理美容料 ②日常生活費等	①特別の居室等の提供費用 ②特別な食事の提供費用
・短期入所生活介護 ・短期入所療養介護 ・介護予防短期入所生活介護 ・介護予防短期入所療養介護			
・訪問介護 ・訪問看護 ・訪問リハビリテーション ・介護予防訪問看護 ・介護予防訪問リハビリテーション ・定期巡回・随時対応型訪問介護看護 ・夜間対応型訪問介護 ・居宅介護支援 ・介護予防支援 ・第 1 号訪問事業 ・第 1 号生活支援事業 ・第 1 号介護予防支援事業			①交通費（通常の事業の実施地域以外で行う場合にのみ徴収可能）
・訪問入浴介護 ・介護予防訪問入浴介護			①交通費（通常の事業の実施地域以外で行う場合にのみ徴収可能） ②特別な浴槽水等の提供費用
・居宅療養管理指導 ・介護予防居宅療養管理指導			①交通費

・通所介護 ・通所リハビリテーション ・介護予防通所リハビリテーション ・認知症対応型通所介護 ・地域密着型通所介護 ・第 1 号通所事業	①時間延長利用料 ②おむつ代 ③日常生活費等	①送迎費用（通常の事業の実施地域以外で行う場合にのみ徴収可能）
・特定施設入居者生活介護 ・介護予防特定施設入居者生活介護	①おむつ代 ②日常生活費等	①介護等の日常生活上の便宜に要する次の費用 ⅰ）人員配置が手厚い場合の介護サービス利用料 ⅱ）個別的な選択による次の介護サービス利用料 ・個別的な外出介助 ・個別的な買い物等の代行 ・標準的な回数を超えた入浴を行った場合の介助
・認知症対応型共同生活介護 ・介護予防認知症対応型共同生活介護	①理美容料 ②おむつ代 ③日常生活費等	
・地域密着型特定施設入居者生活介護	①おむつ代 ②日常生活費等	①介護等の日常生活上の便宜に要する次の費用 ⅰ）人員配置が手厚い場合の介護サービス利用料 ⅱ）個別的な選択による次の介護サービス利用料 ・個別的な外出介助 ・個別的な買い物等の代行 ・標準的な回数を超えた入浴を行った場合の介助
・小規模多機能型居宅介護 ・看護小規模多機能型居宅介護（複合型サービス事業） ・介護予防小規模多機能型居宅介護	①おむつ代 ②日常生活費等	①交通費（通常の事業の実施地域以外で行う場合にのみ徴収可能） ②送迎費用（通常の事業の実施地域以外で行う場合にのみ徴収可能）

③ 介護保険外サービス

① 市町村の委託事業

H　委託料

　市町村が、高齢者を対象に、介護保険サービスに関連する事業を事業者に委託して実施する場合に支払われる委託料です。

I　委託事業に係る負担金

　市町村の委託事業のうち、配食サービス等では、利用者の一部負担があります。

② その他

J　独自のサービス費用負担金

　事業者が配食サービス等を独自の事業として行う場合の利用者の負担です。

第2章

介護事業の会計処理

第 **1** 節

介護サービス事業の区分経理

1 区分経理の原則

① 法令に基づく区分経理

　介護サービス事業については、指定居宅サービス等の事業の人員、設備及び運営に関する基準（以下「居宅サービス指定基準」といいます。）第38条において、「指定訪問介護事業者は、指定訪問介護事業所ごとに経理を区分するとともに、指定訪問介護の事業の会計とその他の事業の会計を区分しなければならない。」と定められており、この規定は同基準に掲げる他の指定事業者の規定にも準用されています。

　また、次に掲げる介護保険に関する基準（居宅サービス指定基準を含め以下「運営基準」といいます。）にも同様の規定が置かれています。

・指定介護老人福祉施設の人員、設備及び運営に関する基準
・介護老人保健施設の人員、施設及び設備並びに運営に関する基準
・介護医療院の人員、施設及び設備並びに運営に関する基準
・指定居宅介護支援等の事業の人員及び運営に関する基準
・指定介護予防サービス等の事業の人員、設備及び運営並びに指定介護
　予防サービス等に係る介護予防のための効果的な支援の方法に関する

基準
・指定地域密着型サービスの事業の人員、設備及び運営に関する基準
・指定地域密着型介護予防サービスの事業の人員、設備及び運営並びに
　指定地域密着型介護予防サービスに係る介護予防のための効果的な支
　援の方法に関する基準
・指定介護予防支援等の事業の人員及び運営並びに指定介護予防支援等
　に係る介護予防のための効果的な支援の方法に関する基準

　このため、介護保険施設の開設者及び指定事業者は、厚生労働省の定
めるところにより、**介護保険事業について他の事業とは区分して計算書
類を作成**しなければならないことになります。

②　会計の基準

　介護保険の給付対象事業の実施主体は様々であり、法人等の種類に
よって異なる会計基準が適用され、会計処理が行われています。
　このため、介護保険の給付対象事業に係る会計経理については、法人
等の事務負担にも配慮し、全ての主体に統一的な方式による会計処理を
求めるのではなく、それぞれの法人等に適用される会計基準等を基本と
しつつ、その会計基準等とは別に会計処理の段階で事業毎に区分が必要
と想定される科目の按分を行うことにより、運営基準を満たすこととさ
れています（「介護保険の給付対象事業における会計の区分について」（平成
13年 3 月28日老振発第18号）、以下「会計区分通知」といいます。）。
　具体的な介護保険の給付対象事業と適用される会計の基準は、次のと
おりです。

ア　指定介護老人福祉施設等会計処理等指導指針

　福祉系サービス（[**図表 1**]）を行う法人については、「指定介護老人
福祉施設等に係る会計処理等の取扱いについて」（平成12年 3 月10日老計
第 8 号）の別紙「指定介護老人福祉施設等会計処理等取扱指導指針」

（以下「指導指針」といいます。）を参考に行うこととされます（会計区分
通知 3 ⑴、指導指針第 1 - 2 、第 2 - 9 ⑷）。

　ただし、次の場合は、指導指針は適用されません。
・地方公共団体から委託された事業において、特段の定めがある場合
・下記イ～エの会計の基準が適用される場合

［図表 1 ］ 福祉系サービス

	施設・事業
1	指定介護老人福祉施設
2	養護老人ホーム
3	軽費老人ホーム
4	① 指定訪問介護 ② 指定定期巡回・訪問介護看護 ③ 指定夜間対応型訪問介護 ④ 指定通所介護 ⑤ 指定地域密着型通所介護 ⑥ 指定認知症対応型通所介護 ⑦ 指定介護予防認知症対応型通所介護 ⑧ 指定短期入所生活介護 ⑨ 指定介護予防短期入所生活介護 ⑩ 指定小規模多機能型居宅介護 ⑪ 指定介護予防小規模多機能型居宅介護 ⑫ 指定認知症対応型共同生活介護 ⑬ 指定介護予防認知症対応型共同生活介護 ⑭ 指定地域密着型介護老人福祉施設入所者生活介護 ⑮ 指定複合型サービス ⑯ 老人介護支援センター
5	指導指針に準じて会計処理できる事業 ① 指定訪問入浴介護 ② 指定介護予防訪問入浴介護 ③ 指定特定施設入居者生活介護（ただし、 2 及び 3 を除く。） ④ 指定介護予防特定施設入居者生活介護（ただし、 2 及び 3 を除く。） ⑤ 指定地域密着型特定施設入居者生活介護（ただし、 2 及び 3 を除く。） ⑥ 福祉用具貸与 ⑦ 介護予防福祉用具貸与 ⑧ 指定特定福祉用具販売

	⑨ 指定特定介護予防福祉用具販売 ⑩ ４に係る基準該当居宅サービス ⑪ 指定居宅介護支援又は指定介護予防支援 ⑫ 市町村特別給付事業 ⑬ 地域包括支援センター ⑭ １から４までの施設等において行う介護保険に関連する事業
6	指導指針の対象として指定訪問入浴介護に準じて取り扱うことができる事業 ① 訪問看護 ② 介護予防訪問看護

注）指導指針は平成24年３月29日以降改正されていないため、著者が、その後の介
　護保険法の改正により廃止された「指定介護予防訪問介護」「指定介護予防通所
　介護」を削除し、「指定地域密着型通所介護」を追加しています。

イ　社会福祉法人会計基準

　社会福祉法人については、社会福祉法人会計基準（平成28年厚生労働
省令第79号）を適用し、その実施する全ての介護保険事業について、同
基準に定める拠点区分又はサービス区分を設けて会計処理します（介護
保険・高齢者保健福祉事業に係る社会福祉法人会計基準の取扱い（平成24年
３月29日老高発0329第１号））。

ウ　病院会計準則

　病院又は診療所を開設する法人（社会福祉法人を除きます。）又は事業
者は、その開設主体である法人又は事業者が作成すべき財務諸表とは別
に、病院並びにこれに併設して行う医療系サービス（[図表２]）及び福
祉系サービス（４又は５に掲げる事業）について病院会計準則（平成16年
８月19日医政発第0819001号）を適用して、会計処理を行います（会計区
分通知３(2)）。

エ　介護老人保健施設会計・経理準則

　介護老人保健施設を開設する法人（社会福祉法人を除きます。）は、そ
の開設主体である法人が作成すべき法人全体の財務諸表とは別に、介護

老人保健施設並びにこれに併設して行う医療系サービス（[**図表2**]）及び福祉系サービス（[**図表1**]の4又は5に掲げる事業）について介護老人保健施設会計・経理準則（平成12年3月31日老発第378号）を適用して、会計処理を行います（会計区分通知3(2)）。

　ただし、特に支障がない場合には、病院会計準則等を適用しても差し支えありません。

[図表2] 医療系サービス

事業
① 指定訪問看護
② 指定介護予防訪問看護
③ 指定訪問リハビリテーション
④ 指定介護予防訪問リハビリテーション
⑤ 指定居宅療養介護
⑥ 指定介護予防居宅療養介護
⑦ 指定通所リハビリテーション
⑧ 指定介護予防通所リハビリテーション
⑨ 指定短期入所療養介護
⑩ 指定介護予防短期療養生活介護

オ　介護医療院会計・経理準則

　介護医療院を開設する法人（社会福祉法人を除きます。）は、その開設主体である法人が作成すべき財務諸表とは別に、介護医療院並びにこれに併設して行う医療系サービス（[**図表2**]）及び福祉系サービス（[**図表1**]の4又は5に掲げる事業）について介護医療院会計・経理準則（平成30年3月22日老発0322第8号）を適用して、会計処理を行います（会計区分通知3(2)）。

　ただし、特に支障がない場合には、病院会計準則等を適用しても差し支えありません。

カ　指定老人訪問看護・指定訪問看護の会計・経理準則

　訪問看護ステーションを開設する法人（社会福祉法人を除きます。）は、その開設主体である法人が作成すべき財務諸表とは別に、訪問看護ステーション並びにこれに併設して行う医療系サービス（[**図表2**]）及び福祉系サービス（[**図表1**]の4又は5に掲げる事業）について指定老人訪問看護の事業及び指定訪問看護の事業の会計・経理準則（平成7年6月1日老健第122号・保発第57号）を適用して、会計処理を行います（会計区分通知3(2)）。

キ　その他

　ア～カの会計基準等とは別の会計基準等の適用を受ける事業主体の場合は、その会計基準等を基本として事業所ごとの収支状況等に関する内容を明らかにします（会計区分通知3(3)）。

２　計算書類及び会計帳簿

①　計算書類の作成の範囲

　介護保険事業を行う法人が作成すべき財務諸表とは別に、第2節の会計区分ごとに収支計算書、事業活動計算書（損益計算書及び正味財産増減計算書等を含みます。以下同じ。）及び貸借対照表を整備しておかなければならないこととされています。

　ただし、社会福祉法人以外の法人又は事業者にあっては、収支計算書又は事業活動計算書及び貸借対照表を省略することができます。すなわち、収支計算書又は事業活動計算書のいずれかを作成すればよいことになります。

　具体的には法人別に[**図表3**]の計算書類を作成することになります。

[図表 3] 主な法人別の会計基準と介護サービス事業の計算書類

法人の別	法人に適用される会計基準	介護保険の会計区分で作成する計算書類
株式会社等の会社	会社計算規則	介護サービス事業別損益計算書
社会福祉法人	社会福祉法人会計基準	拠点区分資金収支計算書 拠点区分事業活動計算書 拠点区分貸借対照表 拠点区分事業活動明細書
公益社団法人・公益財団法人	公益法人会計基準	介護サービス事業別事業活動計算書
一般社団法人・一般財団法人	公益法人会計基準等	介護サービス事業別損益計算書又は介護サービス事業別事業活動計算書
特定非営利活動法人（NPO）	NPO 法人会計基準	介護サービス事業別活動計算書
医療法人	医療法人会計基準等	介護サービス事業別損益計算書

②　計算書類の様式

　各法人等に適用される会計基準による会計処理様式の参考例は次のとおりです。

ア　指導指針

（別紙 1 ）指定介護老人福祉施設等会計処理等取扱指針
施設名

介護サービス事業別事業活動計算書
自 令和　　年　　月　　日　至 令和　　年　　月　　日

（単位：円）

勘 定 科 目		合計	介護老人福祉施設	短期入所生活介護	通所介護	訪問介護	その他の事業
事業活動による	収入	介護福祉施設介護料収入　介護報酬収入　利用者負担金収入　居宅介護料収入　介護報酬収入					

る収支		利用者負担金収入							
		居宅介護支援介護料収入							
		利用者等利用料収入							
		介護福祉施設利用料収入							
		居宅介護サービス利用料収入							
		管理費収入							
		その他の利用料収入							
		その他の事業収入							
		補助金収入							
		市町村特別事業収入							
		受託収入							
		国庫補助金等特別積立金取崩額							
		(介護報酬査定減)							
		事業活動収入計　①							
	支	人件費							
		役員報酬							
	出	職員俸給							
		職員諸手当							
		非常勤職員給与							
		退職金							
		退職共済掛金							
		法定福利費							
		経費支出							
		(直接介護費)							
		給食用材料費							
		介護用品費							
		教養娯楽費							
		医薬品費							
		日用品費							
		被服費							
		消耗器具備品費							
		保健衛生費							
		車輌費							
		光熱水費							
		燃料費							
		本人支給品							
		葬祭費							
		(一般管理費)							
		福利厚生費							
		旅費交通費							
		研修費							
		通信運搬費							
		事務消耗品費							
		印刷製本費							
		広報費							
		会議費							
		修繕費							
		保守料							

		賃借料							
		保険料							
		渉外費							
		諸会費							
		租税公課							
		委託費							
		雑費							
		減価償却費							
		徴収不能額							
		引当金繰入							
		徴収不能引当金繰入							
		賞与引当金繰入							
		退職給与引当金繰入							
		事業活動支出計　②							
	事業活動収支差額　③（①－②）								
事業活動外収支の部	収入	借入金利息補助金収入							
		その他の収入							
		事業活動外収入計　④							
	支出	借入金利息							
		その他の支出							
		事業活動外支出計　④							
	事業活動外収支差額　⑥（④－⑤）								
事業収支差額　⑦（③+⑥）									

イ　社会福祉法人会計基準

別紙 3　(⑪)

○○拠点区分　事業活動明細書

（自）令和　　年　　月　　日　（至）令和　　年　　月　　日

社会福祉法人名＿＿＿＿＿＿＿＿＿＿＿＿＿

（単位：円）

| 勘定科目 | | | サービス区分 | | | 合計 | 内部取引消去 | 拠点区分合計 |
			○○事業	△△事業	××事業			
サービス活動増減の部	収益	介護保険事業収益						
		施設介護料収益						
		介護報酬収益						
		利用者負担金収益（公費）						
		利用者負担金収益（一般）						
		居宅介護料収益						
		（介護報酬収益）						
		介護報酬収益						
		介護予防報酬収益						
		（利用者負担金収益）						
		介護負担金収益（公費）						

サービス活動増減の部	収益						
		介護負担金収益（一般）					
		介護予防負担金収益（公費）					
		介護予防負担金収益（一般）					
		地域密着型介護料収益					
		（介護報酬収益）					
		介護報酬収益					
		介護予防報酬収益					
		（利用者負担金収益）					
		介護負担金収益（公費）					
		介護負担金収益（一般）					
		介護予防負担金収益（公費）					
		介護予防負担金収益（一般）					
		居宅介護支援介護料収益					
		居宅介護支援介護料収益					
		介護予防支援介護料収益					
		介護予防・日常生活支援総合事業収益					
		事業費収益					
		事業負担金収益（公費）					
		事業負担金収益（一般）					
		利用者等利用料収益					
		施設サービス利用料収益					
		居宅介護サービス利用料収益					
		地域密着型介護サービス利用料収益					
		食費収益（公費）					
		食費収益（一般）					
		食費収益（特定）					
		居住費収益（公費）					
		居住費収益（一般）					
		居住費収益（特定）					
		介護予防・日常生活支援総合事業利用料収益					
		その他の利用料収益					
		その他の事業収益					
		補助金事業収益（公費）					
		補助金事業収益（一般）					
		市町村特別事業収益（公費）					
		市町村特別事業収益（一般）					
		受託事業収益（公費）					
		受託事業収益（一般）					
		その他の事業収益					
		（保険等査定減）					
		老人福祉事業収益					
		措置事業収益					
		事務費収益					
		事業費収益					
		その他の利用料収益					
		その他の事業収益					
		運営事業収益					
		管理費収益					
		その他の利用料収益					
		補助金事業収益（公費）					
		補助金事業収益（一般）					
		その他の事業収益					
		その他の事業収益					
		管理費収益					
		その他の利用料収益					
		その他の事業収益					
		児童福祉事業収益					

		措置費収益							
		事務費収益							
		事業費収益							
		私的契約利用料収益							
		その他の事業収益							
		補助金事業収益（公費）							
		補助金事業収益（一般）							
		受託事業収益（公費）							
		受託事業収益（一般）							
		その他の事業収益							
		保育事業収益							
		施設型給付費収益							
		施設型給付費収益							
		利用者負担金収益							
		特例施設型給付費収益							
		特例施設型給付費収益							
		利用者負担金収益							
		地域型保育給付費収益							
		地域型保育給付費収益							
		利用者負担金収益							
		特例地域型保育給付費収益							
		特例地域型保育給付費収益							
		利用者負担金収益							
		委託費収益							
サービス活動増減の部	収益	利用者等利用料収益							
		利用者等利用料収益（公費）							
		利用者等利用料収益（一般）							
		その他の利用料収益							
		私的契約利用料収益							
		その他の事業収益							
		補助金事業収益（公費）							
		補助金事業収益（一般）							
		受託事業収益（公費）							
		受託事業収益（一般）							
		その他の事業収益							
		就労支援事業収益							
		○○事業収益							
		障害福祉サービス等事業収益							
		自立支援給付費収益							
		介護給付費収益							
		特例介護給付費収益							
		訓練等給付費収益							
		特例訓練等給付費収益							
		地域相談支援給付費収益							
		特例地域相談支援給付費収益							
		計画相談支援給付費収益							
		特例計画相談支援給付費収益							
		障害児施設給付費収益							
		障害児通所給付費収益							
		障害児入所給付費収益							
		障害児相談支援給付費収益							
		特例障害児相談支援給付費収益							
		利用者負担金収益							
		補足給付費収益							
		特定障害者特別給付費収益							
		特例特定障害者特別給付費収益							
		特定入所障害児食費等給付費収益							

サービス活動増減の部	収益							
		特定費用収益						
		その他の事業収益						
		補助金事業収益（公費）						
		補助金事業収益（一般）						
		受託事業収益（公費）						
		受託事業収益（一般）						
		その他の事業収益						
		（保険等査定減）						
		生活保護事業収益						
		措置費収益						
		事務費収益						
		事業費収益						
		授産事業収益						
		○○事業収益						
		利用者負担金収益						
		その他の事業収益						
		補助金事業収益（公費）						
		補助金事業収益（一般）						
		受託事業収益（公費）						
		受託事業収益（一般）						
		その他の事業収益						
		医療事業収益						
		入院診療収益（公費）						
		入院診療収益（一般）						
		室料差額収益						
		外来診療収益（公費）						
		外来診療収益（一般）						
		保健予防活動収益						
		受託検査・施設利用収益						
		訪問看護療養費収益（公費）						
		訪問看護療養費収益（一般）						
		訪問看護利用料収益						
		訪問看護基本利用料収益						
		訪問看護その他の利用料収益						
		その他の医療事業収益						
		補助金事業収益（公費）						
		補助金事業収益（一般）						
		受託事業収益（公費）						
		受託事業収益（一般）						
		その他の医業収益						
		（保険等査定減）						
		退職共済事業収益						
		事務費収益						
		○○事業収益						
		○○事業収益						
		その他の事業収益						
		補助金事業収益（公費）						
		補助金事業収益（一般）						
		受託事業収益（公費）						
		受託事業収益（一般）						
		その他の事業収益						
		○○収益						
		○○収益						
		経常経費寄附金収益						
		その他の収益						
		サービス活動収益計(1)						

サービス活動増減の部	費用	人件費						
		役員報酬						
		役員退職慰労金						
		役員退職慰労引当金繰入						
		職員給料						
		職員賞与						
		賞与引当金繰入						
		非常勤職員給与						
		派遣職員費						
		退職給付費用						
		法定福利費						
		事業費						
		給食費						
		介護用品費						
		医薬品費						
		診療・療養等材料費						
		保健衛生費						
		医療費						
		被服費						
		教養娯楽費						
		日用品費						
		保育材料費						
		本人支給金						
		水道光熱費						
		燃料費						
		消耗器具備品費						
		保険料						
		賃借料						
		教育指導費						
		就職支度費						
		葬祭費						
		車輌費						
		棚卸資産評価損						
		○○費						
		雑費						
		事務費						
		福利厚生費						
		職員被服費						
		旅費交通費						
		研修研究費						
		事務消耗品費						
		印刷製本費						
		水道光熱費						
		燃料費						
		修繕費						
		通信運搬費						
		会議費						
		広報費						
		業務委託費						
		手数料						
		保険料						
		賃借料						
		土地・建物賃借料						
		租税公課						
		保守料						
		渉外費						
		諸会費						

		○○費					
		雑費					
		就労支援事業費用					
		就労支援事業販売原価					
		期首製品（商品）棚卸高					
		当期就労支援事業製造原価					
		当期就労支援事業仕入高					
		期末製品（商品）棚卸高					
		就労支援事業販管費					
		授産事業費用					
		○○事業費					
		退職共済事業費用					
		事務費					
		○○費用					
		利用者負担軽減額					
		減価償却費					
		国庫補助金等特別積立金取崩額	△×××	△×××	△×××	△×××		△×××
		徴収不能額					
		徴収不能引当金繰入					
		その他の費用					
		サービス活動費用計(2)					
	サービス活動増減差額(3)＝(1)－(2)						
サービス活動外増減の部	収益	借入金利息補助金収益					
		受取利息配当金収益					
		有価証券評価益					
		有価証券売却益					
		基本財産評価益					
		投資有価証券評価益					
		投資有価証券売却益					
		積立資産評価益					
		その他のサービス活動外収益					
		受入研修費収益					
		利用者等外給食収益					
		為替差益					
		退職共済事業管理資産評価益					
		退職共済預り金戻入額					
		雑収益					
		サービス活動外収益計(4)					
	費用	支払利息					
		有価証券評価損					
		有価証券売却損					
		基本財産評価損					
		投資有価証券評価損					
		投資有価証券売却損					
		積立資産評価損					
		その他のサービス活動外費用					
		利用者等外給食費					
		為替差損					
		退職共済事業管理資産評価損					
		退職共済預り金繰入額					
		雑損失					
		サービス活動外費用計(5)					
	サービス活動外増減差額(6)＝(4)－(5)						
	経常増減差額(7)＝(3)＋(6)						

ウ　病院会計準則

（別紙 2 ）病院会計準則
病院名

介護サービス事業区分損益計算書

自　令和　　年　　月　　日　至　令和　　年　　月　　日

（単位：円）

	合計	医療保健	介 護 保 健 事 業				
			計	介護療養型医療施設サービス	短期入所療養介護	通所リハビリテーション	○○介護
【医業損益計算】							
Ⅰ　医業収益							
1　入院診療収益							
2　室料差額収益							
3　外来診療収益							
4　その他の医業収益							
5　保険査定減							
医業収益合計							
Ⅱ　医業費用							
1　給与費							
常勤職員給与							
医師給							
看護職員給							
医療技術員給							
事務員給							
技能労務員給							
支援相談員給							
非常勤職員給与							
退職給与引当金繰入							
法定福利費							
2　材料費							
医薬品費							
給食用材料費							
診療材料費							
医療消耗器具備品費							
3　経費							
福利厚生費							
旅費交通費							
職員被服費							
通信費							
消耗品費							
消耗器具備品費							
車両費							
会議費							
光熱水費							
修繕費							
賃借料							
保険料							
交際費							
諸会費							
租税公課							
徴収不能損失							
雑費							
4　委託費							
委託費							

5　研修費							
研究材料費							
謝金							
図書費							
旅費交通費							
研修雑費							
6　減価償却費							
建物減価償却費							
建物附属設備減価償却費							
医療用器械備品減価償却費							
車両船舶減価償却費							
その他の器械備品減価償却費							
その他の有形固定資産減価償却費							
無形固定資産減価償却費							
7　本部費							
8　役員報酬							
医業費用合計							
医業利益							
【経常損益計算】							
Ⅲ　医業外収益							
受取利息配当金							
有価証券売却益							
患者外給食収益							
その他の医業外収益							
医業外収益合計							
Ⅳ　医業外費用							
支払利息							
有価証券売却損							
患者外給食用材料費							
診療費減免							
貸倒損失							
雑損失							
医業外費用合計							
経常利益							
【純損益計算】							
Ⅴ　特別利益							
固定資産売却損							
補助金・負担金							
その他の特別損失							
特別利益合計							
Ⅵ　特別損失							
固定資産売却損							
その他の特別損失合計							
特別損失合計							
税引前当期純利益							

（注 1 ）介護保険適用の療養病床（短期入所療養介護を含む。）の収入については、入院診療収益に表示し、居宅介護サービスについてその他の医業収益に表示する。

（注 2 ）介護保険事業ごとの総収益と総費用の差額は、「純損益計算」の欄に記入して下さい。
　　　　なお、総費用が総収益を超えた場合は、その金額の頭に▲を付して下さい。

エ　介護老人保健施設会計・経理準則

（別紙 3 ）介護老人保健施設会計・経理準則
施設名

介護サービス事業別損益計算書
自　令和　　年　　月　　日　至　令和　　年　　月　　日

（単位：円）

	合計	介護保健施設 サービス	短期入所 療養介護	通所 リハビリ テーション	○○介護
【施設運営事業損益計算】					
Ⅰ　施設運営事業収益					
1　介護保健施設介護料収益					
介護報酬収益					
利用者負担金収益					
基本サービス費					
2　居宅介護料収益					
介護報酬収益					
利用者負担金収益					
3　居宅介護支援介護料収益					
4　利用者等利用料収益					
介護保健施設利用料 収益					
居宅介護サービス 利用料収益					
その他の利用料収益					
5　その他の事業収益					
（介護報酬査定減）					
計					
Ⅱ　施設運営事業費用					
1　給与費					
常勤職員給与					
医師給					
看護師給					
介護職員給					
支援相談員給					
理学療法士又は作業 療法士給					
医療技術員給					
事務員給					
技能労務員給					
非常勤職員給与					
医師給					
看護師給					
介護職員給					
支援相談員給					
理学療法士又は作業					

```
                 療法士給
      医療技術員給
      事務員給
      技能労務員給
   退職給与引当金繰入
   法定福利費
2  材料費
      医薬品費
      給食用材料費
      施設療養材料費
      その他の材料費
      施設療養消耗器具
                 備品費
3  経費
      福利厚生費
      旅費交通費
      職員被服費
      通信費
      消耗品費
      消耗器具備品費
      車両費
      会議費
      光熱水費
      修繕費
      賃借料
      保険料
      交際費
      諸会費
      租税公課
      徴収不能損失
      雑費
4  委託費
      委託費
5  研修費
      謝金
      図書費
      旅費交通費
      研修雑費
6  減価償却費
      建物減価償却費
      建物附属設備減価
                 償却費
      構築物減価償却費
      医療用器械備品減価
                 償却費
      車両船舶備品減価
                 償却費
      その他の器械備品減価
                 償却費
```

その他の有形固定資産 　　減価償却費 　無形固定資産 　　減価償却費				
7　本部費 　本部費 8　役員報酬 　役員報酬				
計				
施設運営事業利益 （又は施設運営事業損失）				
【経常損益計算】 Ⅲ　施設運営事業外収益 　1　受取利息配当金 　2　有価証券売却益 　3　利用者等外給食収益 　4　その他の施設運営事業外 　　　　収益				
計				
Ⅳ　施設運営事業外費用 　1　支払利息 　2　有価証券売却損 　3　利用者等外給食用材料費 　4　貸倒損失 　5　雑損失				
計				
経常利益（又は経常損失）				
【純損益計算】 Ⅴ　特別利益 　1　固定資産売却益 　2　その他の特別利益				
計				
Ⅵ　特別損失 　1　固定資産売却損 　2　その他の特別損失 　　税引前当期純利益 　　（又は税引前当期純損 　　失） 　　法人税等				
計				
当期純利益（又は当期純損失）				

オ　介護医療院会計・経理準則

別表第 2

財 務 諸 表 の 様 式

施 設 名

介 護 サ ー ビ ス 事 業 別 損 益 計 算 書
自 令和　年　月　日 至 令和　年　月　日

(会計区分名)

	合　計	介護医療院サービス	短期入所療養介護	通所リハビリテーション	○○介護
【施設運営事業損益計算】					
Ⅰ　施設運営事業収益					
1　介護医療院介護料収益					
介護報酬収益					
利用者負担金収益					
2　居宅介護料収益					
介護報酬収益					
利用者負担金収益					
3　居宅介護支援介護料収益					
4　利用者等利用料収益					
介護医療院利用料収益					
居宅介護サービス利用料収益					
食費収益					
居住費収益					
その他の利用料収益					
5　その他の事業収益					
（介護報酬査定減）					
計					
Ⅱ　施設運営事業費用					
1　給与費					
常勤職員給与					
医師給					
薬剤師給					
看護職員給					
介護職員給					
理学療法士、作業療法士、言語聴覚士給					
医療技術員給					
介護支援専門員給					
事務員給					
技能労務員給					
非常勤職員給与					
医師給					
薬剤師給					
看護職員給					

介護職員給						
理学療法士、作業療法士、言語 　　聴覚士給						
医療技術員給						
介護支援専門員給						
事務員給						
技能労務員給						
退職給与引当金繰入						
法定福利費						
2　材料費						
医薬品費						
給食用材料費						
施設療養材料費						
その他の材料費						
施設療養消耗器具備品費						
3　経　費						
福利厚生費						
旅費交通費						
職員被服費						
通信費						
消耗品費						
消耗器具備品費						
車両費						
会議費						
光熱水費						
修繕費						
賃借料						
保険料						
交際費						
諸会費						
租税公課						
徴収不能損失						
雑費						
4　委託費						
委託費						
5　研修費						
謝金						
図書費						
旅費交通費						
研修雑費						
6　減価償却費						
建物減価償却費						
建物付属設備減価償却費						
構築物減価償却費						
医療用器械備品減価償却費						
車輌船舶減価償却費						
その他の器械備品減価償却費						
その他の有形固定資産減価償 　　却費						

無形固定資産減価償却費					
7　本部費					
本部費					
8　役員報酬					
役員報酬					
計					
施設運営事業利益 （又は施設運営事業損失）					
【経 常 損 益 計 算】 Ⅲ　施設運営事業外収益 　1　受取利息配当金 　2　有価証券売却益 　3　利用者等外給食収益 　4　その他の施設運営事業外収益					
計					
Ⅳ　施設運営事業外費用 　1　支払利息 　2　有価証券売却損 　3　利用者等外給食用材料費 　4　貸倒損失 　5　雑損失					
計					
経常利益（又は経常損失）					
【純 損 益 計 算】 Ⅴ　特別利益 　1　固定資産売却益 　2　その他の特別利益					
計					
Ⅵ　特別損失 　1　固定資産売却損 　2　その他の特別損失 　　　税引前当期純利益（又は税引前 　　　当期純損失） 　　　法人税等					
計					
当期純利益（又は当期純損失）					

（注）損益計算書の様式は、ここでは介護サービス事業の種類別に会計を区分したものを示したものである。報告の目的に会計の区分を必要としない場合は、介護サービス事業の区分表示を省略することができる。

カ　指定老人訪問看護・指定訪問看護の会計・経理準則

（別紙 4 ）指定老人訪問看護・指定訪問看護の会計・経理準則

指定訪問看護事業者名

介護サービス事業区分損益計算書
自 令和　　年　　月　　日　至 令和　　年　　月　　日

（単位：円）

〔事業損益計算〕	合　計	医療保健	介護保険事業			
			計	訪問看護	訪問看護	○○看護
Ⅰ　事業収益						
1　老人訪問看護療養費収益						
2　訪問看護療養費収益						
3　老人訪問看護利用料収益						
老人訪問看護基本利用料収益						
老人訪問看護その他の利用料						
収益						
長時間利用料収益						
休日、時間外利用料収益						
交通費収益						
その他のサービス利用料						
収益						
4　訪問看護利用料収益						
老人訪問看護基本利用料収益						
老人訪問看護その他の利用料						
収益						
長時間利用料収益						
休日、時間外利用料収益						
交通費収益						
その他のサービス利用料						
収益						
5　その他の事業収益						
合　計						
（老人保健査定減）						
（健康保険等査定減）						
Ⅱ　事業費用						
1　給与費						
常勤職員給与						
看護師給						
理学療法士又は作業療法士給						
事務職員給						
非常勤職員給与						
看護師給						
理学療法士又は作業療法士給						
事務員給						
退職給与引当金繰入						
法定福利費						
2　材料費						

指定老人訪問看護・指定訪問看護材料費						
医薬品費						
その他の材料費						
指定老人訪問看護・指定訪問看護消耗器具備品費						
3　経費						
福利厚生費						
旅費交通費						
職員被服費						
通信費						
消耗品費						
消耗器具備品費						
車両費						
会議費						
光熱水費						
修繕費						
賃借料						
保険料						
交際費						
諸会費						
租税公課						
徴収不能損失						
雑費						
4　委託費						
委託費						
5　研修費						
謝金						
図書費						
旅費交通費						
研修雑費						
6　減価償却費						
建物減価償却費						
建物附属設備減価償却費						
構築物減価償却費						
医療用器械備品減価償却費						
車両船舶備品減価償却費						
その他の器械備品減価償却費						
その他の有形固定資産減価償却費						
無形固定資産減価償却費						
7　本部費						
本部費						
8　役員報酬						
役員報酬						
事業利益（又は事業損失）						
〔経常損益計算〕						
Ⅲ　事業外収益						

1　受取利息配当金					
2　有価証券売却益					
3　職員給食収益					
4　その他の事業外収益					
Ⅳ　事業外費用					
1　支払利息					
2　有価証券売却損					
3　職員給食用材料費					
4　貸倒損失					
5　雑損失					
経常利益（又は経常損失）					
〔純損益計算〕					
Ⅴ　特別利益					
1　固定資産売却益					
2　その他の特別利益					
Ⅵ　特別損失					
1　固定資産売却損					
2　その他の特別損失					
税引前当期純利益					
（又は税引前当期純損失）					
法人税等					
当期純利益					
（又は当期純損失）					
前期繰越利益					
（又は前期繰越損失）					
当期未処分利益					
（又は当期未処理損失）					

（注 1）介護保険の訪問看護費収益、利用料収益は、「Ⅰ　事業収益」の 1　老人訪問看護療養費収益、 3　老人訪問看護利用料収益に表示する。

（注 2）介護保険の訪問介護に要する材料費は、「Ⅱ　事業費用」の「2　材料費」に表示する。

（注 3）介護保険事業ごとの総収益と総費用の差額は、「純損益計算」の欄に記入して下さい。なお、総費用が総収益を超えた場合は、その金額の頭に▲を付けてください。

キ　特定非営利活動法人（NPO）

（別紙 5 ）特定非営利活動法人の会計

介護サービス事業区分事業活動計算書

自 令和　　年　　月　　日　至 令和　　年　　月　　日

指定事業者名　　　　　　　　　　　　　　　　　　　　　　　　　（単位：円）

〔事 業 損 益 計 算〕	合　計	介護保険外の事業	介護保険事業			
			計	指定訪問介護	福祉用具貸与	○○介護
事業活動収入						
入会金収入						
会費収入						
事業収入						
居宅介護料収入						
・						
・						
補助金等収入						
負担金収入						
事業活動収入計						
事業活動支出						
事業費						
給料手当						
臨時雇用賃金						
退職金						
福利厚生費						
旅費交通費						
通信運搬費						
消耗什器備品費						
消耗品費						
修繕費						
印刷製本費						
燃料費						
光熱水料費						
賃借費						
保険料						
諸謝金						
租税公課						
負担金						
助成金支出						
寄付金支出						
委託費						
雑費						
管理費						
役員報酬						
給料手当						
退職金						

福利厚生費						
会議費						
旅費交通費						
通信運搬費						
消耗什器備品費						
消耗品費						
修繕費						
印刷製本費						
燃料費						
光熱水料費						
賃借料						
保険料						
諸謝金						
租税公課						
負担金						
寄付金支出						
支払利息						
雑費						
減価償却費						
建物減価償却費						
車両運搬具減価償却額						
引当金繰入						
退職給与引当金繰入額						
事業活動支出計						
事業活動収支差額						
事業活動外収入						
寄付金収入						
雑収入						
事業活動外収入計						
事業活動外支出						
支払利息						
雑費						
事業活動外支出計						
経常収支差額						
特別収入						
特別収入計						
特別支出						
固定資産売却損						
車両運搬具売却損						
特別支出計						
当期活動収支差額						

（注）介護保険事業ごとの総収益と総費用の差額は、「経常収支差額」の欄に記入してください。
　　　なお、総費用が総収益を超えた場合は、その金額の頭に▲を付して下さい。

③　会計帳簿

第 3 項の会計区分ごとに、仕訳日記帳及び総勘定元帳を作成し、備え置くものとされます（指導指針第 2 - 3 、「社会福祉法人会計基準の運用上の留意事項」（平成28年 3 月31日雇児総発0331第 7 号・社援基発0331第 2 号・障障発0331第 2 号・老総発0331第 4 号別紙 2 (3)）。

3　会計の区分

①　会計区分の原則

介護保険事業に係る計算書類を作成する単位を「会計区分」といいます。

この会計区分は、その事業者が開設する施設及び行う事業によって設けます。

A　指導指針による会計区分

社会福祉法人及び下記 C ～ F による法人以外の事業者は、その開設する施設及び行う事業によって、次のように会計区分を設けます（指導指針第 2 - 1 ）。

ア　指定介護老人福祉施設

指定介護老人福祉施設とこれに併設されている又はその施設で行う[図表 1]のサービス区分に掲げる事業を併せて会計区分とします（指導指針第 2 - 1 -(1)）。

この会計区分について、240ページの「介護サービス事業別事業活動計算書」を作成します。

[図表 1] 指定介護老人福祉施設の会計区分

会計区分	サービス区分
指定介護老人福祉施設	指定介護老人福祉施設
	第 1 節① [図表 1] 4 に掲げる事業
	指定訪問入浴介護
	指定介護予防訪問入浴介護
	第 1 節① [図表 1] 4 に係る基準該当居宅サービス
	指定居宅介護支援又は指定介護予防支援
	市町村特別給付事業
	地域包括支援センター
	施設において行う介護保険に関連する事業

イ　養護老人ホーム

　養護老人ホームとこれに併設されている又はその施設で行う **[図表 2]** のサービス区分に掲げる事業を併せて会計区分とします（指導指針第 2 - 1 - (2)）。

　この会計区分について、240ページの「介護サービス事業別事業活動計算書」を作成します。

[図表 2] 養護老人ホームの会計区分

会計区分	サービス区分
養護老人ホーム	養護老人ホーム
	第 1 節① [図表 1] 4 に掲げる事業
	第 1 節① [図表 1] 5 に掲げる事業

ウ　軽費老人ホーム

　軽費老人ホームとこれに併設されている又はその施設で行う **[図表 3]** のサービス区分に掲げる事業を併せて会計区分とします（指導指針

第 2 - 1 - (3))。

　この会計区分について、240ページの「介護サービス事業別事業活動計算書」を作成します。

[図表 3] 軽費老人ホームの会計区分

会計区分	サービス区分
軽費老人ホーム	軽費老人ホーム
	第 1 節①［図表 1］　4 に掲げる事業
	第 1 節①［図表 1］　5 に掲げる事業

エ　第 1 節①［図表1］4 に掲げる事業の指定事業者

　第 1 節①［図表 1］　4 に掲げる事業を行う指定事業者は［**図表 4**］のサービス区分に掲げる事業を併せて会計区分とします（指導指針第 2 - 1 - (4))。

　この会計区分について、240ページの「介護サービス事業別事業活動計算書」を作成します。

[図表 4] 指定事業者の会計区分

会計区分	サービス区分
指定事業者	第 1 節①［図表 1］　4 に掲げる事業
	第 1 節①［図表 1］　5 に掲げる事業

オ　第 1 節①［図表1］5 に掲げる事業の指定事業者

　第 1 節①［図表 1］　5 に掲げる事業を行う指定事業者は［**図表 5**］のサービス区分に掲げる事業を併せて会計区分とします（指導指針第 2 - 1 - (5))。

　この会計区分について、240ページの「介護サービス事業別事業活動計算書」を作成することができます。

[図表 5] 指定事業者の会計区分

会計区分	サービス区分
指定事業者	第 1 節① ［図表 1 ］ 5 に掲げる事業

B　社会福祉法人

　［図表 6 ］の施設の会計は、それぞれの施設ごと（同一種類の施設を複数経営する場合は、それぞれの施設ごと）に独立した拠点区分とするものとします（「社会福祉法人会計基準の運用上の留意事項」（平成28年 3 月31日雇児総発0331第 7 号・社援基発0331第 2 号・障障発0331第 2 号・老総発0331第 4 号）別紙、以下「会計基準留意事項通知」といいます。） 4 (1)）。

　これらの施設で一体的に実施されている ［図表 6 ］以外の社会福祉事業又は公益事業については、その施設の拠点区分に含めて会計を処理することができます。

　この場合には、サービス区分は A に準じて設定します（会計基準留意事項通知 5 (2)ア）。

　この拠点区分について、拠点区分資金収支計算書、拠点区分事業活動計算書及び拠点区分貸借対照表並び242ページの「拠点区分事業活動明細書」を作成します。

[図表 6] 独立した拠点区分とすべき施設

	施　設
1	養護老人ホーム
2	特別養護老人ホーム
3	軽費老人ホーム
4	有料老人ホーム
5	介護老人保健施設
6	介護医療院

| 7 | 医療法第 1 条の 5 に定める病院及び診療所（入所施設に附属する医務室を除きます。） |

C　病院会計準則による会計区分

　病院とこれに併設されている又はその病院で行う **[図表 7]** のサービス区分に掲げる事業を併せて会計区分とします（病院会計準則第 4 ）。

　この会計区分について、248ページの「介護サービス事業別損益計算書」を作成します。

[図表 7] 病院の会計区分

会計区分	サービス区分
病院	病院
	第 1 節① [図表 2] に掲げる事業
	第 1 節① [図表 1]　4 に掲げる事業
	第 1 節① [図表 1]　5 に掲げる事業

D　介護老人保健施設会計・経理準則による会計区分

　介護老人保健施設とこれに併設されている又はその施設で行う **[図表 8]** のサービス区分に掲げる事業を併せて会計区分とします（介護老人保健施設会計・経理準則 6 ）。

　この会計区分について、250ページの「介護サービス事業別損益計算書」を作成します。

[図表 8] 介護老人保健施設の会計区分

会計区分	サービス区分
介護老人保健施設	介護老人保健施設
	第 1 節① ［図表 2 ］に掲げる事業
	第 1 節① ［図表 1 ］　4 に掲げる事業
	第 1 節① ［図表 1 ］　5 に掲げる事業

E　介護医療院会計・経理準則による会計区分

　介護医療院とこれに併設されている又はその施設で行う ［図表 9 ］のサービス区分に掲げる事業を併せて会計区分とします（介護医療院会計・経理準則 6 ）。

　この会計区分について、253ページの「介護サービス事業別損益計算書」を作成します。

［図表 9 ］介護医療院の会計区分

会計区分	サービス区分
介護医療院	介護医療院
	第 1 節[1]［図表 2 ］に掲げる事業
	第 1 節[1]［図表 1 ］ 4 に掲げる事業
	第 1 節[1]［図表 1 ］ 5 に掲げる事業

F　指定老人訪問看護・指定訪問看護の会計・経理準則による会計区分

　訪問看護ステーションとこれに併設されている又はステーションで行う［**図表10**］のサービス区分に掲げる事業を併せて会計区分とします（指定老人訪問看護・指定訪問看護の会計・経理準則 6 ）。

　この会計区分について、256ページの「介護サービス事業別損益計算書」を作成します。

［図表10］介護医療院の会計区分

会計区分	サービス区分
訪問看護ステーション	訪問看護ステーション
	第 1 節[1]［図表 2 ］に掲げる事業
	第 1 節[1]［図表 1 ］ 4 に掲げる事業
	第 1 節[1]［図表 1 ］ 5 に掲げる事業

②　サービス区分の特例

　次の介護サービスと一体的に行われている介護予防サービスなど、両者のコストをその発生の態様から区分することが困難である場合には、勘定科目として介護予防サービスなどの収入額のみを把握できれば同一のサービス区分として差し支えありません（「指導指針改正の概要」（平成19年 7 月 6 日事務連絡）、会計基準留意事項通知 5 (2)イ(ア)）。

・指定訪問介護と第 1 号訪問事業

・指定通所介護と第 1 号通所事業
・指定地域密着型通所介護と第 1 号通所事業
・指定介護予防支援と第 1 号介護予防ケアマネジメント事業
・指定認知症対応型通所介護と指定介護予防認知症対応型通所介護
・指定短期入所生活介護と指定介護予防短期入所生活介護
・指定小規模多機能型居宅介護と指定介護予防小規模多機能型居宅介護
・指定認知症対応型共同生活介護と指定介護予防認知症対応型共同生活
　介護
・指定訪問入浴介護と指定介護予防訪問入浴介護
・指定特定施設入居者生活介護と指定介護予防特定施設入居者生活介護
・福祉用具貸与と介護予防福祉用具貸与
・福祉用具販売と介護予防福祉用具販売
・指定介護老人福祉施設といわゆる空きベッド活用方式により当該施設
　で実施する指定短期入所生活介護事業

③　会計処理方法の仕組み

　会計処理方法の仕組みは様々なものが考えられますが、法人の会計事務の負担を考慮しつつ、運営基準の求める内容を満たす適切な会計処理方法の例としては、次のようなものがあります（会計区分通知3(4)）。

A　会計単位分割方式

　この方法は、施設あるいは事業所の単位（以下「事業拠点」といいます。）ごとの介護サービス事業別にあたかも別の法人のようにそれぞれ独立した主要簿（仕訳帳及び総勘定元帳）が作成されます。総勘定元帳が事業拠点別となるので収支及び損益に関する計算書類（損益計算書・収支計算書・正味財産増減計算書）も貸借対照表とともに事業拠点別に作成されることになります。

　なお、この方法においては、他の事業拠点との取引には、収支及び損益処理とすること（他会計繰入金収入又は支出）も貸借処理とすること

（他会計貸付金又は借入金）もありますが、その会計処理については法人の判断によることとなります。

　また、一の会計区分内に複数のサービス区分が存在する場合は、下記C又はDの方式を併用して処理することになります。

　社会福祉法人は、この方式により会計処理をします。

B　本支店会計方式

　この方法は、主要簿の一部を事業拠点の単位ごとの介護サービス事業別に分離して会計処理をします。

　この方法においては、事業拠点の単位で収支及び損益に関する計算書類と貸借対照表が作成されますが、貸借対照表の純資産の部については分離せず、いわゆる本店区分だけ存在させます。本部あるいは他の事業拠点間の取引は、本支店勘定（賃借勘定）で処理をします。

　また、一の会計区分内に複数のサービス区分が存在する場合は、C又はDの方式を併用して処理することになります。

C　部門補助科目方式

　この方法は、勘定科目に補助コードを設定し、仕訳時にこの補助コードを記入することにより、介護サービス事業別の数値が集計できるようにする方法です。

　貸借対照表については介護サービス事業別の区分をしないで、収支及び損益に関する計算書を区分することを目的とする方法です。

D　区分表方式

　この方法は、仕訳時に区分しないで、計算書類の数値をそれぞれの科目に応じて按分基準を設け、配分表によって介護サービス事業別の結果表を作成する方法です。

　これは部門補助科目方式の簡便法であり、科目の一部について補助コードを設けて仕訳時に処理することも併用されます。

第 2 節

勘定科目

1 収益科目

指導指針及び社会福祉法人会計基準における介護保険事業の収益に関する勘定科目として、[**図表 1**] が示されています。

なお、3 年ごとに行われる介護事業経営実態調査は、これらの勘定科目が使用されます。

[**図表 1**] 収益科目

勘定科目		説明
大区分	中区分	
介護福祉施設介護料収入	介護報酬収入	介護保険法の給付等に関する省令・告示に規定する介護福祉施設サービス費、旧措置入所者介護福祉施設サービス費、ユニット型介護福祉施設サービス費、ユニット型旧措置入所者介護福祉施設サービス費、初期加算、退所時等相談援助加算等をいう。
	利用者負担金収入	介護保険法の給付等に関する省令・告示に規定する介護福祉施設サービス費、旧措置入所者介護福祉施設サービス費、ユニット型介護福祉施設サービス費、ユニット型旧措置入所

		者介護福祉施設サービス費、初期加算、退所時等相談援助加算等の利用者負担額をいう。なお、利用者負担額にかかる、公費・一般の区分については、小区分設定する。
居宅介護料収入（介護報酬収入）	介護報酬収入	介護保険法の給付等に関する省令・告示に規定する訪問介護費、訪問入浴介護費、通所介護費、短期入所者生活介護費等をいう。
	介護予防報酬収入	介護保険法の給付等に関する省令・告示に規定する介護予防訪問介護費、介護予防訪問入浴費、介護予防通所介護費、介護予防短期入所者生活介護費等をいう。
（利用者負担金収入）	介護負担金収入	介護保険法の給付等に関する省令・告示に規定する訪問介護費、訪問入浴介護費、通所介護費、短期入所者生活介護費等の利用者負担額をいう。なお、利用者負担額にかかる、公費・一般の区分については、小区分設定する。
	介護予防負担金収入	介護保険法の給付等に関する省令・告示に規定する介護予防訪問介護費、介護予防訪問入浴費、介護予防通所介護費、介護予防短期入所者生活介護費等の利用者負担額をいう。なお、利用者負担額にかかる、公費・一般の区分については、小区分設定する。
地域密着型介護料収入（介護報酬収入）	介護報酬収入	介護保険法の給付等に関する省令・告示に規定する定期巡回・随時対応型訪問介護看護費、夜間対応型訪問介護費、地域密着型通所介護費、認知症対応型通所介護費、小規模多機能型居宅介護費、認知症対応型共同生活介護費、複合型サービス費（看護小規模多機能型居宅介護費）、地域密着型特定施設入居者生活介護費、地域密着型介護老人福祉施設入所者生活介護費をいう。
	介護予防報酬収入	介護保険法の給付等に関する省令・告示に規定する介護予防認知症対応型通所介護費、介護予防小規模多機能型居宅介護費、介護予防認知症対応型共同生活介護費をいう。
（利用者負担金収入）	介護負担金収入	介護保険法の給付等に関する省令・告示に規定する定期巡回・随時対応型訪問介護看護費、夜間対応型訪問介護費、地域密着型通所

		介護費、認知症対応型通所介護費、小規模多機能型居宅介護費、認知症対応型共同生活介護費、複合型サービス費（看護小規模多機能型居宅介護費）、地域密着型特定施設入居者生活介護費、地域密着型介護老人福祉施設入所者生活介護費の利用者負担額をいう。なお、利用者負担額にかかる、公費・一般の区分については、小区分設定する。
	介護予防負担金収入	介護保険法の給付等に関する省令・告示に規定する介護予防認知症対応型通所介護費、介護予防小規模多機能型居宅介護費、介護予防認知症対応型共同生活介護費の利用者負担額をいう。なお、利用者負担額にかかる、公費・一般の区分については、小区分設定する。
措置費収入	事務費収入	老人福祉法に規定する措置費支弁額中の人件費及び管理費に係る収入をいう。
	事業費収入	老人福祉法に規定する措置費支弁額中の入所者の処遇に必要な一般生活費等に係る収入をいう。
居宅介護支援介護料収入	居宅介護支援介護料収入	介護保険法の給付等に関する省令・告示に規定する居宅介護支援費をいう。
	介護予防支援介護料収入	介護保険法の給付等に関する省令・告示に規定する介護予防支援費をいう。
介護予防・日常生活支援総合事業費収入	事業費収入	介護予防・日常生活支援総合事業に関する省令・告示等に規定する第 1 号訪問事業、第 1 号通所事業、第 1 号生活支援事業、第 1 号介護予防支援事業、一般介護予防事業の事業費をいう。
	事業負担金収入	介護予防・日常生活支援総合事業に関する省令・告示等に規定する第 1 号訪問事業、第 1 号通所事業、第 1 号生活支援事業、第 1 号介護予防支援事業、一般介護予防事業の利用者負担額をいう。なお、利用者負担額にかかる、公費・一般の区分については、小区分設定する。
利用者等利用料収入	介護福祉施設利用料収入	介護保険法の給付等に関する省令・告示において支払を受けることができるとされている

		送迎費、おむつ料、日常生活サービス料等をいう。
	居宅介護サービス利用料収入	介護保険法の給付等に関する省令・告示において支払を受けることができるとされている送迎費、おむつ料、日常生活サービス料等をいう。
	地域密着型介護サービス利用料収入	介護保険法の給付等に関する省令・告示において支払を受けることができることとされているサービス料等をいう。
	食費収入	指定介護老人福祉施設の入所者又は入居者（以下「入所者等」という。）並びに指定通所介護事業所、指定短期入所生活介護事業所及び指定認知症対応型共同生活介護事業所等の利用者が支払う食費（ケアハウスの生活費として処理されるものを除く。）、食費に係る特定入所者介護サービス費、利用者が選定した特別な食事料をいう。なお、食費に係る特定入所者介護サービス費、生活保護の公費請求分等については小区分設定する。
	居住費収入	指定介護老人福祉施設の入所者等が支払う居住費、指定短期入所生活介護事業所の利用者が支払う滞在費、指定特定施設入居者生活介護事業所等の利用者が支払う家賃又は宿泊費（ケアハウスの管理費として処理されるものを除く。）、居住費に係る特定入所者介護サービス費、利用者が選定した特別な室料をいう。なお、居住費に係る特定入所者介護サービス費、生活保護の公費請求分等については小区分設定する。
	介護予防・日常生活支援総合事業利用料収益	介護保険の利用者等利用料収益で、介護予防・日常生活支援総合事業の実費負担等をいう。
	管理費収入	介護保険法に基づく又は関連する事業に対して交付される地方公共団体からの補助金等の事業収入をいう。
	その他の利用料収入	前記のいずれの利用料にも該当しない利用者等からの利用料をいう。なお、軽費老人ホームにあっては、費用徴収額を含むものとする。

その他の事業収入	補助金収入	介護保険法に基づく又は関連する事業に対して交付される地方公共団体からの補助金等の事業収入をいう。
	市町村特別事業収入	介護保険法第62条に規定する市町村特別給付による収入をいう。
	受託収入	介護保険法に基づく又は関連する受託事業収入をいう。
	その他の事業収入	介護保険事業と一体的に行われる障害者自立支援法に基づく居宅介護サービス費、訪問看護療養費等に係る収入をいう。

② 費用科目

　指導指針及び社会福祉法人会計基準における介護保険事業の収益に関する勘定科目として、[図表2] が示されています。

[図表2] 費用科目

勘定科目		説明
大区分	中区分	
人件費	役員報酬	法人役員に支払う報酬、諸手当をいう。
	職員俸給	常勤職員に支払う俸給をいう。
	職員諸手当	常勤職員に支払う諸手当をいう
	非常勤職員給与	非常勤職員に支払う給与をいう。
	退職金	法人又は施設等の職員退職給与制度により退職給与として支払う金額をいう。
	退職共済掛金	法人又は施設等が加入している退職共済制度に基づいて、法人又は施設等が負担する掛金をいう。
	法定福利費	法令に基づいて事業主が負担する健康保険料、厚生年金保険料、雇用保険料等の費用をいう。

経費（直接介護費）	給食材料費	食材及び食品の費用をいう。（なお、給食業務を外部委託している施設又は事業所にあっては、材料費を計上すること。）
	介護用品費	利用者の処遇に直接使用するおむつ、タオル等の介護用品の費用をいう。
	教養娯楽費	利用者のための新聞雑誌等の購読、娯楽用品の購入及び行楽演芸会等の実施のための費用をいう。
	医薬品費	利用者のための施設内又は事業所内の医療に要する医薬品、衛生材料等の費用をいう。
	日用品費	利用者に現物で給付する身のまわり品、化粧品などの日用品（介護用品を除く。）の費用をいう。
	被服費	利用者の衣類、寝具等（介護用品及び日用品を除く。）の購入のための費用をいう。
	消耗器具備品費	利用者の処遇に直接使用する介護用品以外の消耗品、器具備品で、固定資産の購入に該当しない費消額をいう。
	保健衛生費	利用者の健康診断の実施、施設内又は事業所内の消毒等に要する費用及び医療機関で診療を受けたときの費用をいう。
	車輌費	乗用車、送迎用自動車等の燃料費、車輌検査等の費用をいう。
	光熱水費	電気、ガス、水道等の使用料をいう。
	燃料費	灯油、重油等の燃料費（自動車等の燃料費を除く。）をいう。
	本人支給金	利用者に小遣い、その他の経費として現金支給するための費用をいう。
	葬祭費	利用者が死亡したときの葬祭に要する費用をいう。
（一般管理費）	福利厚生費	役員・職員の健康診断その他福利厚生のための費用をいう。
	旅費交通費	業務に係る役員・職員の出張旅費及び交通費をいう。
	研修費	役員・職員に対する教育訓練に直接要する費

		用をいう。
	通信運搬費	電話、電報、ファックスの使用料及び切手代、葉書代その他通信・運搬に要する費用をいう。
	事務消耗品費	事務用に必要な器具什器のうち、固定資産の購入に該当しないものの費消額をいう。
	印刷製本費	事務用に必要な書類、諸用紙、関係資料などの印刷及び製本に要する費用をいう。
	広報費	施設及び事業所の広告料、パンフレット作成等に要する費用をいう。
	会議費	会議時における茶菓子代、食事代等の費用をいう。
	修繕費	建物、器具及び備品等の修繕又は模様替の費用をいう。ただし、建物、器具及び備品を改良し、耐用年数を延長させるような資本的支出を含まない。
	保守料	建物附属設備、各種機器等の保守・点検料等をいう。
	賃借料	器具備品等のリース料・レンタル料・事業所等の借上等の賃料をいう。
	保険料	火災保険料、自動車損害賠償責任保険料等の費用をいう。
	渉外費	創立記念日等の式典、慶弔、広報活動（広報費に属する費用を除く。）等に要する費用をいう。
	諸会費	各種組織への加盟等に伴う会費、負担金等の費用をいう。
	租税公課	施設又は事業所が負担する租税公課をいう。
	委託費	洗濯、清掃、夜間警備及び給食（給食材料費を除く。）など施設の業務の一部を他に委託するための費用（保守料を除く。）をいう。
	雑費	前記のいずれの勘定科目にも属さない費用をいう。
利用者負担軽減額	利用者負担軽減額	利用者負担を軽減した場合の利用者負担軽減額をいう。

減価償却費	減価償却費	固定資産の減価償却の額をいう。
徴収不能額	徴収不能額	金銭債権のうち徴収不能として処理した額をいう。
引当金繰入	徴収不能引当金繰入	徴収不能引当金に繰り入れる額をいう。
	賞与引当金繰入	賞与引当金に繰り入れる額をいう。
	退職給与引当金繰入	退職給与引当金に繰り入れる額をいう。

第 **3** 節

費用の配分（按分）

1 共通費用の配分方法

　共通費用の具体的な科目及び配分方法の例は［**図表1**］のとおりです（会計区分通知4）。ただし、これによりがたい場合は、実態に即した合理的な配分方法によることとしても差し支えありません。

　また、科目が［**図表1**］に示すものにない場合は、適宜、類似の科目の考え方を基に配分して差し支えありません。

　なお、どのような配分方法を用いたか分かるように記録しておくことが必要です（［図表2］）。

［**図表1**］ **共通費用の配分方法**

種　　　類	想定される勘定科目	按　分　方　法
給与費	・介護職員・医師・看護師給与等常勤職員給与 ・介護職員・医師・看護師給与等の非常勤職員給与 ・退職給付費用 ・法定福利費	勤務時間割合により区分。 （困難な場合は次の方法により按分） ・職種別人員配置割合 ・看護・介護職員人員配置割合 ・届出人員割合 ・延利用者数割合
材料費	・介護用品費	各事業の消費金額により区分。

	・医薬品費 ・施設療養材料費 ・施設療養消耗器具備品費 ・診療材料費 ・医療消耗器具備品費	（困難な場合は次の方法により按分） ・延利用者数割合 ・各事業別収入割合
	・給食費 ・給食用材料費	実際食数割合により区分。 （困難な場合は次の方法により按分） ・延利用者数割合 ・各事業別収入割合
	その他の材料費	延利用者数割合により按分 （困難な場合は各事業別の収入割合により按分）
経費	・福利厚生費 ・職員被服費	給与費割合により区分。 （困難な場合は延利用者数割合により按分）
	・旅費交通費 ・通信費（通信運搬費） ・交際費 ・諸会費 ・雑費 ・渉外費	・延利用者割合 ・職種別人員配置割合 ・給与割合
	・器具什器費 ・消耗品費 ・消耗器具備品費 ・事務用消耗品費 ・保健衛生費 ・被服費 ・教養娯楽費 ・日用品費 ・広報費	各事業の消費金額により区分。 （困難な場合は延利用者数割合により按分）
	車両費	使用高割合により区分。 （困難な場合は次の方法により按分） ・送迎利用者数割合 ・延利用者数割合
	会議費	会議内容により事業個別費として区分。 （困難な場合は延利用者数割合により按分）

	・光熱水費 ・水道光熱費 ・燃料費	メーター等による測定割合により区分。 （困難な場合は建物床面積割合により按分）
	修繕費（修繕維持費）	建物修繕は、当該修繕部分により区分、建物修繕以外は事業個別費として按分 （困難な場合は、建物床面積割合で按分）
	・賃借料 ・地代家賃等 ・土地・建物賃借料	賃貸物件特にリース物件については、その物件の使用割合により区分。 （困難な場合は、建物床面積割合により按分）
	保険料	・建物床面積割合により按分 ・自動車関係は送迎利用者数割合又は使用高割合で、損害保険料等は延利用者数割合により按分
	租税公課	・建物床面積割合により按分 ・自動車関係は送迎利用者数割合又は使用高割合で按分 ・消費税等については、課税売上の割合で按分
	保守料	保守契約対象物件の設置場所等に基づき事業個別費として区分。 （困難な場合は延利用者数割合により按分）
委託費	委託費（寝具） 　　　　（給食） 　　　　（その他）	各事業の消費金額により区分。 （困難な場合は延利用者数割合により按分） ・延利用者数割合 ・実際食数割合 ・建物床面積割合 ・延利用者数割合
研修費	・謝金 ・図書費 ・旅費交通費 ・研修雑費 ・研究材料費	研修内容等、目的、出席者等の実態に応じて、事業個別費として区分。 （困難な場合は、延利用者数割合により按分）

減価償却費	・建物減価償却費 ・建物附属設備減価償却費 ・構築物減価償却費	建物床面積割合により区分。 （困難な場合は、延利用者数割合により按分）
	医療用器械備品減価償却費	使用高割合により区分。 （困難な場合は、延利用者数割合により按分）
	車両船舶減価償却費	使用高割合により区分。 （困難な場合は、延利用者数割合により按分）
	その他の器械備品減価償却費	使用高割合により区分。 （困難な場合は、延利用者数割合により按分）
	・その他の有形固定資産減価償却費 ・無形固定資産減価償却費	延利用者数割合により按分
徴収不能額	徴収不能額	各事業の個別発生金額により区分。 （困難な場合は各事業別収入割合により按分）
引当金繰入額	・退職給付費用（退職給与引当金繰入） ・賞与引当金繰入	給与費割合により区分 （困難な場合は延利用者数割合により按分）
	徴収不能引当金繰入	事業毎の債権金額に引当率を乗じた金額に基づき区分。 （困難な場合は、延利用者数割合により按分）
支払利息	支払利息	事業借入目的の借入金に対する期末残高割合により区分。 （困難な場合は、次の方法により按分） ・借入金が主として土地建物の取得の場合は建物床面積割合 ・それ以外は、延利用者数割合

※　上記［図表１］はその後の改正にあわせて適宜著者により加筆・修正を加えています。

[図表 2] 按分方法の説明

(別紙 6)

(1)　「執務時間割合」「職種別人員配置割合」「看護・介護職員割合」及び「届出人員割合」

職　　種	合　　計	医療等の介護外の事業	介 護 保 険 事 業					
			計					
管理者又は施設長								
医師								
看護職員 （看護師（士）、准看護師（士））								
介護職員 （介護福祉士を含む）								
生活・相談指導員 （社会福祉士も含む）								
理学療法士								
作業療法士								
医療技術員								
栄養士								
調理員（調理師を含む）								
事務職員								
上記以外の職員								
合　　計								
割　　合	100%							

ア　施設あるいは事業所の単位で、勤務表や業務日報等から「執務時間」を記入する方法を「執務時間割合」による按分という。
イ　「執務時間割合」の集計が困難な場合は「実際配置人員」で記入することもできる。
　①　上記表の合計欄の割合で按分する方法を「職種別人員割合」という。
　②　看護職員及び介護職員の職種の欄の合計の割合で按分する方法を「看護・介護職員配置割合」という。
ウ　「執務時間」を「届出人員」で記入し、按分する方法を「届出人員割合」という。
エ　各職種の給与ごとにアの方法で記入した割合で各職種別に按分する方法もある。

(2)　建物床面積割合

諸　室　面　積		合計	医療等の介護外の事業	介 護 保 険 事 業					
				計					
居室・療養室・病室	専用	㎡	㎡	㎡	㎡	㎡	㎡	㎡	㎡
	共用								
計									
診療室	専用								
	共用								

	計							
機能訓練室	専用							
	共用							
	計							
談話室	専用							
	共用							
	計							
食堂	専用							
	共用							
	計							
浴室	専用							
	共用							
	計							

2　具体的な配分例

　指定介護老人福祉施設とそれ以外のサービス区分へ共通費を延利用者数割合により配分します。

　ただし、指定介護老人福祉施設や指定短期入所生活介護のような毎日24時間サービスを提供するものと指定通所介護のように利用時間が限られるサービスとでは、1人ごとの利用者のサービス提供時間が異なります。このため、単純に延利用者数で配分することは適当でないので、利用時間に応じて割合を調整することが必要になります。

〈例〉延利用者数割合　（水道光熱費：2,640,000円）

サービス	①指定介護老人福祉施設	②指定短期入所生活介護	③指定通所介護
延利用者数	1,000人	100人	300人
1人当たりの1日の平均利用時間	24時間	24時間	8時間

平均利用時間で調整した延利用者数	1,000人 ×24時間／24時間 ＝1,000人	100人 ×24時間／24時間 ＝100人	300人 ×8時間／24時間 ＝100人

［平均利用時間で調整した延利用者の総数］
　1,000人　＋　100人　＋　100人　＝　1,200人

［配分額］
① 指定介護老人福祉施設
　2,640,000円　×　1,000人／1,200人＝　2,200,000円

② 指定短期入所生活介護
　2,640,000円　×　100人／1,200人＝　　　220,000円

③ 指定通所介護
　2,640,000円　×　100人／1,200人＝　　　220,000円

③ 配分（按分）のタイミング

　共通費用を配分（按分）するタイミングとしては、「年度末一括按分」、「半期又は四半期一括按分」、「月次一括按分」、「個別取引仕訳按分」が考えられます。

　これらのメリット・デメリットは［図表3］のとおりです。

　また、勘定科目によって、これらのタイミングを併用して会計処理を行うことも考えられます。

［図表3］配分（按分）のタイミング

	メリット	デメリット
年度末一括按分	期中の按分処理が不要であるので会計処理が簡潔	事業ごとの期中の予算対比、実績把握が困難
半期又は四半期一括按分	毎月の按分処理ではないので会計処理の負担が少ない	半期又は四半期の期間でしか事業ごとの予算対比、実績把握が困難

| 月次一括按分 | 事業ごとの毎月の予算対比、実績把握が可能 | 毎月按分処理を行うため会計処理が煩雑 |
| 個別取引仕訳按分 | 事業ごとの精度の高い毎月の予算対比、実績把握が可能 | 個々の取引ごとに按分するため会計処理が非常に煩雑 |

 決算における配分の手続き

　決算において、共通費用の配分を行う場合、[**図表４**] の手続きを経る必要があります。

[**図表４**]

	手続き	項目
1	決算整理仕訳	・未収金、未払金の計上 ・経過勘定（前払費用等）の振替 ・期末棚卸資産の計上 ・減価償却費の計上 ・退職給付費用、引当金の計上
2	消費税等	消費税の課税事業者である場合、未払消費税等を計上
3	共通費用の配分	上記手続きが完了していることを確認して配分

第3章

介護事業の財務分析

第1節

財務分析の概要

1 財務分析の目的と活用

① 財務分析の目的と会計の活用

会計の目的は、大きく分けて2つあります。

第1の目的は、財務諸表の開示による利害関係者による情報の提供です。

株式会社などの営利法人にあっては、その法人の株主、融資金融機関、取引先、従業員等にその法人の財政状態及び経営成績を財務諸表によって情報開示します。

社会福祉法人などの非営利法人にあっては、寄附者、社員、融資金融機関等、又は活動の財源を国や地方公共団体から受け入れている場合は広く納税者である国民にその法人の財政状態及び事業活動を財務諸表によって情報開示します。

第2の目的は、経営者自身へ報告することで、より良く経営を行うことです。

経営者自身が法人の財政状態及び経営成績又は事業活動の状況を適時に的確に把握することで、事業を計画し、実行し、その検証を行い、対策を立てる一連の経営活動を行うことができます。

この第2の目的のためのツールとして「財務分析」があります。

②　財務分析の活用と限界
ア　財務分析の活用と方法

　財務分析とは、法人の財務諸表である貸借対照表及び損益計算書の数値や従事員数等のその他の数値を用いて、収益性、安全性、生産性（合理性、効率性）、成長性などを分析することをいいます。

　この分析は、単に比率等の分析値を算出することが目的ではなく、この分析値について次のような比較を行うことにより、自社の業界での立ち位置、すなわち「強み」、「弱み」を把握し、将来の自社の方向性を決定する経営計画等の作成の資料とするものです。

　(ⅰ)　時系列分析

　　自社の過去から現在までの毎年度の分析値を並べて比較して分析する方法をいいます。

　(ⅱ)　他社比較分析

　　自社と同じ年度の分析値と同業他社の分析値とを比較して分析する方法をいいます。

　(ⅲ)　ベンチマーク

　　自社が目標とする優良他社の分析値を指標として、自社の分析値を比較して自社を改善する方法をいいます。

イ　財務分析の限界

　財務分析は経営分析の一部であり、財務諸表の会計数値から行うものですから、会計数値以外の定量データである、業務量、達成度や単価の分析などには向きません。また、サービスの評価、顧客満足度、社員満足度などの定性データの分析はできません。

　したがって、財務分析とその他の分析を行い、その相関関係などから、経営の改善すべき点を見つけていくことになります。

　財務分析のための会計用語

　財務分析を行うに当たって必要な会計の用語には、次のようなものがあります。

①　損益計算書関係

　損益計算書に関する用語は［図表１］のとおりです。

［図表１］損益計算書に関する用語

用語	意義
損益計算書	損益計算書は、企業の経営成績を明らかにするため、一会計期間に属するすべての収益とこれに対応するすべての費用とを記載して経常利益を表示し、これに特別損益に属する項目を加減して当期純利益を表示します。 　なお、次に掲げる法人については、それぞれに掲げる財務諸表が損益計算書に相当します。 ・社会福祉法人……事業活動計算書 ・公益法人会計基準を適用する一般社団法人・一般財団法人等 　……正味財産増減計算書 ・特定非営利活動法人（NPO 法人）……活動計算書
人件費 （給与費）	役員報酬、職員の給料・賞与、退職給付費用及び社会保険料の事業主負担分である法定福利費をいいます。介護事業の調査では一般的に法定福利費以外の福利厚生費は含みません。
減価償却費	建物、建物附属設備、機械装置、器具備品、車両運搬具などの資産は、一般的には時の経過等によってその価値が減少していきます。このような資産の取得に要した金額は、取得した時に全額費用するのは収益との対応から適当ではなく、その資産の使用可能期間の全期間にわたり分割して費用としていくべきものです。この費用のことを「減価償却費」といいます。
委託費	洗濯、清掃、夜間警備及び給食（給食材料費を除く）など施設の業務の一部を他に委託するための費用をいいます。ただし、社会福祉法人では保守料を含みません。
営業利益	営業利益は、営業損益計算の区分において、その企業の営業活動から生ずる費用及び収益から計算します。具体的には一会計期間に属する売上高と売上原価とを記載して売上総利益を計算し、これから販売費及び一般管理費を控除して表示します。

	なお、次に掲げる法人については、それぞれに掲げるものが営業利益に相当します。 ・社会福祉法人……サービス活動増減差額 ・公益法人会計基準を適用する一般社団法人・一般財団法人等……なし ・特定非営利活動法人（NPO 法人）……なし
経常利益	経常利益は、経常損益計算の区分において、営業損益計算の結果を受けて、利息及び割引料、有価証券売却損益その他営業活動以外の原因から生ずる損益であって特別損益に属しないものを加減して計算します。具体的には営業利益に営業外収益を加え、これから営業外費用を控除して表示します。 　なお、次に掲げる法人については、それぞれに掲げるものが営業利益に相当します。 ・社会福祉法人……経常増減差額 ・公益法人会計基準を適用する一般社団法人・一般財団法人等……当期経常増減差額 ・特定非営利活動法人（NPO 法人）……なし
当期純利益	当期純利益は、経常損益計算の結果を受けて、固定資産売却益等の特別利益と固定資産売却損、災害による損失等の特別損益を加減し、さらに当期の負担に属する法人税額、住民税額等を控除して計算します。具体的には経常利益に特別利益を加え、これから特別損失を控除して表示し、さらに税引前当期純利益から当期の負担に属する法人税額、住民税額等を控除して表示します。 　なお、次に掲げる法人については、それぞれに掲げるものが営業利益に相当します。 ・社会福祉法人……当期活動増減差額 ・公益法人会計基準を適用する一般社団法人・一般財団法人等……当期一般正味財産増減額 ・特定非営利活動法人（NPO 法人）……当期正味財産増減額

②　貸借対照表関係

　貸借対照表に関する用語は［図表２］のとおりです。

［図表２］貸借対照表に関する用語

用語	意義
貸借対照表	貸借対照表は、企業の財政状態を明らかにするため、貸借対照表日（決算日）におけるすべての資産、負債及び純資産を記載し表示したものをいいます。

資産（総資産、総資本）	資産とは、貨幣価値で評価が可能で、かつ将来的に企業に収益をもたらすことが期待される経済的価値の総称をいいます。資産の部は流動資産、固定資産及び繰延資産に区分されます。総資産、総資本とも呼ばれます。
流動資産	流動資産には、現金預金、市場性のある有価証券で一時的所有のもの、取引先との通常の商取引によって生じた受取手形、売掛金等の債権、商品、製品、半製品、原材料、仕掛品等のたな卸資産及び期限が 1 年以内に到来する債権及び前払費用で 1 年以内に費用となるものが属します。
固定資産	固定資産は、有形固定資産、無形固定資産及び投資その他の資産に区分されます。 　建物、構築物、機械装置、船舶、車両運搬具、工具器具備品、土地、建設仮勘定等は有形固定資産に属します。 　営業権、特許権、地上権、商標権等は、無形固定資産に属します。 　子会社株式その他流動資産に属しない有価証券、出資金、長期貸付金並びに有形固定資産、無形固定資産及び繰延資産に属するもの以外の長期資産は、投資その他の資産に属します。
負債	負債とは、将来的に、他の経済主体に対して、金銭などの経済的資源を引き渡す義務の総称をいいます。金融機関等の債権者から調達したものが中心になることから「他人資本」とも呼ばれます。負債の部は流動負債及び固定負債に区分されます。
流動負債	流動負債には、取引先との通常の商取引によって生じた支払手形、買掛金等の債務及び期限が 1 年以内に到来する債務が属します。また、引当金のうち、賞与引当金のように、通常 1 年以内に使用される見込のものは流動負債に属します。
固定負債	固定負債には、社債、長期借入金等の長期債務が属します。また、引当金のうち、退職給付引当金のように、通常 1 年を超えて使用される見込のものは、固定負債に属します。
純資産（正味財産）	純資産とは、資産と負債の差額をいいます。企業の株主から調達したもので、株主の持分になることから「自己資本」とも呼ばれます。 　なお、法人の種別によって、純資産の内訳は次のようになります。 ・株式会社……株主資本（資本金、資本剰余金、利益剰余金）、評価・換算差額等、新株予約権 ・社会福祉法人……基本金、国庫補助金等特別積立金、その他の積立金、次期繰越活動増減差額 ・公益法人会計基準を適用する一般社団法人・一般財団法人等

　　　　　……指定正味財産、一般正味財産、基金
・特定非営利活動法人（NPO 法人）……正味財産

 財務分析の主な指標

　財務分析の主な指標については、**[図表 3]** に掲げたものがあります。

[図表 3] 財務分析の主な指標

指標		計算式		定義
収益性	営業利益率（％）	$\dfrac{営業利益}{売上高}$	↑	売上高に対する営業利益の割合
	経常利益率（％）	$\dfrac{経常利益}{売上高}$	↑	売上高に対する経常利益の割合
	純利益率（％）	$\dfrac{当期純利益}{売上高}$	↑	売上高に対する当期純利益の割合
安定性	流動比率（％）	$\dfrac{流動資産}{流動負債}$	↑	流動負債に対する流動資産の割合
	当座比率（％）	$\dfrac{現金預金・売掛金等}{流動負債}$	↑	流動負債に対する当座資産の割合
	自己資本（純資産）比率（％）	$\dfrac{純資産}{総資産}$	↑	総資産に占める純資産の割合
	固定長期適合率（％）	$\dfrac{固定資産}{純資産＋固定負債}$	↓	純資産及び固定負債に対する固定資産の割合
	固定比率（％）	$\dfrac{固定資産}{純資産}$	↓	純資産に対する固定資産の割合
	債務償還年数（年）	$\dfrac{借入金残高合計}{経常利益＋減価償却費}$	↓	キャッシュ・フローに対する期末の借入金残高の割合
合理性	人件費比率（％）	$\dfrac{人件費}{売上高}$	↓	売上高に対する人件費の割合
	減価償却費比率（％）	$\dfrac{減価償却費}{売上高}$	↓	売上高に対する減価償却費の割合
	委託費比率（％）	$\dfrac{委託費}{売上高}$	↓	売上高に対する委託費の割合
	支払利息率（％）	$\dfrac{支払利息}{売上高}$	↓	売上高に対する支払利息の割合

効率性	総資産（総資本） 経常利益率（%）	$\dfrac{経常利益}{総資産}$	↑	総資産に対する経常利益の割合 （経常利益率×総資産回転率）
	総資産（総資本） 回転率（回）	$\dfrac{売上高}{総資産}$	↑	総資産に対する売上高の割合
成長性	売上高増加率（%）	$\dfrac{当期売上高－前期売上高}{前期売上高}$	↑	前期の売上高に対する当期の売上高の増加した割合
	経常利益増加率（%）	$\dfrac{当期経常利益－前期経常利益}{前期経常利益}$	↑	前期の経常利益に対する当期の経常利益の増加した割合
生産性	利用者 1 人当たり 売上高（円）	$\dfrac{売上高}{延利用者数}$	↑	延利用者 1 人当たり売上高
	社員 1 人当たり 売上高（円）	$\dfrac{売上高}{常勤換算職員数}$	↑	常勤換算職員 1 人当たり売上高
	利用者 1 人当たり 人件費（円）	$\dfrac{人件費}{延利用者数}$	↑	延利用者 1 人当たり人件費
	社員 1 人当たり 人件費（円）	$\dfrac{人件費}{常勤換算職員数}$	↑	常勤換算職員 1 人当たり人件費
	利用者 1 人当たり 経常利益（円）	$\dfrac{経常利益}{延利用者数}$	↑	延利用者 1 人当たり経常利益
	社員 1 人当たり 経常利益（円）	$\dfrac{経常利益}{常勤換算職員数}$	↑	常勤換算職員 1 人当たり経常利益

　計算式の矢印については、↑は指標が高いほどよく、↓は指標が低いほど良いことを表します。

　主な指標の説明と改善方法

　財務分析の主な指標の内容についての説明と指標の改善方法は、次のとおりです。

①　収益性分析

ア　営業利益率（%）

　通常の営業活動における収益力を示す指標です。この指標がマイナスの場合は、いわゆる赤字であり、その事業は採算が取れていないことになります。

　この指標を改善する方法としては、次のようなものが考えられます。

・介護サービスの単価を引き上げる

・介護サービスに直接要する費用（変動費）を引き下げる

・合理性の各指標を引き下げる

　なお、公益法人会計基準等や後述の介護事業経営実態調査では営業利益の表示がありません。分析のため営業利益を算出する場合、経常利益に受取利息等の運用益や支払利息等を加減して求めることになります。

イ　経常利益率（％）

　通常の営業活動における利益に財務コスト（利息）の負担を考慮した収益力を示す指標です。営業利益率がプラスで、この指標がマイナスの場合は有利子負債による投資成果が得られていない状況になっています。

　この指標を改善する方法としては、次のようなものが考えられます。

・営業利益率を改善する

・支払利息率を引き下げる

・撤退を含めた事業やサービスの見直しを行う

ウ　純利益率（％）

　企業や事業における最終的な収益力を示す指標です。

　この指標の改善方法は、経常利益率の場合と同様になります。

②　安定性分析
ア　流動比率（％）

　短期的な支払義務に対する支払能力を示す指標です。一般的にこの指標は200％以上が望ましいとされ、100％未満の場合は資金不足に陥っています。

　この指標を改善する方法としては、次のようなものが考えられます。

・売掛債権等の債権の回収期間を短縮する

・商品等の棚卸資産を圧縮する

・買入債務等の債務の支払期間を伸長する

イ　当座比率（％）

　当座資産（現金預金、有価証券、売掛債権、未収金、短期貸付金）による支払能力を示す指標です。この指標が100％未満の場合は運転資金の不足に陥っていて、非常に危険な状態です。

　この指標の改善方法は、流動比率の場合と同様になります。

ウ　自己資本（純資産）比率（％）

　返済不要な資産（自己資本）による経営の継続可能性から安全性を示す指標です。この指標が高いほど経営破綻の可能性が低く安全といえますが、非常に高い場合は借入金等の他人資本を有効に活用ができておらず成長性が低いとみなされることがあります。

　この指標を改善する方法としては、次のようなものが考えられます。
・負債を圧縮する
・資産と負債を同時に圧縮する
・増資等により純資産を増加させる

エ　固定長期適合率（％）

　長期的な資金による投資の状況から安全性を示す指標です。この指標が100％を超える場合は短期に返済を要する資金で固定資産の取得を行っており、危険な経営状態となっています。

　この指標を改善する方法としては、次のようなものが考えられます。
・長期借入金や社債等の固定負債を増加させる
・増資等により純資産を増加させる

オ　固定比率（％）

　返済不要な資産（自己資本）による投資の状況から安全性を示す指標です。この指標が100％を超える場合は負債（他人資本）により固定資

産の取得を行っており、この指標が非常に高い場合は経営環境の変化により危険な経営状態となるおそれがあります。

　この指標を改善する方法としては、次のようなものが考えられます。

・負債を圧縮させる

・増資等により純資産を増加させる

カ　債務償還年数（年）

　営業活動で獲得される資金によって借入金を何年で返済できるかを示す指標です。この指標が10年を超える場合は実質的に借入金の完済が不能となるおそれがあり、金融機関から経営改善計画の作成が求められることがあります。

　この指標を改善する方法としては、次のようなものが考えられます。

・営業利益を増加させる

・負債を圧縮させる

・増資等により純資産を増加させる

③　合理性分析

ア　人件費比率（％）

　人件費の収益に占める割合を示す指標です。介護事業は一般的に労働集約型産業で人件費は経営上の最も大きな要素であり、収益に大きく影響します。この指標は、職員数、給与水準及び外部委託や派遣の割合によって変動します。

　この指標を改善する方法としては、次のようなものが考えられます。

・職員配置を適正化する

・給与水準を標準化する

・外部委託や派遣を活用する

イ　減価償却費比率（％）

　設備投資に係るコストの収益に占める割合を示す指標です。減価償却

費は初期投資により金額が固定されるため、事実上改善の余地がありません。したがって、投資判断を慎重に行う必要があります。

ウ　委託費比率（%）

　外部委託の費用の収益に占める割合を示す指標です。介護事業では洗濯、清掃、夜間警備及び給食などの業務の一部を他に委託する場合が多いため、人件費に次いで経営上の大きな要素であり、収益性に影響します。一般的には人件費とトレードオフの関係になります。

　この指標を改善する方法としては、次のようなものが考えられます。

・外部委託をやめて内製化する

・委託単価を適正化する

・外部委託先の選定を適正に行う

エ　支払利息率（%）

　借入コストの適正性を示す指標です。この指標が営業利益率を超える場合は、投資成果が得られていない状況になっています。

　この指標を改善する方法としては、次のようなものが考えられます。

・支払利率を引き下げる

・借入金を圧縮する

④　効率性分析

ア　総資産（総資本）経常利益率（%）

　利益獲得に対する資産の効率性を示す指標です。企業や事業の経営総合力を示す指標ともいえ、経常利益率と総資産（総資本）回転率の積算で計算されることから、これらの指標を分析することで業種の特性や改善点を知ることができます。

総資産（総資本）経常利益率　＝　経常利益率　×　総資産（総資本）回転率

　この指標を改善する方法としては、次のようなものが考えられます。

・総資産（総資本）回転率を改善する

・経常利益率を改善する

イ　総資産（総資本）回転率（回）

　資産が効率的に活用されているかを示す指標です。この指標は一般に労働集約型産業では高く、設備集約型産業では低くなります。ただし、介護事業では施設経営を行う場合は低くなります。

　この指標を改善する方法としては、次のようなものが考えられます。

・売上高を増加させる

・資産を圧縮する

⑤　成長性分析
ア　売上高増加率（％）

　前年度からの売上高の増加割合を示す指標です。いわゆる「昨対」といわれるものです。

　この指標を改善する方法としては、次のようなものが考えられます。

・顧客単価を増加させる

・販売数量を増加させる

イ　経常利益増加率（％）

　前年度からの経常利益の増加割合を示す指標です。

　この指標の改善方法は、経常利益率と同様になります。

⑥　生産性分析
ア　利用者 1 人当たり売上高（円）

　顧客単価を示す指標です。介護事業は主な収益が公定価格であるため、この指標の同業者間の格差は大きくありません。

　この指標を改善する方法としては、次のようなものが考えられます。

・単価の高いサービスの購入を促す

・複数のサービスの購入を促す

・顧客単価の高い利用者にシフトする

イ　社員１人当たり売上高（円）

　労働生産性を示す指標です。サービスを向上させるため職員数を増やすと、この指標は低下します。

　この指標の改善方法は、人件費率の場合と同様になります。

ウ　利用者（社員）１人当たり人件費（円）

　人件費単価を示す指標です。この指標が高く、人件費率が低いことが経営的には理想です。介護事業では恒常的な人材不足から、業界全体で上昇傾向にあります。

　この指標を改善する方法としては、次のようなものが考えられます。

・常勤職員の定着率を向上させる

・常勤職員と非常勤職員の割合を適正化する

エ　利用者１人当たり経常利益（円）

　利用者１人当たりの収益力を示す指標です。一般的に消費財の販売・製造業では低く、資本財や嗜好品の販売・製造業では高くなります。

オ　社員１人当たり経常利益（円）

　社員１人当たり労働生産性を示す指標です。

　この指標と利用者１人当たり経常利益とのバランスを考えて、経営の改善を図る必要があります。

具体的な財務分析

1 財務分析のための資料収集

　財務分析を行うには、まず、財務諸表等の法人の内部資料と比較分析を行うための外部の調査統計資料を準備する必要があります。

① 内部資料

　法人の内部資料やデータとしては次のようなものがあり、おおむね過去５年から10年程度を準備します。

　　ア　財務諸表（貸借対照表、損益計算書等）
　　イ　定員、利用者数、職員数データ
　　ウ　社員の職種・勤務体系別賃金統計

② 外部資料

　比較分析のための外部資料は介護事業に特化している調査統計もありますが、会計数値が網羅されていなかったり、有償のものや非売品となっているものもあります。

　主な調査統計資料しては、次のようなものがあります。

ア　介護事業経営実態調査統計表

　介護保険の各サービス施設・事業所の経営状態を把握し、次期介護保険制度の改正及び介護報酬の改定に必要な基礎資料を得ることを目的として、3 年ごとに厚生労働省が実施いている政府統計調査の結果の統計表です。

　サンプル数が非常に多く、経営主体、地域、規模別のサンプルも多く、統計の精度は高いものと考えられます。

　ただし、統計表の内容は主に損益状況と職種別人件費であるため、貸借対照表の数値を用いる効率性の分析には使えません。

　統計表は、下記の URL からダウンロードできます。

https://www.e-stat.go.jp/stat-search/files?page=1&toukei=00450372&tstat=000001032972

イ　SC Research Report

　独立行政法人福祉医療機構経営サポートセンターが、同機構の融資先法人のデータに基づき分析を行い、その結果を報告したものです。

　融資先法人の詳細なデータに基づく分析であり、件数も多いため、統計の精度は非常に高いものと考えられます。

　ただし、融資先法人が非営利法人が多くなっているため、経営主体が偏っており、また、報告の時期が調査年度からおおむね 2 年程度を要しています。

　SC Research Report は、下記の URL からダウンロードできます。

https://www.wam.go.jp/wamappl/scresearch.nsf/aMenu?Open

ウ　TKC 経営指標（BAST）

　TKC 全国会会員である税理士・公認会計士が関与先である企業・法人の巡回監査した会計データに基づいて業種、規模、黒字・赤字の別などを分析した指標です。介護事業に関連する「社会福祉法人経営指標（S-BAST）」、「TKC 医業経営指標（M-BAST）」もあります。

　介護事業経営実態調査と比較して、サンプル数は少ないものの、貸借対照表の数値やこれを用いた分析値も掲載されています。

　ただし、TKC経営指標は非売品であり、データ提供をしたTKC全国会員である税理士・公認会計士からのみ入手することができます。

　なお、「TKC月次指標（月次BAST）」については、ユーザ登録をすることにより無償で利用することができます。

② 介護事業経営実態調査

① 概　要

　介護事業経営実態調査とは、厚生労働省が介護保険の各サービス施設・事業所の経営状態を把握し、次期介護保険制度の改正及び介護報酬の改定に必要な基礎資料を得ることを目的として行われるものです。

　調査票の財務状況に関する内容は、会計区分通知に示されている会計区分及び勘定科目によっています。

　調査は平成14年から３年ごとに実施され、直近では令和２年に実施されました。

　令和２年の調査状況、回収状況は **［図表１］** のとおりです。

［図表１］ 令和２年度介護事業経営実態調査の概要

令和２年度介護事業経営実態調査の概要

○　調査概要
　　目　　　　的：各サービス施設・事業所の経営状況を把握し、次期介護保険制度の
　　　　　　　　　改正及び介護報酬の改定に必要な基礎資料を得る。
　　調 査 時 期：令和２年５月（令和元年度決算を調査）
　　調査客体数：31,773施設・事業所
　　調 査 事 項：サービス提供の状況、居室・設備等の状況、職員配置・給与、収入
　　　　　　　　　の状況、支出の状況　等
　　抽 出 方 法：調査対象サービスごとに、層化無作為抽出法により1／1〜1／20
　　　　　　　　　で抽出

○　回収状況

サービス種類	調査客体数 (A)	有効回答数 (B)	有効回答率 (B)／(A)
介護老人福祉施設	2,132	1,442	67.6%
介護老人保健施設	1,196	630	52.7%
介護療養型医療施設	287	107	37.3%
※介護医療院	199	88	44.2%
訪問介護	2,961	1,299	43.9%
訪問入浴介護	841	433	51.5%
訪問看護	1,017	450	44.2%
訪問リハビリテーション	1,965	619	31.5%
通所介護	2,214	1,193	53.9%
通所リハビリテーション	1,500	623	41.5%
短期入所生活介護	1,448	785	54.2%
特定施設入居者生活介護	1,269	497	39.2%
福祉用具貸与	3,219	1,134	35.2%
居宅介護支援	1,782	768	43.1%
定期巡回・随時対応型訪問介護看護	747	320	42.8%
※夜間対応型訪問介護	123	44	35.8%
地域密着型通所介護	1,697	606	35.7%
認知症対応型通所介護	1,539	636	41.3%
小規模多機能型居宅介護	2,562	1,144	44.7%
認知症対応型共同生活介護	1,187	469	39.5%
地域密着型特定施設入居者生活介護	316	156	49.4%
地域密着型介護老人福祉施設	1,126	718	63.8%
看護小規模多機能型居宅介護	446	215	48.2%
合計	31,773	14,376	45.2%

注：サービス名に「※」のあるサービスについては、集計施設・事業所数が少な
　　く、集計結果に個々のデータが大きく影響していると考えられるため、参考数

値として公表している。

○　留意事項
・計数のない場合は「－」、計数を表章することが不適当な場合は「…」と表記している。
・数値については、それぞれの表章単位未満で四捨五入しているため、内訳の合計が総数に一致しない場合がある。

出典：「令和 2 年度介護事業経営実態調査結果」（厚生労働省）

②　統計表
ア　統計表の種類

　[図表 2] のとおり、令和 2 年度の介護事業経営実態調査の結果は、令和 3 年 3 月31日に公表されており、施設又は事業別に統括表が、参考表として「地域区分別」、「経営主体別」、「規模別」、「ユニット別」（93種類）が提供されています。

[図表 2]

統計表		集計事項
総括表		
	第 1 表	介護老人福祉施設　1 施設・事業所当たり収支額、収支等の科目
	第 2 表	介護老人保健施設　1 施設・事業所当たり収支額、収支等の科目
	第 3 表	介護療養型医療施設　1 施設・事業所当たり収支額、収支等の科目
	第 4 表	介護医療院　1 施設・事業所当たり収支額、収支等の科目
	第 5 表	訪問介護　1 施設・事業所当たり収支額、収支等の科目
	第 6 表	訪問入浴介護　1 施設・事業所当たり収支額、収支等の科目
	第 7 表	訪問看護　1 施設・事業所当たり収支額、収支等の科目
	第 8 表	訪問リハビリテーション　1 施設・事業所当たり収支額、収支等の科目
	第 9 表	通所介護　1 施設・事業所当たり収支額、収支等の科目
	第10表	通所リハビリテーション　1 施設・事業所当たり収支額、収支等の科目
	第11表	短期入所生活介護　1 施設・事業所当たり収支額、収支等の科目
	第12表	特定施設入居者生活介護　1 施設・事業所当たり収支額、収支等の科目
	第13表	福祉用具貸与　1 施設・事業所当たり収支額、収支等の科目
	第14表	居宅介護支援　1 施設・事業所当たり収支額、収支等の科目
	第15表	定期巡回・随時対応型訪問介護看護　1 施設・事業所当たり収支額、収支等の科目

第16表	夜間対応型訪問介護　1施設・事業所当たり収支額、収支等の科目
第17表	地域密着型通所介護　1施設・事業所当たり収支額、収支等の科目
第18表	認知症対応型通所介護　1施設・事業所当たり収支額、収支等の科目
第19表	小規模多機能型居宅介護　1施設・事業所当たり収支額、収支等の科目
第20表	認知症対応型共同生活介護　1施設・事業所当たり収支額、収支等の科目
第21表	地域密着型特定施設入居者生活介護　1施設・事業所当たり収支額、収支等の科目
第22表	地域密着型介護老人福祉施設　1施設・事業所当たり収支額、収支等の科目
第23表	看護小規模多機能型居宅介護　1施設・事業所当たり収支額、収支等の科目

(参考表)

地域区分別

第24表	介護老人福祉施設　1施設・事業所当たり収支額、収支等の科目、地域区分別
第25表	介護老人保健施設　1施設・事業所当たり収支額、収支等の科目、地域区分別
第26表	介護療養型医療施設　1施設・事業所当たり収支額、収支等の科目、地域区分別
第27表	介護医療院　1施設・事業所当たり収支額、収支等の科目、地域区分別
第28表	訪問介護　1施設・事業所当たり収支額、収支等の科目、地域区分別
第29表	訪問入浴介護　1施設・事業所当たり収支額、収支等の科目、地域区分別
第30表	訪問看護　1施設・事業所当たり収支額、収支等の科目、地域区分別
第31表	訪問リハビリテーション　1施設・事業所当たり収支額、収支等の科目、地域区分別
第32表	通所介護　1施設・事業所当たり収支額、収支等の科目、地域区分別
第33表	通所リハビリテーション　1施設・事業所当たり収支額、収支等の科目、地域区分別
第34表	短期入所生活介護　1施設・事業所当たり収支額、収支等の科目、地域区分別
第35表	特定施設入居者生活介護　1施設・事業所当たり収支額、収支等の科目、地域区分別
第36表	福祉用具貸与　1施設・事業所当たり収支額、収支等の科目、地域区分別
第37表	居宅介護支援　1施設・事業所当たり収支額、収支等の科目、地域区分別
第38表	定期巡回・随時対応型訪問介護看護　1施設・事業所当たり収支額、収支等の科目、地域区分別
第39表	夜間対応型訪問介護　1施設・事業所当たり収支額、収支等の科目、地域区分別
第40表	地域密着型通所介護　1施設・事業所当たり収支額、収支等の科目、地域区分別
第41表	認知症対応型通所介護　1施設・事業所当たり収支額、収支等の科目、地域区分別
第42表	小規模多機能型居宅介護　1施設・事業所当たり収支額、収支等の科目、地域区分別
第43表	認知症対応型共同生活介護　1施設・事業所当たり収支額、収支等の科目、地域区分別
第44表	地域密着型特定施設入居者生活介護　1施設・事業所当たり収支額、収支等の科目、地域区分別
第45表	地域密着型介護老人福祉施設　1施設・事業所当たり収支額、収支等の科目、地域区分別

第46表	看護小規模多機能型居宅介護　1 施設・事業所当たり収支額、収支等の科目、地域区分別
経営主体別	
第47表	介護老人福祉施設　1 施設・事業所当たり収支額、収支等の科目、経営主体別
第48表	介護老人保健施設　1 施設・事業所当たり収支額、収支等の科目、経営主体別
第49表	介護療養型医療施設　1 施設・事業所当たり収支額、収支等の科目、経営主体別
第50表	介護医療院　1 施設・事業所当たり収支額、収支等の科目、経営主体別
第51表	訪問介護　1 施設・事業所当たり収支額、収支等の科目、経営主体別
第52表	訪問入浴介護　1 施設・事業所当たり収支額、収支等の科目、経営主体別
第53表	訪問看護　1 施設・事業所当たり収支額、収支等の科目、経営主体別
第54表	訪問リハビリテーション　1 施設・事業所当たり収支額、収支等の科目、経営主体別
第55表	通所介護　1 施設・事業所当たり収支額、収支等の科目、経営主体別
第56表	通所リハビリテーション　1 施設・事業所当たり収支額、収支等の科目、経営主体別
第57表	短期入所生活介護　1 施設・事業所当たり収支額、収支等の科目、経営主体別
第58表	特定施設入居者生活介護　1 施設・事業所当たり収支額、収支等の科目、経営主体別
第59表	福祉用具貸与　1 施設・事業所当たり収支額、収支等の科目、経営主体別
第60表	居宅介護支援　1 施設・事業所当たり収支額、収支等の科目、経営主体別
第61表	定期巡回・随時対応型訪問介護看護　1 施設・事業所当たり収支額、収支等の科目、経営主体別
第62表	夜間対応型訪問介護　1 施設・事業所当たり収支額、収支等の科目、経営主体別
第63表	地域密着型通所介護　1 施設・事業所当たり収支額、収支等の科目、経営主体別
第64表	認知症対応型通所介護　1 施設・事業所当たり収支額、収支等の科目、経営主体別
第65表	小規模多機能型居宅介護　1 施設・事業所当たり収支額、収支等の科目、経営主体別
第66表	認知症対応型共同生活介護　1 施設・事業所当たり収支額、収支等の科目、経営主体別
第67表	地域密着型特定施設入居者生活介護　1 施設・事業所当たり収支額、収支等の科目、経営主体別
第68表	地域密着型介護老人福祉施設　1 施設・事業所当たり収支額、収支等の科目、経営主体別
第69表	看護小規模多機能型居宅介護　1 施設・事業所当たり収支額、収支等の科目、経営主体別
規模別	
第70表	介護老人福祉施設　1 施設・事業所当たり収支額、収支等の科目、定員規模別
第71表	介護老人保健施設　1 施設・事業所当たり収支額、収支等の科目、定員規模別
第72表	介護療養型医療施設　1 施設・事業所当たり収支額、収支等の科目、定員規模別
第73表	介護医療院　1 施設・事業所当たり収支額、収支等の科目、定員規模別

第74表	訪問介護　1 施設・事業所当たり収支額、収支等の科目、延べ訪問回数階級別
第75表	訪問入浴介護　1 施設・事業所当たり収支額、収支等の科目、延べ訪問回数階級別
第76表	訪問看護　1 施設・事業所当たり収支額、収支等の科目、延べ訪問回数階級別
第77表	訪問リハビリテーション　1 施設・事業所当たり収支額、収支等の科目、延べ訪問回数階級別
第78表	通所介護　1 施設・事業所当たり収支額、収支等の科目、延べ利用者数階級別
第79表	通所リハビリテーション　1 施設・事業所当たり収支額、収支等の科目、延べ利用者数階級別
第80表	短期入所生活介護　1 施設・事業所当たり収支額、収支等の科目、延べ利用者数階級別
第81表	特定施設入居者生活介護　1 施設・事業所当たり収支額、収支等の科目、実利用者数階級別
第82表	福祉用具貸与　1 施設・事業所当たり収支額、収支等の科目、実利用者数階級別
第83表	居宅介護支援　1 施設・事業所当たり収支額、収支等の科目、実利用者数階級別
第84表	定期巡回・随時対応型訪問介護看護　1 施設・事業所当たり収支額、収支等の科目、実利用者数階級別
第85表	夜間対応型訪問介護　1 施設・事業所当たり収支額、収支等の科目、延べ訪問回数階級別
第86表	地域密着型通所介護　1 施設・事業所当たり収支額、収支等の科目、延べ利用者数階級別
第87表	認知症対応型通所介護　1 施設・事業所当たり収支額、収支等の科目、延べ利用者数階級別
第88表	小規模多機能型居宅介護　1 施設・事業所当たり収支額、収支等の科目、実利用者数階級別
第89表	認知症対応型共同生活介護　1 施設・事業所当たり収支額、収支等の科目、定員規模別
第90表	地域密着型特定施設入居者生活介護　1 施設・事業所当たり収支額、収支等の科目、実利用者数階級別
第91表	地域密着型介護老人福祉施設　1 施設・事業所当たり収支額、収支等の科目、定員規模別
第92表	看護小規模多機能型居宅介護　1 施設・事業所当たり収支額、収支等の科目、実利用者数階級別
ユニット別	
第93表	介護老人福祉施設　1 施設当たり収支額、収支等の科目、ユニット別

出典：「令和 2 年度介護事業経営実態調査」（厚生労働省）を一部加工

イ　統計表の内容と形式

　統計表には、サービス提供の状況、居室・設備等の状況、職員配置・給与、収入の状況等について集計結果が表示されています。

　統計表は、書式がない Excel のワークシート（[図表3]）と書式が設定されている閲覧用の Excel のワークシート（[図表4]）の形式で提供されており、ダウンロードできます。

　これらのワークシートは加工可能のため、自社の財務分析に利用することができます。

[図表3] 第1表　介護老人福祉施設　1施設・事業所当たり収支額、収支等の科目

			平成29年度 実態調査	令和元年度 概況調査	令和元年度 概況調査	令和2年度 実態調査
			平成28年度決算	平成29年度決算	平成30年度決算	令和元年度決算
時間軸コード			2016100000	2017100000	2018100000	2019100000
(一)介護事業収益	(1)介護料収入	円	19880799	20661761	21031133	21043916
(一)介護事業収益	(2)保険外の利用料	円	5649953	5565397	5602596	5910755
(一)介護事業収益	(3)補助金収入	円	90867	85066	91021	91019
(一)介護事業収益	(4)介護報酬査定減	円	−1383	−1017	−1633	−2772
(二)介護事業費用	(1)給与費	円	16572788	16809245	17014899	17201903
(二)介護事業費用	(1)給与費（比率）		0.646	0.638	0.636	0.636
(二)介護事業費用	(2)減価償却費	円	2174104	2283331	2263715	2368457
(二)介護事業費用	(2)減価償却費（比率）		0.085	0.087	0.085	0.088
(二)介護事業費用	(3)国庫補助金等特別積立金取崩額	円	−913560	−887987	−848685	−883776
(二)介護事業費用	(4)その他	円	7091812	7381157	7556262	7657281
(二)介護事業費用	(4)その他（比率）		0.277	0.28	0.283	0.283
(二)介護事業費用	(4)その他　うち委託費	円	1719959	1844436	1912127	2042430
(二)介護事業費用	(4)その他　うち委託費（比率）		0.067	0.07	0.072	0.075
(三)介護事業外収益	(1)借入金補助金収入	円	22890	17832	15598	17706
(四)介護事業外費用	(1)借入金利息	円	160924	158007	146860	146250
(五)特別損失	(1)本部費繰入	円	159586	150235	126812	142841
収入(ア)=(一)+(三)		円	25643126	26329040	26738715	27060624
支出(イ)=(二)+(四)+(五)		円	25245654	25893988	26259863	26632957
差引(ウ)=(ア)−(イ)		円	397472	435052	478852	427667
差引(ウ)=(ア)−(イ)（比率）			0.016	0.017	0.018	0.016
法人税等		円	−	−	−	−

法人税等（比率）				−	−	−	−
法人税等差引(エ)=(ウ)−法人税等			円	397472	435052	478852	427667
法人税等差引(エ)=(ウ)−法人税等（比率）				0.016	0.017	0.018	0.016
有効回答数				1340	1257	1257	1442
a 設備資金借入金元金償還金支出			円	1150883	1126815	1093701	1051347
b 長期運営資金借入金元金償還金支出			円	94846	92320	85525	107122
参考：((エ)+(二)(2)+(二)(3))−(a+b)			円	412288	611261	714656	753879
定員			人	68.8	−	69.8	69.7
延べ利用者数			人	2099.7	−	2141.4	2134.4
常勤換算職員数			人	46.2	−	45.3	45.9
常勤率				0.836	−	0.813	0.814
看護・介護職員常勤換算数			人	35.1	−	34.3	34.8
看護・介護職員常勤率				0.854	−	0.83	0.836
常勤換算 1 人当たり給与費	常勤	看護師	円	436985	−	435753	422652
常勤換算 1 人当たり給与費	常勤	准看護師	円	396601	−	392459	382542
常勤換算 1 人当たり給与費	常勤	介護福祉士	円	367217	−	378344	376422
常勤換算 1 人当たり給与費	常勤	介護職員	円	347941	−	363128	357169
常勤換算 1 人当たり給与費	非常勤	看護師	円	395075	−	384199	375894
常勤換算 1 人当たり給与費	非常勤	准看護師	円	360576	−	343942	349664
常勤換算 1 人当たり給与費	非常勤	介護福祉士	円	280256	−	289671	289180
常勤換算 1 人当たり給与費	非常勤	介護職員	円	265776	−	266419	269732
利用者 1 人当たり収入			円	12213	−	12487	12678
利用者 1 人当たり支出			円	12024	−	12263	12478
常勤換算職員 1 人当たり給与費			円	355798	−	362429	357834
看護・介護職員（常勤換算） 1 人当たり給与費			円	345385	−	354654	350110
常勤換算職員 1 人当たり利用者数			人	1.5	−	1.5	1.5
看護・介護職員（常勤換算） 1 人当たり利用者数			人	2	−	2	2

※　比率は収入に対する割合である。

※　1 施設・事業所当たり収支額は、決算額を 12 で除した値を掲載している。

※　各項目の数値は、それぞれ表章単位未満で四捨五入しているため、内訳の合計が総数に一致しない場合等がある。

出典：「令和 2 年度介護事業経営実態調査」（厚生労働省）を一部加工

［図表4］第1表　介護老人福祉施設　1施設・事業所当たり収支額、収支等の科目（閲覧用）

		令和元年度概況調査		令和2年度実態調査	平成29年度実態調査
		平成29年度決算	平成30年度決算	令和元年度決算	平成28年度決算
		千円	千円	千円	千円
Ⅰ　介護事業収益	(1)介護料収入	20,662	21,031	21,044	19,881
	(2)保険外の利用料	5,565	5,603	5,911	5,650
	(3)補助金収入	85	91	91	91
	(4)介護報酬審査定減	−1	−2	−3	−1
Ⅱ　介護事業費用	(1)給与費	16,809　63.8%	17,015　63.6%	17,202　63.6%	16,573　64.6%
	(2)減価償却費	2,283　8.7%	2,264　8.5%	2,368　8.8%	2,174　8.5%
	(3)国庫補助金等特別積立金取崩額	−888	−849	−884	−914
	(4)その他	7,381　28.0%	7,556　28.3%	7,657　28.3%	7,092　27.7%
	うち委託費	1,844　7.0%	1,912　7.2%	2,042　7.5%	1,720　6.7%
Ⅲ　介護事業外収益	(1)借入金補助金収入	18	16	18	23
Ⅳ　介護事業外費用	(1)借入金利息	158	147	146	161
Ⅴ　特別損失	(1)本部費繰入	150	127	143	160
収入　①＝Ⅰ＋Ⅲ		26,329	26,739	27,061	25,643
支出　②＝Ⅱ＋Ⅳ＋Ⅴ		25,894	26,260	26,633	25,246
差引　③＝①−②		435　1.7%	479　1.8%	428　1.6%	397　1.6%
法人税等		−	−	−	−
法人税等差引　④＝③−法人税等		435　1.7%	479　1.8%	428　1.6%	397　1.6%
有効回答数		1,257	1,257	1,442	1,340

※　比率は収入に対する割合である。
※　各項目の数値は、決算額を12で除した値を掲載している。
※　各項目の数値は、それぞれ表章単位未満で四捨五入しているため、内訳の合計が総数に一致しない場合等がある。

	平成29年度決算	平成30年度決算	令和元年度決算	平成28年度決算
a　設備資金借入金元金償還支出	1,127	1,094	1,051	1,151
b　長期運営資金借入金元金償還支出	92	86	107	95
参考：((④＋Ⅱ(2)＋Ⅱ(3))−(a＋b)	611	715	754	412

			平成30年度決算	令和元年度決算	平成28年度決算
定員			69.8人	69.7人	68.8人
延べ利用者数			2,141.4人	2,134.4人	2,099.7人
常勤換算職員数（常勤率）			45.3人　81.3%	45.9人　81.4%	46.2人　83.6%
看護・介護職員常勤換算数（常勤率）			34.3人　83.0%	34.8人　83.6%	35.1人　85.4%
常勤換算1人当たり給与費					
	常勤	看護師	435,753円	422,652円	436,985円
		准看護師	392,459円	382,542円	396,601円
		介護福祉士	378,344円	376,422円	367,217円
		介護職員	363,128円	357,169円	347,941円
	非常勤	看護師	384,199円	375,894円	395,075円
		准看護師	343,942円	349,664円	360,576円
		介護福祉士	289,671円	289,180円	280,256円
		介護職員	266,419円	269,732円	265,776円

	平成30年度決算	令和元年度決算	平成28年度決算
利用者1人当たり収入	12,487円	12,678円	12,213円
利用者1人当たり支出	12,263円	12,478円	12,024円
常勤換算職員1人当たり給与費	362,429円	357,834円	355,798円
看護・介護職員（常勤換算）1人当たり給与費	354,654円	350,110円	345,385円
常勤換算職員1人当たり利用者数	1.5人	1.5人	1.5人
看護・介護職員（常勤換算）1人当たり利用者数	2.0人	2.0人	2.0人

出典：「令和2年度介護事業経営実態調査」（厚生労働省）を一部加工

3　主要な介護サービスの財務分析

　指定介護老人福祉施設について、介護事業経営実態調査の統計表を加工して分析を行ったものが［**図表 5**］になります。

［図表 5］介護老人福祉施設の分析例

		自法人					令和2年度実態調査		平成29年度実態調査			令和元年度決算比較		
		令和元年度決算		平成28年度決算		伸び率	令和元年度決算		平成28年度決算		伸び率	差額	対比	
		千円	比率	千円	比率		千円	比率	千円	比率		千円		
Ⅰ　介護事業収益	(1)介護料収入	21,031		20,662		101.8%	21,044		19,881		105.9%	−13	99.9%	
	(2)保険外の利用料	5,603		5,565		100.7%	5,911		5,650		104.6%	−308	94.8%	
	(3)補助金収入	91		85		107.0%	91		91		100.2%	0	100.0%	
	(4)介護報酬査定減	−2		−1		160.6%	−3		−1		200.4%	1	58.9%	
Ⅱ　介護事業費用	(1)給与費	17,015	63.6%	16,809	63.8%	101.2%	17,202	63.6%	16,573	64.6%	103.8%	−187	98.9%	Ⓔ
	(2)減価償却費	2,264	8.5%	2,203	0.7%	99.1%	2,360	0.0%	2,174	0.5%	100.9%	105	95.6%	Ⓗ
	(3)国庫補助金等特別積立金取崩額	−849		−888		95.6%	−884		−914		96.7%	35	96.0%	
	(4)その他	7,556	28.3%	7,381	28.0%	102.4%	7,657	28.3%	7,092	27.7%	108.0%	−101	98.7%	
	うち委託費	1,912	7.2%	1,844	7.0%	103.7%	2,042	7.5%	1,720	6.7%	118.7%	−130	93.6%	Ⓘ
Ⅲ　介護事業外収益	(1)借入金補助金収入	16		18		87.5%	18		23		77.4%	−2	88.1%	
Ⅳ　介護事業外費用	(1)借入金利息	147		158		92.9%	146		161		90.9%	1	100.4%	
Ⅴ　特別損失	(1)本部費繰入	127		150		84.4%	143		160		89.5%	−16	88.8%	
収入　①＝Ⅰ＋Ⅲ		26,739		26,329		101.6%	27,061		25,643		105.5%	−322	98.8%	Ⓐ
支出　②＝Ⅱ＋Ⅳ＋Ⅴ		26,260		25,894		101.4%	26,633		25,246		105.5%	−373	98.6%	
差引　③＝①−②		479	1.8%	435	1.7%	110.1%	428	1.6%	397	1.6%	107.6%	51	112.0%	Ⓓ
法人税等		−	−	−	−	−	−	−	−	−	−	−	−	
法人税等差引　④＝③−法人税等		479	1.8%	435	1.7%	110.1%	428	1.6%	397	1.6%	107.6%	51	112.0%	
利用者1人当たり収入		12,487円		12,297円		101.5%	12,678円		12,213円		103.8%	−191円	98.5%	Ⓑ
常勤換算職員1人当たり給与費		362,429円		358,054円		101.2%	357,834円		355,798円		100.6%	4,595円	101.3%	Ⓕ
定員		60.0人		60.0人			69.7人		68.8人					
延べ利用者数		2,141.4人		2,141.4人			2,134.4人		2,099.7人			Ⓒ		
常勤換算職員数（常勤率）		45.3人		45.3人			45.9人		46.2人			Ⓖ		

※　比率は収入に対する割合
※　各項目の数値は、決算額を12で除した値
※　各項目の数値は、それぞれ表章単位未満で四捨五入しているため、内訳の合計が総数に一致しない場合等がある。

ア　成長性分析

　［**図表 5**］のⒶの伸び率が、売上高増加率に相当します。分析例では、自法人の増加率が実態調査の増加率より低くなっています。

　売上高は、「単価×数量」で構成されています。このため、その原因が単価であるⒷ「利用者 1 人当たり収入」にあるのか、数量であるⒸ

「延べ利用者数」にあるのかを比較することで分析することができます。

イ　収益性分析・合理性分析

　Ⓓの比率が経常利益率に相当します。分析例では、自法人の利益率が実態調査の利益率より低くなっています。

　経常利益は、売上高から費用を控除して計算します。このため、売上高に対する費用の割合が低ければ、経常利益率は向上します。

　介護事業の費用のうち最も大きな割合を占めるのは人件費であることから、Ⓔの給与費の比率（人件費率）を実態調査と比較して分析します。この場合、Ⓕ「常勤換算職員１人当たり給与費」とⒼ「常勤換算職員数（常勤率）」を実態調査と比較することで、人件費率に与える影響を分析できます。

　また、介護事業の費用のうち比較的大きな割合を占める減価償却費と委託費についても同様に、Ⓗ「減価償却費率」やⒾ「委託費率」を実態調査と比較して分析します。

④ 消費税に係る介護保険サービスにおける費用構造分析

　令和元年10月から消費税の標準税率が８％から10％に引き上げられました。

　介護事業における主たる収入である介護報酬は利用者の負担を含め、消費税は非課税になっています。一方で、介護事業における物品購入等の費用に含まれる消費税は引き上げられることから、介護報酬がそのままでは事業者の収益は圧迫されることになります。

　このため、令和元年10月に介護報酬も引き上げ改定が行われました。この際、その引き上げ率を決定するため、介護サービスごとに消費税が課税される費用と課税されない費用（非課税）の売上に対する割合を介護事業経営実態調査から推計しました。その結果（[図表６]）が公表されています。

[図表６] 介護保険サービスにおける費用構造推計の結果

		①非課税費用 (収支差額を含む)	②課税費用	③減価償却費	②、③の合計
1	介護老人福祉施設※	84.1	14.1	1.8	15.9
2	介護老人保健施設※	77.0	18.4	4.6	23.0
3	介護療養型医療施設※	70.8	25.8	3.3	29.2
4	訪問介護（介護予防を含む）	83.5	15.4	1.2	16.5
5	訪問入浴介護（介護予防を含む）	75.6	23.0	1.4	24.4
6	訪問看護（介護予防を含む）	83.9	14.8	1.3	16.1
7	訪問リハビリテーション（介護予防を含む）	71.0	25.8	3.2	29.0
8	通所介護（介護予防を含む）※	75.9	19.9	4.2	24.1
9	通所リハビリテーション（介護予防を含む）※	75.8	20.5	3.7	24.2
10	短期入所生活介護（介護予防を含む）※	85.1	13.4	1.5	14.9
11	特定施設入居者生活介護（介護予防を含む）※	76.8	22.4	0.8	23.2
12	福祉用具貸与（介護予防を含む）	44.7	51.8	3.5	55.3
13	居宅介護支援	84.1	14.7	1.2	15.9
14	定期巡回・随時対応型訪問介護看護	88.0	10.9	1.0	12.0
15	夜間対応型訪問介護	81.5	17.0	1.5	18.5
16	地域密着型通所介護	72.0	23.7	4.2	28.0
17	認知症対応型通所介護（介護予防を含む）※	78.4	17.8	3.9	21.6
18	小規模多機能型居宅介護（介護予防を含む）※	79.3	16.4	4.3	20.7
19	認知症対応型共同生活介護（介護予防を含む）※	86.1	13.1	0.8	13.9
20	地域密着型特定施設入居者生活介護※	82.9	15.7	1.4	17.1
21	地域密着型介護老人福祉施設入所者生活介護※	85.5	11.6	2.9	14.5
22	看護小規模多機能型居宅介護※	76.3	18.7	5.0	23.7
全 体		79.0	18.4	2.7	21.0

（注１）平成29年度介護事業経営実態調査（以下「調査」という。）の結果数値等を用いて推計。
（注２）※を付したサービスについては、保険給付対象外の費用（建物及び建物付属設備減価償却費、給食材料費等）を除い
　　　て算出しているため、調査結果の数値と異なる。
（注３）全体については、総費用額に対するサービス毎の費用額の構成比に基づいて算出した加重平均値である。

出典：厚生労働省ホームページ（第166回社会保障審議会介護給付費分科会（平成30年12月
　　　12日）資料２　介護保険サービス等に関する消費税の取扱いについて P.7）

　この消費税に係る介護保険サービスにおける費用構造を自社における
サービスの費用構造と比較分析することにより、課税される費用の削
減、改善に役立てることが考えられます。

第**4**章

介護事業の税務

第 1 節

法人税

1 普通法人課税と収益事業課税

① 普通法人

　株式会社等の公共法人や公益法人等に該当しない法人（以下「普通法人」といいます。）は、法人税を納める義務があります（法法4①）。

　介護保険事業は社会福祉事業等の公益性の高い事業ですが、普通法人については、他の事業と併せて、法人税の申告をして納税する必要があります。

② 公益法人等と収益事業課税

　営利を目的としないものとして法人税法別表第2に掲げる公益法人等（以下「公益法人等」といいます。）については、収益事業を行う場合に限り、法人税を納める義務があります（法法2六、4①ただし書）。

　したがって、公益法人等は、その行う事業に介護保険事業を含め、収益事業に該当するものがある場合は、収益事業に該当する事業について、法人税の申告をして納税する必要があります。

③　非営利型法人

　一般社団法人及び一般財団法人は、非営利型法人に該当する場合に限り、公益法人等に該当します（法法別表第2）。

　この非営利型法人とは、[**図表1**]に掲げるいずれかの要件を全て満たす法人をいいます（法法2九の二、法令3①②）。

[図表1] 非営利型法人

法人の型 要件	その行う事業により利益を得ること又はその得た利益を分配することを目的としない法人であってその事業を運営するための組織が適正であるもの（非営利徹底型）	その会員から受け入れる会費により当該会員に共通する利益を図るための事業を行う法人であってその事業を運営するための組織が適正であるもの（共益型）
①目的	－	その会員の相互の支援、交流、連絡その他の当該会員に共通する利益を図る活動を行うことをその主たる目的としていること。
②会費の定め	－	その定款（定款に基づく約款その他これに準ずるものを含む。）に、その会員が会費として負担すべき金銭の額の定め又は当該金銭の額を社員総会若しくは評議員会の決議により定める旨の定めがあること。
③収益事業	－	その主たる事業として収益事業を行っていないこと。
④剰余金の分配の禁止	その定款に剰余金の分配を行わない旨の定めがあること。	その定款に特定の個人又は団体に剰余金の分配を受ける権利を与える旨の定めがないこと。
⑤残余財産の分配の制限	その定款に解散したときはその残余財産が国若しくは地方公共団体又は次に掲げる法人に帰属する旨の定めがあること。	その定款に解散したときはその残余財産が特定の個人又は団体（国若しくは地方公共団体、左欄ア又はイに掲げる法人又はその目的と類似の目的

	ア　公益社団法人又は公益財団法人 イ　公益社団法人及び公益財団法人の認定等に関する法律第 5 条第17号イからトまで（公益認定の基準）に掲げる法人	を有する他の一般社団法人若しくは一般財団法人を除く。）に帰属する旨の定めがないこと。
⑥特別の利益の供与の禁止	④及び⑤の定款の定めに反する行為（④、⑤及び⑦に掲げる要件の全てに該当していた期間において、剰余金の分配又は残余財産の分配若しくは引渡し以外の方法（合併による資産の移転を含む。）により特定の個人又は団体に特別の利益を与えることを含む。）を行うことを決定し、又は行ったことがないこと。	①〜⑤及び⑦に掲げる要件の全てに該当していた期間において、特定の個人又は団体に剰余金の分配その他の方法（合併による資産の移転を含む。）により特別の利益を与えることを決定し、又は与えたことがないこと。
⑦同一親族の理事就任の制限	各理事（清算人を含む。）（注 1 ）について、その理事及びその理事の配偶者又は三親等以内の親族その他のその理事と特殊の関係のある者（注 2 ）である理事の合計数の理事の総数のうちに占める割合が、 3 分の 1 以下であること。	

（注 1 ）使用人（職制上使用人としての地位のみを有する者に限ります。）以外の者でその一般社団法人又は一般財団法人の経営に従事しているものは、その一般社団法人又は一般財団法人の理事とみなします（法令 3 ③）。
（注 2 ）理事と特殊の関係のある者は、次の者をいいます（法規 2 の 2 ①）。
　一　その理事（清算人を含む。）の配偶者
　二　その理事の三親等以内の親族
　三　その理事と婚姻の届出をしていないが事実上婚姻関係と同様の事情にある者
　四　その理事の使用人
　五　一〜四に掲げる者以外の者で当該理事から受ける金銭その他の資産によって生計を維持しているもの
　六　三〜五に掲げる者と生計を一にするこれらの者の配偶者又は三親等以内の親族

2　介護サービス事業と収益事業

①　収益事業の種類

　法人税法における収益事業とは、販売業、製造業その他の政令で定める事業で、継続して事業場を設けて行われるものをいいます（法法 2 十

三）。

　具体的には、[図表 2] に掲げる34業種（以下「特掲事業」という。）をいいます（法令 5）。

[図表 2]　法人税法上の収益事業

1．物品販売業	12．出版業	23．浴場業
2．不動産販売業	13．写真業	24．理容業
3．金銭貸付業	14．席貸業	25．美容業
4．物品貸付業	15．旅館業	26．興行業
5．不動産貸付業	16．料理店業その他の飲食店業	27．遊技所業
6．製造業	17．周旋業	28．遊覧所業
7．通信業	18．代理業	29．医療保健業
8．運送業	19．仲立業	30．技芸教授業
9．倉庫業	20．問屋業	31．駐車場業
10．請負業	21．鉱業	32．信用保証業
11．印刷業	22．土石採取業	33．無体財産提供業
		34．労働者派遣業

②　介護保険事業

　介護保険事業の大部分は社会福祉事業であるか公益事業であるかにかかわらず、「医療保健業」に該当します。

　ただし、福祉用具貸与のような事業は、「医療保健業」ではなく「物品貸付業」になることから、法人税の収益事業に該当し、課税されることになります（法令 5①四）。

　介護保険事業の社会福祉法上の位置づけと法人税法上の収益事業との関係は [図表 3] のとおりです（介護保険法 8①⑭㉔、8 の 2①⑯、社会福祉法 2②三、③四・十、法令 5①一・四・二十九、平成12.6.8 課法 2-5、平成28.7.29付厚生労働省事務連絡）。

［図表３］介護保険事業と収益事業

介護保険法上の事業	社会福祉法上の事業	法人税法上の収益事業
介護老人福祉施設、地域密着型介護老人福祉施設入所者生活介護	特別養護老人ホーム	医療保健業
介護老人保健施設	介護老人保健施設	医療保健業
介護医療院	介護医療院	医療保健業
訪問介護、定期巡回・随時対応型訪問介護看護、夜間対応型訪問介護	老人居宅介護等事業	医療保健業
通所介護、地域密着型通所介護、認知症対応型通所介護	老人デイサービス事業老人デイサービスセンター	医療保健業
短期入所生活介護、介護予防短期入所生活介護	老人短期入所事業老人短期入所施設	医療保健業
小規模多機能型居宅介護	小規模多機能型居宅介護事業	医療保健業
認知症対応型共同生活介護	認知症対応型老人共同生活援助事業	医療保健業
複合型サービス（看護小規模多機能型居宅介護)	複合型サービス福祉事業	医療保健業
訪問入浴介護、訪問看護、訪問リハビリテーション、居宅療養管理指導、通所介護、通所リハビリテーション、短期入所生活介護、短期入所療養介護、特定施設入居者生活介護、介護予防訪問入浴介護、介護予防訪問看護、介護予防訪問リハビリテーション、介護予防居宅療養管理指導、介護予防通所リハビリテーション、介護予防短期入所生活介護、介護予防短期入所療養介護、介護予防特定施設入居者生活介護、居宅介護支援、介護予防支援、地域密着型特定	公益事業	医療保健業

施設入居者生活介護		
福祉用具貸与、介護予防福祉用具貸与	公益事業	物品貸付業
特定福祉用具販売、特定介護予防福祉用具販売	公益事業 収益事業（物品販売業）	物品販売業

③　介護予防・日常生活支援総合事業

　平成28年4月からの改正介護保険法の施行に伴い、市町村は、被保険者の要介護状態等となることの予防又は要介護状態等の軽減若しくは悪化の防止及び地域における自立した日常生活の支援のための施策を総合的かつ一体的に行うため、厚生労働省令で定める基準に従って、地域支援事業として、介護予防・日常生活支援総合事業を行うことになりました（介護保険法115の45①）。

　第1号事業はこれまで予防給付として実施されていた介護予防訪問介護及び介護予防通所介護の各サービスを地域支援事業に移行させるとともに、それらに係る介護予防支援を介護予防支援事業として位置づけたものであり、新たなサービスを提供するものでなく、医療保健面でのケアを必要とするのが通例である要支援者等を対象として、要介護状態等となることの予防又は要介護状態等の軽減若しくは悪化の防止及び地域における自立した日常生活の支援のため、医療との連携を図りつつ実施されるものであり、これらは、ケアプランの策定過程等を通じて確保されるなど、その基本的考え方に変更はありません。

　したがって、第1号事業は法人税法上、医療保健業として取り扱われるため、社会福祉法人がこれらの事業を行う場合は法人税の課税対象になりません。

　ただし、地域支援事業は、各市町村が地域の実情に応じてサービスの内容等を定めることができるものであり、第1号事業を実施する者が自らの営む事業の実態に応じて、医療保健業ではなく請負業等に該当するものと判断することもできるものされています（平成28.7.29付厚生労働

省事務連絡）。

③　公益法人等別の収益事業課税

　介護サービス事業を行う主な公益法人等ごとの収益事業課税は、次のとおりです。

①　社会福祉法人

　社会福祉法人が行う医療保健業は、法人税法上の収益事業に該当しないものとされます（法令5①二十九ロ）。

　ただし、社会福祉法人が「物品貸付業」である福祉用具貸与又は介護予防福祉用具貸与、「物品販売業」である特定福祉用具販売又は特定介護予防福祉用具販売を行う場合、収益事業を行うことになるので、申告納税が必要になります。

②　学校法人

　学校法人が行う医療保健業は、法人税法上の収益事業に該当しないものとされます（法令5①二十九ハ）。

　ただし、学校法人が「物品貸付業」である福祉用具貸与又は介護予防福祉用具貸与、「物品販売業」である特定福祉用具販売又は特定介護予防福祉用具販売を行う場合、収益事業を行うことになるので、申告納税が必要になります。

③　社会医療法人

　医療法人のうち、社会医療法人が行う医療保健業は、法人税法上の収益事業に該当しないものとされます（法令5①二十九チ）。

　ただし、医療法第42条に掲げる附帯業務として行うもの及び第42条の2第1項の規定に基づき収益業務として行うものは収益事業となります。

　このため、介護サービス事業のうち、本来業務に該当するものは収益事業にはなりませんが、附帯業務に該当するものは収益事業になります。

　介護サービス事業がいずれに該当するかは **[図表4]** のとおりです。

[図表4] 本来業務と附帯業務の区分

本来業務	附帯業務
・訪問看護（訪問看護ステーションを除く） ・訪問リハビリテーション（出張所等を除く） ・居宅療養管理指導（訪問看護ステーションを除く） ・通所リハビリテーション ・短期入所療養介護 ・介護予防訪問看護（訪問看護ステーションを除く） ・介護予防訪問リハビリテーション（出張所等を除く） ・介護予防居宅療養管理指導（訪問看護ステーションを除く） ・介護予防通所リハビリテーション ・介護予防短期入所療養介護 ・介護保健施設サービス ・介護医療院サービス ・介護療養施設サービス	・訪問入浴介護 ・訪問看護（訪問看護ステーションに限る） ・訪問リハビリテーション（出張所等に限る） ・居宅療養管理指導（訪問看護ステーションに限る） ・特定施設入居者生活介護 ・福祉用具貸与 ・特定福祉用具販売 ・居宅介護支援 ・介護予防訪問入浴介護 ・介護予防訪問看護（訪問看護ステーションに限る） ・介護予防訪問リハビリテーション（出張所等に限る） ・介護予防居宅療養管理指導（訪問看護ステーションに限る） ・介護予防特定施設入居者生活介護 ・介護予防福祉用具貸与 ・特定介護予防福祉用具販売 ・介護予防支援 ・地域密着型特定施設入居者生活介護 ・介護予防・日常生活支援総合事業 ・訪問介護 ・定期巡回・随時対応型訪問介護看護 ・夜間対応型訪問介護 ・介護予防訪問介護 ・通所介護 ・地域密着型通所介護 ・認知症対応型通所介護 ・介護予防通所介護 ・介護予防認知症対応型通所介護

	・短期入所生活介護 ・介護予防短期入所生活介護 ・小規模多機能型居宅介護 ・介護予防小規模多機能型居宅介護 ・認知症対応型共同生活介護 ・介護予防認知症対応型共同生活介護 ・複合型サービス（看護小規模多機能型居宅介護）

④　公益社団法人・公益財団法人

　公益社団法人又は公益財団法人が行う［図表2］（319ページ）の事業のうち、公益社団法人及び公益財団法人の認定等に関する法律（以下「公益認定法」といいます。）第2条第4号に規定する公益目的事業に該当するものは、法人税法上の収益事業に該当しません（法令5②一）。

　したがって、公益社団法人又は公益財団法人が行う介護保険事業は、それが医療保健業、物品貸付業又は物品販売業に該当するかどうかにかかわらず、公益目的事業に該当するものは法人税法上の収益事業に含まれず、公益認定法第5条第7号の収益事業等として行われるものは、法人税法上の収益事業となるので申告納税が必要になります。

　ただし、一定の地域内の医師又は歯科医師を会員とする公益社団法人で、その残余財産が国又は地方公共団体に帰属すること、当該法人の開設する病院又は診療所が当該地域内の全ての医師又は歯科医師の利用に供されることとなっており、かつ、その診療報酬の額が低廉であることその他の財務省令で定める要件に該当するものが行う医療保健業に該当する介護保険事業は、法人税法上の収益事業に該当しません（法令5①二十九ヲ）。

　また、⑤非営利型法人のイに該当する場合も、法人が行う医療保健業に該当する介護保険事業は、法人税法上の収益事業に該当しません（法令5①二十九ヨ）。

⑤ 非営利型法人

非営利型法人である一般社団法人又は一般財団法人が行う介護保険事業は、医療保健業、物品貸付業又は物品販売業のいずかの法人税法上の収益事業に該当するため、申告納税が必要になります。

ただし、次に掲げる法人が行う医療保健業に該当する介護保険事業は、法人税法上の収益事業に該当しません（法令5①二十九ヲ・ヨ）。

ア 一定の地域内の医師又は歯科医師を会員とする非営利型法人である一般社団法人で、その残余財産が国又は地方公共団体に帰属すること、当該法人の開設する病院又は診療所が当該地域内の全ての医師又は歯科医師の利用に供されることとなっており、かつ、その診療報酬の額が低廉であることその他の財務省令で定める要件に該当するもの

イ ア以外で残余財産が国又は地方公共団体に帰属すること、一定の医療施設を有していること、診療報酬の額が低廉であることその他の財務省令で定める要件に該当する非営利型法人である一般社団法人又は一般財団法人

⑥ 特定非営利活動法人（NPO法人）

特定非営利活動法人は、法人税法その他法人税に関する法令の規定の適用については、法人税法上の公益法人等とみなします（特定非営利活動促進法70①）。

ただし、特定非営利活動法人が行う介護保険事業は、医療保健業、物品貸付業又は物品販売業のいずかの法人税法上の収益事業に該当するため、申告納税が必要になります。

法人税法上の区分経理

① 所得の区分経理

収益事業を行う公益法人等は、収益事業から生ずる所得に関する経理と収益事業以外の事業から生ずる所得に関する経理とを区分して行わな

ければなりません（法令 6 ）。

　この場合の「所得に関する経理」とは、単に収益及び費用に関する経理だけでなく、資産及び負債に関する経理を含みます（法基通15‐2‐1 ）。

　このため、法人税（地方法人税を含む。以下同じ。）の申告に当たっては、原則として、損益計算書（正味財産増減計算書、事業活動計算書等を含みます。以下同じ。）の収益及び費用を収益事業と非収益事業に区分した収益事業区分経理表（[図表 5]）、及び貸借対照表の資産及び負債を収益事業と非収益事業に区分した収益事業区分経理表（[図表 6]）を作成して添付することになります。

[図表 5] 収益事業区分経理表 （損益計算書）

勘定科目	収益事業	非収益事業	内部取引消去	合計
介護保険収益 …… 　その他の事業収益 　　補助金事業収益（公費） 　　受託事業収益（公費） ……	 ××× ×××	 ××× ×××		 ××× ×××
サービス活動収益計	×××	×××		×××
人件費 　役員報酬 …… 事業費 …… 事務費 ……	 ××× 	 ××× 		 ×××
減価償却費	×××	×××		×××
国庫補助金等特別積立金取崩額	△×××	△×××		△×××
サービス活動費用計	×××	×××		×××
サービス活動増減差額	×××	×××		×××
受取利息配当金収益 ……	×××	×××	△×××	×××
サービス活動外収益計	×××	×××	△×××	×××
支払利息 ……	×××	×××	△×××	×××

サービス活動外費用計	×× ×	×× ×		×× ×
サービス活動外増減差額	×× ×	×× ×		×× ×
経常増減差額	×× ×	×× ×		×× ×
施設整備等補助金収益	×× ×	×× ×		×× ×
固定資産受贈額		×× ×		×× ×
事業区分間繰入金収益		×× ×	△×× ×	
事業区分間固定資産移管収益		×× ×	△×× ×	
……				
特別収益計	×× ×	×× ×	△×× ×	×× ×
固定資産売却損・処分損	×× ×	×× ×		×× ×
国庫補助金等特別積立金取崩額（除却等）	△×× ×	△×× ×		△×× ×
国庫補助金等特別積立金積立額	×× ×			×× ×
事業区分間繰入金費用	×× ×		△×× ×	
事業区分間固定資産移管費用	×× ×		△×× ×	
……				
特別費用計	×× ×	×× ×	△×× ×	×× ×
特別増減差額	×× ×	×× ×		×× ×
当期活動増減差額（当期利益）	×× ×	×× ×		×× ×

［図表 6］ 収益事業区分経理表（貸借対照表）

勘定科目	収益事業	非収益事業	内部取引消去	合計
流動資産	×× ×	×× ×		×× ×
現金預金	×× ×	×× ×		×× ×
有価証券	×× ×			×× ×
……				
固定資産	×× ×	×× ×	△×× ×	×× ×
基本財産	×× ×	×× ×		×× ×
土地		×× ×		×× ×
建物		×× ×		×× ×
その他の固定資産		×× ×	△×× ×	×× ×
土地	×× ×	×× ×		×× ×
建物	×× ×	×× ×		×× ×
……				
事業区分間長期貸付金		×× ×	△×× ×	
資産の部合計			△×× ×	
流動負債	×× ×	×× ×		×× ×
事業未払金	×× ×	×× ×		×× ×
……				

固定負債	×××	×××	△×××	×××
設備資金借入金		×××		×××
……				
事業区分間長期借入金	×××		△×××	
負債の部合計	×××	×××	△×××	×××
基本金	×××	×××		×××
国庫補助金等特別積立金	×××	×××		×××
その他の積立金		×××		×××
……		×××		×××
次期繰越活動増減差額	×××	×××		×××
(うち当期活動増減差額)	×××	×××		×××
純資産の部合計	×××	×××		×××
負債及び純資産の部合計	×××	×××	△×××	×××

②　税務上の区分経理と配賦

ア　費用又は損失の区分経理

（ｉ）　直接費

　収益事業について直接要した費用の額又は収益事業について直接生じた損失の額は、収益事業に係る費用又は損失の額として経理します（法基通15-2-5(1)）。

（ⅱ）　共通費の配賦

　収益事業と非収益事業とに共通する費用又は損失の額は、継続的に、資産の使用割合、従業員の従事割合、資産の帳簿価額の比、収入金額の比その他その費用又は損失の性質に応ずる合理的な基準により収益事業と非収益事業とに配賦し、これに基づいて経理します（法基通15-2-5(2)）。

イ　固定資産の区分経理

（ｉ）　固定資産の移管

　公益法人等において非収益事業の用に供していた固定資産を収益事業の用に供することがあります。これにつき収益事業に属する資産として区分経理をする場合には、その収益事業の用に供することとなっ

た時におけるその固定資産の帳簿価額によりその経理を行います（法基通15-2-2前段）。

　この場合において、その固定資産に係る収益事業に区分経理した後の償却限度額の計算については、法人税法の償却方法を変更した場合等の償却限度額の例によることになります（法基通15-2-2（注））。

　ただし、その区分経理に当たってあらかじめその固定資産につき評価換えを行い、その帳簿価額の増額をしたときであっても、その増額はなかったものとされます（法基通15-2-2後段、7-4-3〜7-4-4の2）。

(ii)　共用資産の償却費等

　一の資産が収益事業の用と非収益事業の用とに共用されている場合（それぞれの事業ごとに専用されている部分が明らかな場合を除きます。）には、その資産については、収益事業に属する資産としての区分経理はしないで、その償却費その他その資産について生ずる費用の額のうち収益事業に係る部分の金額をその収益事業に係る費用として経理します（法基通15-2-5(1)）。

③　介護保険の会計区分通知と法人税法の区分経理との調整
ア　共通費用の配賦基準

　法人税法の配賦基準と会計区分通知の配分基準は、合理的なものであれば同一の基準によっても特に問題はありません。ただし、会計区分通知の配分基準では収入金額によることは原則として認められていません。

　また、法人税法の配賦基準と会計区分通知の配分基準とは別の基準によることはできますが、この場合は法人税の申告のための収益事業区分経理表は会計帳簿に基づいて作成できないので、別途、収益及び費用を集計することになります。

イ　区分経理の単位

　会計区分通知の区分経理は事業所及び介護サービスごとになりますが、法人税法では収益事業と非収益事業に区分されます。

　このため、事業所及び介護サービスごとに、それぞれ法人税法上の収益事業と非収益事業のいずかに属することが決定できるのであれば、収益事業に属するものと非収益事業に属するものをそれぞれ集計して、収益事業区分経理表を作成することができます。

　一方、事業所及び介護サービスの中でそれぞれに法人税法上の収益事業と非収益事業が混在している場合は、これらを単に集計して収益事業区分経理表を作成することはできません。

　この場合には、実務的には、事業所及び介護サービスの中に法人税法上の収益事業に係る区分を設けて、これを集計して収益事業区分経理表を作成することになります。

ウ　管理費の取扱い

　社会福祉法人会計基準における法人本部の事務費、公益法人会計基準による法人会計の管理費は、法人の全体の管理を行う部門の費用です。つまり、その収益及び費用は法人税法上の収益事業と非収益事業の双方に共通するものであるため、原則として、これらを配賦する必要があります。この場合は、この配賦額を含めた収益事業区分経理表を作成することになります。

　ただし、これらの事務費又は管理費を法人税法上の非収益事業に属するものとして収益事業区分経理表を作成することは差し支えありません。

第 **2** 節

消費税

---

1 介護保険事業の課税・非課税

　介護保険事業に係る資産の譲渡等の大部分は消費税が非課税になりますが、一部の収入については消費税が課税されます。

　具体的には、**第1章第3節［図表2］**の「利用者の選定によるサービスの費用」（230ページ）で非課税と課税を区分しています（消法6、別表1七イ、消令14の2、平成12年大蔵省告示第27号、平成12年厚生省告示第126号、平成24年厚生労働省告示第271号、消基通6-7-1）。

---

2 介護保険の福祉用具貸与等における課税・非課税

① 貸与物品の課税・非課税

　介護保険法の規定により居宅要介護者又は居宅要支援者が福祉用具の貸与を受けた場合に、その貸与に要した費用の一部が介護保険により支給されるときであっても、その貸付けは非課税となる介護保険に係る資産の譲渡等に該当しませんが、その福祉用具が身体障害者用物品に該当するときは非課税となります（消基通6-7-3、平成12.2.28付老振第13号）。

　介護保険の福祉用具貸与及び介護予防福祉用具貸与における貸与物品

の課税・非課税の区別は［**図表1**］のとおりになります（消法別表1
十、平成11年厚生省告示第93号）。

［**図表1**］福祉用具貸与における課税・非課税

介護保険の対象となる 福祉用具貸与の種目	課税・非課税の別
車いす	非課税
車いす付属品	課税（車いすと一体に貸与される場合は非課税）
特殊寝台	非課税
特殊寝台付属品	課税（特殊寝台と一体に貸与される場合は非課税）
床ずれ防止用具	課税
体位変換器	非課税
手すり	課税
スロープ	課税
歩行器	非課税
歩行補助つえ	非課税
認知症老人徘徊感知機器	課税
移動用リフト（つり具部分 を除く）	非課税（「つり具部分」は福祉用具販売により課税）
自動排泄処理装置	非課税

②　搬入搬出費の取扱い

　介護保険の福祉用具貸与では福祉用具の搬出入に要する費用は、現に
指定福祉用具貸与に要した費用（貸与価格）に含まれることとされてい
ることから、貸与する福祉用具が身体障害者用物品に該当するときは、
貸与価格全体が非課税となります。

　なお、福祉用具貸与の特別地域加算については、貸与価格とは別に交
通費の実費を評価するものであり、搬出入という個別のサービスである
ことから、身体障害者用物品に該当する福祉用具に係るものであっても

消費税は課税となります（平成12.2.28付老振第13号）。

③　介護保険の福祉用具販売における課税・非課税

　介護保険における特定福祉用具販売による対象物品は、いずれも身体障害者用物品に該当しないので、その譲渡には消費税が課税されます（消法別表１十、平成11年厚生省告示第94号、[図表２] 参照）。

[図表２]　福祉用具販売における課税

①	腰掛便座
②	自動排泄処理装置の交換可能部品
③	入浴補助用具
④	簡易浴槽
⑤	移動用リフトのつり具の部分

④　包括的支援事業

ア　包括的支援事業の内容

　市町村は、介護保険法に基づき、介護予防・日常生活支援総合事業のほか、被保険者が要介護状態等となることを予防するとともに、要介護状態等となった場合においても、可能な限り、地域において自立した日常生活を営むことができるよう支援するため、地域支援事業として、次に掲げる包括的支援事業を行います（介護保険法115の45②）。

A　総合相談支援業務

　被保険者の心身の状況、その居宅における生活の実態その他の必要な実情の把握、保健医療、公衆衛生、社会福祉その他の関連施策に関する総合的な情報の提供、関係機関との連絡調整その他の被保

険者の保健医療の向上及び福祉の増進を図るための総合的な支援を
行う事業

B 権利擁護業務

被保険者に対する虐待の防止及びその早期発見のための事業その
他の被保険者の権利擁護のため必要な援助を行う事業

C 包括的・継続的ケアマネジメント支援業務

保健医療及び福祉に関する専門的知識を有する者による被保険者
の居宅サービス計画及び施設サービス計画の検証、その心身の状
況、介護給付等対象サービスの利用状況その他の状況に関する定期
的な協議その他の取組を通じ、当該被保険者が地域において自立し
た日常生活を営むことができるよう、包括的かつ継続的な支援を行
う事業

D 在宅医療・介護連携推進事業

医療に関する専門的知識を有する者が、介護サービス事業者、居
宅における医療を提供する医療機関その他の関係者の連携を推進す
るものとして厚生労働省令で定める事業（包括的・継続的ケアマネ
ジメント支援業務を除く。）

E 生活支援体制整備事業

被保険者の地域における自立した日常生活の支援及び要介護状態
等となることの予防又は要介護状態等の軽減若しくは悪化の防止に
係る体制の整備その他のこれらを促進する事業

F 認知症総合支援事業

保健医療及び福祉に関する専門的知識を有する者による認知症の
早期における症状の悪化の防止のための支援その他の認知症である

又はその疑いのある被保険者に対する総合的な支援を行う事業

G　地域ケア会議

　市町村は、老人介護支援センターの設置者その他の厚生労働省令で定める者に対し、包括的支援事業の実施に係る方針を示して、その包括的支援事業を委託することができます（介護保険法115の47①）。ただし、A～C については全てにつき一括して行わなければなりません（介護保険法115の47②）。

イ　包括的支援事業における課税・非課税

　包括的支援事業として行われる資産の譲渡等のうち、[**図表3**] に掲げるものは消費税が非課税になります（消令14の3五、平成18年厚生労働省告示第311号、平成18.6.9付老発第0609001号）。

[図表3] 包括的支援事業の非課税

	非課税	包括的支援事業
①	地域の老人の福祉に関する各般の問題につき、老人、その者を現に養護する者（以下「養護者」といいます。）、地域住民その他の者からの相談に応じ、介護保険法第24条第2項に規定する介護給付等対象サービス（以下「介護給付等対象サービス」といいます。）その他の保健医療サービス又は福祉サービス、権利擁護のための必要な援助等の利用に必要な助言を行う事業	ABC
②	地域における保健医療、福祉の関係者その他の者との連携体制の構築及びその連携体制の活用、居宅への訪問等の方法による主として居宅において介護を受ける老人（以下「介護を受ける老人」といいます。）に係る状況の把握を行う事業	A
③	介護給付等対象サービスその他の保健医療サービス又は福祉サービス、権利擁護のための必要な援助等を利用できるよう、介護を受ける老人又は養護者と市町村、老人居宅生活支援事業を行う者、老人福祉施設、医療施設、老人クラブその他老人の福祉を増進することを目的とする事業を行う者等との連絡調整を行う事業	C
④	介護を受ける老人が要介護状態又は要支援状態（以下「要介護状	C

	態等」といいます。）となることを予防するため、その心身の状況、その置かれている環境その他の状況に応じて、その選択に基づき、介護予防に関する事業その他の適切な事業が包括的かつ効率的に提供されるよう必要な援助を行う事業（介護予防・日常生活支援総合事業に係る事業を除きます。）	
⑤	介護支援専門員への支援、介護給付等対象サービスその他の保健医療サービス又は福祉サービス等の連携体制の確保等により、介護を受ける老人が地域において自立した日常生活を営むことができるよう、包括的かつ継続的な支援を行う事業	C
⑥	医療に関する専門的知識を有する者が、介護サービス事業者、居宅における医療を提供する医療機関その他の関係者の連携を推進するものとして、(1)D に掲げる事業を行う事業（②に掲げる事業を除きます。）	D
⑦	介護を受ける老人の地域における自立した日常生活の支援及び要介護状態等となることの予防又は要介護状態等の軽減若しくは悪化の防止に係る体制の整備その他のこれらを促進する事業	E
⑧	保健医療及び福祉に関する専門的知識を有する者による認知症の早期における症状の悪化の防止のための支援その他の認知症である又はその疑いのある介護を受ける老人に対する総合的な支援を行う事業	F

（注）図中 A～F は、アで掲げた包括的支援事業を指します。

　このため、例えば、「権利擁護業務」は、「総合相談支援業務」、「包括的・継続的ケアマネジメント支援業務」とともに一括して委託されなければ、包括的支援事業に該当しないことから、消費税が非課税となる包括的支援事業にも該当せず、課税になります。

　一方、「生活支援体制整備事業」については、単独で委託された場合でも包括的支援事業に該当することから、消費税は非課税になります。

5 委託・補助事業の非課税

　老人福祉法に規定する老人居宅生活支援事業その他これらに類する事業として行われる資産の譲渡等（社会福祉事業に該当するものを除きます。）のうち、国又は地方公共団体の施策に基づきその要する費用が国

又は地方公共団体により負担されるものとして [**図表 4**] の非課税の要件を満たすものは、消費税が非課税になります（消令14の3八、平成3年厚生省告示第129号、老人福祉法5の2①）。

　なお、受託事業と同一の事業を補助金の交付事業で行う場合もその要する費用が国又は地方公共団体により負担されるものに該当するので、[**図表 4**] の非課税の要件を満たすものは、消費税が非課税になります。

[図表 4] 介護事業に係る受託事業における課非判定のフローチャート

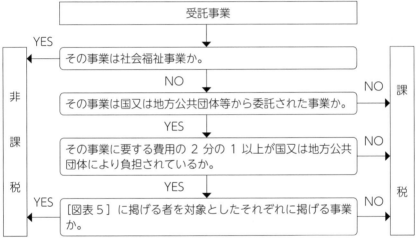

[図表 5] 対象者と対象事業

対象者	対象事業
18歳未満の身体障害児若しくはその者を現に介護する者	①居宅における介護その他の便宜供与（訪問型介護予防事業など） ②通所による入浴その他の便宜供与（通所型介護予防事業など） ③施設に短期間入所させ養護する事業
18歳未満の知的障害児若しくはその者を現に介護する者	
身体障害者若しくはその者を現に介護する者	
知的障害者若しくはその者を現に介護する者	
精神障害者若しくはその者を現に養護する者	

介護状態にある65歳以上の者（特に必要のある65歳未満の者を含む）若しくはその者を現に養護する者	
配偶者のない女子若しくはその者に現に扶養されている20歳未満の者	
65歳以上の者のみにより構成される世帯に属する者	
配偶者のない男子はその者に現に扶養されている20歳未満の者	
父母以外の者に現に扶養されている20歳未満の者若しくは当該扶養している者	
身体障害者、知的障害者又は精神障害者	共同生活住居において食事提供、相談その他を行う事業
原子爆弾被爆者で居宅介護が困難な者	入所養護事業
身体に障害がある児童	①訪問入浴事業 ②配食サービス
身体障害者	
介護状態にある65歳以上の者	
65歳以上の者のみにより構成される世帯に属する者	

　例えば、市の委託事業のうち「介護教室の開催」及び「訪問入浴事業」の場合、対象者と対象事業は要件を満たしているので、その費用の2分の1以上を市が負担している場合は、消費税は非課税になります。

　一方、「外出支援サービス事業」については、対象者に対応する対象事業がないので、消費税が課税されます（文書回答事例／消費税　平成17.5.25）。

6 社会福祉事業の一部の委託に係る取扱い

　社会福祉法人を含む民間の事業者等が、地方公共団体又は地方公共団体が設置した社会福祉施設の経営を委託された社会福祉事業団等から、送迎サービス等の社会福祉施設に係る業務の一部を委託された場合又は

社会福祉施設で使用する物品の納入等に係る資産の譲渡等を行う場合
は、社会福祉事業の委託ではなく、通常のサービス、物品の購入に当た
ることから、その委託料又は資産の譲渡等の対価については、消費税は
課税対象となります（平成9.9.29付厚生省事務連絡二）。

　これに該当する例としては、社会福祉施設の運営事業のうち、以下の
ようなサービスなど、その一部のみを委託した場合があります。

> ・　送迎サービス（外出支援サービス）
> ・　給食サービス
> ・　洗濯サービス（寝具洗濯乾燥消毒サービス）
> ・　清掃サービス

①　老人デイサービスセンターについて再委託を受けて行う調理業務及び清掃業務

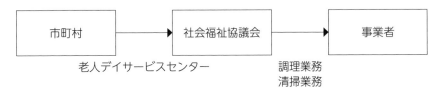

消費税が非課税の対象となる事業には、「社会福祉事業」等が含まれ
ています（消法別表第1七）。これには老人デイサービスセンターを経営
する事業も含まれています。しかし、老人デイサービスセンターにおけ
る調理業務や清掃業務は、老人デイサービスセンターを経営する事業の
一部であって、その事業全体ではないため、社会福祉事業に該当しない
ほか、その他の消費税の非課税の対象となる事業にも該当しません。し
たがって、消費税が課税されます（平成10.6.30付厚生省事務連絡問2）。

②　配食サービスについて再委託を受けて行う配食サービス

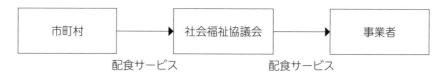

　消費税が非課税の対象となる事業には、「社会福祉事業」等が含まれています（消法別表第 1 七）が、配食サービス事業や訪問入浴サービス事業は社会福祉事業に含まれていません。しかし、**[図表 5]**（337ページ）に掲げる対象者に対するもののうち、「その要する費用の 2 分の 1 以上が国又は地方公共団体により負担される事業」は、消費税の非課税の対象となります（消令14の 3 七、平成 3 年厚生省告示第129号四・五）。したがって、再委託の対象となる配食サービス事業がこれらに該当する場合には、消費税は非課税になります（平成10.6.30付厚生省事務連絡問 8 ）。

③　外出支援サービス事業について再委託を受けて行う外出支援サービス事業

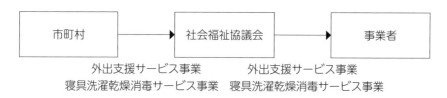

　消費税が非課税の対象となる事業には、「社会福祉事業」等が含まれています（消法別表第 1 七）。しかし、外出支援サービス事業や寝具洗濯乾燥消毒サービス事業は、社会福祉事業に該当しないほか、その他の消費税の非課税の対象となる事業にも該当しません。したがって、消費税が課税されます（平成10.6.30付厚生省事務連絡問10）。

④　地域包括支援センターから委託を受けて行う介護予防サービス計画の作成業務

| 国保連 | → | 地域包括支援センター | → | 事業者 |

介護予防支援　　　　　介護予防サービス計画の作成業務

　消費税が非課税の対象となる事業には、「介護保険事業」等が含まれています（消法別表第1七イ）。これには介護予防支援も含まれています（消基通6-7-1(11)(12)）。しかし、介護予防支援は地域包括支援センターのみが行うことができるものであり、委託を受けて介護予防サービス計画の作成を行ったとしても、介護予防支援の業務の一部であって、その事業全体ではないため、社会福祉事業に該当しないほか、その他の消費税の非課税の対象となる事業にも該当しません（消基通6-7-9）。したがって、消費税が課税されます。

第3節

源泉所得税

1 役員等に対する報酬

① 役員等

　役員とは、法人の取締役、執行役、会計参与、監査役、理事、監事及び清算人並びにこれら以外の者で法人の経営に従事している者のうち次に掲げる者をいいます（法法2十五、法令7）。

> ア　法人の使用人（職制上使用人としての地位のみを有する者に限ります。イにおいて同じ。）以外の者でその法人の経営に従事しているもの
>
> イ　同族会社の使用人のうち、法人税法第71条第1項第5号イからハまで（使用人兼務役員とされない役員）の規定中「役員」とあるのを「使用人」と読み替えた場合に同号イからハまでに掲げる要件のすべてを満たしている者で、その会社の経営に従事しているもの

　また、一般財団法人、公益財団法人、社会福祉法人、医療法人財団又は学校法人には、法人の機関として評議員が置かれています。

以下、役員と評議員を併せて「役員等」といいます。

②　報酬等の範囲

報酬等とは報酬、賞与その他の職務遂行の対価として受ける財産上の利益（経済的利益）及び退職手当をいいます。

役員等に対する通勤手当等の諸手当や交通費は、その他の職務遂行の対価となります。

③　報酬等の源泉徴収義務

法人と役員等との関係は、民法に定める委任に関する規定に従うものとされており、報酬等はその職務の対価として支給するものですから「役員報酬」とされています（会社法330、一般社団法人及び一般財団法人に関する法律64、社会福祉法38、医療法46の4④、46の5⑤、私立学校法35の2）。

所得税法上は、この役員報酬（退職手当を除きます。）も給与所得に該当するため、給与等として所得税（復興特別所得税を含みます。以下同じ。）の源泉徴収を行う必要があります（所法28）。

また、諸手当として支給される通勤手当のうち、所得税法で定める限度額以内のものは非課税所得となります（所法9①五、所令20の2）。

④　源泉徴収税額の算出

役員等に対しては支給する報酬に係る源泉徴収税額を「報酬・料金」として10.21％の税率で算出して、これを差し引き又は法人が負担して、理事会等の出席時に現金で支給している例が見受けられます。

しかし、役員等に対する報酬は給与等に該当することから、上記のような支給方法の場合、給与所得者の扶養控除等申告書の提出を受けていない限り、源泉徴収税額は「給与所得の源泉徴収税額表」の「日額表」「乙欄」により算出しなければなりません（所法185①二へ）。

したがって、1回の報酬の額が6,600円以上の場合、税率は10.21％を

超えることから徴収不足が生じていることになります。

② 非常勤職員と源泉徴収

① 源泉徴収義務者

　所得税については、給与等の支払をする者その他源泉徴収すべき報酬・料金等の支払をする者は、その支払に係る金額につき源泉徴収をする義務があります（所法 6）。

　事業者では、通常多数のパートタイマー、アルバイトや登録ヘルパーを雇用しています。

　これらの者について源泉徴収が行われておらず、税務調査において指摘を受ける事例が見受けられます。

　本来ならば源泉徴収をすべき給与等に係る所得税を徴収しなかった場合、その給与所得者の所得が少なく、最終的には所得税が課されないことが明らかであっても、そのこととは関係なく、支払者である事業者には源泉徴収税額が追徴されます。

　この追徴された税額は、その税額に係る非常勤職員から徴収することになります。しかし、既に退職し所在不明となるなど、その徴収が困難になる事由が発生していますので注意が必要です。

② 月給等の非常勤職員

　パートタイマー等に対して毎月又は半月ごとや10日ごとに給与を支払う場合は、「給与所得の源泉徴収税額表」の「月額表」を使用します。

　これらの者で「給与所得者の扶養控除等申告書」が提出されている場合は、「月額表」の「甲欄」により算出した税額を源泉徴収する必要があります（所法185①一イ～ハ、別表第 2）。

　一方、「給与所得者の扶養控除等申告書」が提出されていない場合は、「月額表」の「乙欄」により算出した税額を源泉徴収する必要があります（所法185①二イ～ハ、別表第 2）。

　この場合、給与の額が非常に少額であっても源泉徴収税額が生じます。

③　日給等の非常勤職員
ア　継続雇用

　アルバイト等に対して1週間ごとに給与を支払う場合は、「給与所得の源泉徴収税額表」の「日額表」を使用します。

　これらの者で「給与所得者の扶養控除等申告書」が提出されている場合は、「日額表」の「甲欄」により算出した税額を源泉徴収する必要があります（所法185①一ホ・ヘ、別表第3）。

　一方、「給与所得者の扶養控除等申告書」が提出されていない場合は、「日額表」の「乙欄」により算出した税額を源泉徴収する必要があります（所法185①二ホ・ヘ、別表第3）。

　この場合も、給与の額が非常に少額であっても源泉徴収税額が生じます。

イ　日雇い等

　アルバイト等で勤務した日又は時間によって計算していることのほか、次のいずれかの要件に当てはまる場合には、「給与所得の源泉徴収税額表」の「日額表」の「丙欄」により、源泉徴収税額を算出します（所法185①三、別表第3、所令309）。

- ・　雇用契約の期間があらかじめ定められている場合には、2か月以内であること。
- ・　日々雇い入れている場合には、継続して2か月を超えて支払をしないこと。

　この場合、その日の給与の額が9,300円未満であるときは、源泉徴収税額は生じません。

　また、次に掲げる給与等についても適用があり、この場合において、次に掲げる給与等を支払う際に徴収する税額は、労働した日ごとの給与等の額につき「丙欄」を適用して計算した税額の合計額となります（所基通185-8）。

- ・　日々雇い入れられる者の労働した日又は時間により算定される給与等で、その労働した日以外の日において支払われるもの（一の給与等の支払者から継続して2か月を超えて支払を受ける場合におけるその2か月を超えて支払を受けるものを除きます。）。
- ・　あらかじめ定められた雇用契約の期間が2か月以内の者に支払われる給与等で、労働した日又は時間によって算定されるもの（雇用契約の期間の延長又は再雇用により継続して2か月を超えて雇用されることとなった者にその2か月を超える部分の期間につき支払われる給与等を除きます。）。

　ただし、最初の契約期間が2か月以内の場合でも、雇用契約の期間の延長や再雇用のため2か月を超えるときは、契約期間が2か月を超えた日からは「丙欄」により源泉徴収税額を算出することができず、「甲欄」又は「乙欄」により算出することになります。

3 通勤手当

① 非課税限度額

　通勤手当については、[**図表1**] の非課税限度額以内のものは非課税所得となり、給与等として源泉徴収の対象となりません（所法9①五、所令20の2）。

[図表1] 通勤手当の非課税限度額

区　　　分		非課税限度額
①交通機関又は有料の道路を利用し、かつ、その運賃又は料金を負担することを常例とする者が受ける通勤手当		その者の通勤に係る運賃、時間、距離等の事情に照らし最も経済的かつ合理的と認められる通常の通勤の経路及び方法による運賃等の額（最高限度　1月当たり15万円）
②自転車その他の交通用具を使用することを常例とする者が受ける通勤手当（距離比例額）	通勤の距離が片道2キロメートル未満	なし（全額課税）
	通勤の距離が片道2キロメートル以上10キロメートル未満	1月当たり4,200円
	通勤の距離が片道10キロメートル以上15キロメートル未満	1月当たり7,100円
	通勤の距離が片道15キロメートル以上25キロメートル未満	1月当たり12,900円
	通勤の距離が片道25キロメートル以上35キロメートル未満	1月当たり18,700円
	通勤の距離が片道35キロメートル以上45キロメートル未満	1月当たり24,400円
	通勤の距離が片道45キロメートル以上55キロメートル未満	1月当たり28,000円
	通勤の距離が片道55キロメートル以上	1月当たり31,600円
③交通機関を利用することを常例とする者が受ける通勤用定期乗車券		その者の通勤に係る運賃、時間、距離等の事情に照らし最も経済的かつ合理的と認められる通常の通勤の経路及び方法による運賃等の額（最高限

	度　1 月当たり15万円)
④交通機関又は有料の道路を利用するほか、併せて自転車その他の交通用具を使用することを常例とする者が受ける通勤手当又は通勤用定期乗車券	①又は③の金額と②の金額との合計額（最高限度 1 月当たり15万円）

　なお、「その者の通勤に係る運賃、時間、距離等の事情に照らし最も経済的かつ合理的と認められる通常の通勤の経路及び方法による運賃等の額」には、新幹線鉄道を利用した場合の運賃等の額も含まれます（所基通 9 - 6 の 3 ）。

　一方、特別車両料金その他の客室の特別の設備の利用についての料金（いわゆるグリーン車料金）は含まれません（所基通 9 - 6 の 3 （注）、所令167の 3 ①一、所規36の 5 ）。

②　非課税所得となる通勤手当の範囲
ア　徒歩通勤者への支給

　通勤手当のうち非課税となる額は、交通機関又は有料の道路を利用若しくは自転車その他の交通用具を使用して通勤する者に支給される金銭が対象となります。

　徒歩通勤者は交通機関又は有料の道路を利用せず若しくは自転車その他の交通用具の使用もしていないので、その支給される手当は通勤距離に応じるものであっても、非課税の通勤手当に該当しません。

イ　障害者が 2 キロメートル未満を交通用具で通勤する場合の通勤手当

　交通用具を使用する者に対する通勤手当については、通勤距離が 2 キロメートル未満の場合はその全額が課税対象となります（所令20の 2 ）。

　しかし、交通用具を使用して 2 キロメートル未満の距離を通勤する場合に非課税が認められない趣旨は、通常、 2 キロメートル未満の通勤の場合の交通用具は軽微なものであり、距離も短いことから、通勤費用をほとんど要しないことにあるものと考えられます。

足が不自由という障害があるゆえに通勤の方法として自転車等の軽微な交通用具によることもできず、自動車通勤による通勤費用の負担を余儀なくされる等の特殊事情がある場合には、交通機関利用者と同様に取り扱い、交通機関を利用したとした場合の合理的な運賃の額を非課税限度額（自動車通勤による実費の範囲内に限ります。）として取り扱って差し支えないと考えられます（質疑応答事例／源泉所得税　給与所得6）。

ウ　通勤に公共交通機関を利用した場合の料金相当額の支給

平成23年12月31日までは、交通用具を使用して通勤する人で通勤の距離が片道15キロメートル以上である人が受ける通勤手当については、運賃相当額が距離比例額を超える場合には、運賃相当額（最高限度：月額10万円）までが非課税とされていました。

しかし、平成24年1月1日以降は、この運賃相当額までが非課税とされる措置が廃止されました。また、平成28年1月1日から通勤手当の非課税限度額の上限額が10万円から15万円に引き上げられました。これらにより、通勤手当の金額が距離比例額を超える場合には、その距離比例額を超える金額については課税の対象となります。

エ　規程の整備

通勤手当や旅費については、その法人及び役職員の実情に応じて、必要な支出に充てるため支給される金品で、通常必要であると認められることを介護事業の指導監査だけでなく、税務調査においても説明できるようにしておかなくてはなりません。

そのためには、賃金規程、通勤手当規程、旅費規程等を作成しておくことが必要です。

また、通勤手当については税制改正により非課税の範囲や非課税限度額の改定が行われることがあり、旅費についても消費税の改正や経済状況により費用の増減が生じることから、逐次非課税の範囲をとなる金額が規程に定めた金額の範囲内であることを確認しておく必要がありま

す。

オ　実態把握

　税務調査においては、自動車等による通勤者のサンプリングを行って通勤経路及び距離について、実際に経路を走行する等により確認する場合があります。

　これにより、実際の距離に基づく通勤手当の金額より過大な金額が支給されていることが判明した場合、法人が返還請求するかどうかとは別に過大な金額は給与等として課税されることになります。

　法人における内部牽制上も公共交通機関による通勤者を含め、事前にその通勤の実態は把握しておく必要があります。

旅　費

①　非課税の取扱い

　給与所得を有する者が次の理由によりその旅行に必要な支出に充てるため支給される金品で、その旅行について通常必要であると認められるものについては所得税が課されません（所法9①四）。

> ・　勤務する場所を離れてその職務を遂行するため旅行
> ・　転任に伴う転居のための旅行
> ・　就職若しくは退職をした者がこれらに伴う転居のための旅行
> ・　死亡による退職をした者の遺族の転居のための旅行

　非課税となる旅費は、旅行をした者に対して使用者等からその旅行に必要な運賃、宿泊料、移転料等の支出に充てるものとして支給される金品のうち、その旅行の目的、目的地、行路若しくは期間の長短、宿泊の要否、旅行者の職務内容及び地位等からみて、その旅行に通常必要とされる費用の支出に充てられると認められる範囲内の金品をいいますが、

その範囲内の金品に該当するかどうかの判定に当たっては、次に掲げる事項を勘案します（所基通9-3）。

- ・　その支給額が、その支給をする使用者等の役員及び使用人の全てを通じて適正なバランスが保たれている基準によって計算されたものであるかどうか。
- ・　その支給額が、その支給をする使用者等と同業種、同規模の他の使用者等が一般的に支給している金額に照らして相当と認められるものであるかどうか。

②　非課税所得となる旅費の範囲
ア　交通費

　訪問介護に自家用車の使用を認めた場合、これに対する金銭の支給は、職員が法人から訪問介護の利用者の居宅に移動するための費用であることから、勤務する場所を離れてその職務を遂行するための旅行に係る費用に当たり、通勤手当ではなく、旅費に該当します。

　このような交通費は、領収書等により実費精算するのであれば、勤務する場所を離れてその職務を遂行するための旅費であるので、当然課税されるものではありません。

　しかし、自動車等の使用によるガソリン代等を実費で精算することは、ガソリン価格の変動、使用車両の燃費、経路の違いにより、極めて困難です。

　そこで、このような場合、距離に応じて一律交通費を支給することが一般的です。

　ただし、実費でない以上、他の給与の算定方法からみて職務を遂行する現場の遠近により支給される給与の額として課税されることもあり得ます。

　このため、旅費規程を整備するなどして、職務を遂行するため旅行に充てるために通常必要である金銭であることを明らかにして支給する場

合には、その交通費には所得税は課税されません。

イ　非常勤役員等の出勤のための費用

　給与所得を有する者で常には出勤を要しない法人その他の団体の役員、顧問、相談役又は参与に対し、その勤務する場所に出勤するために行う旅行に必要な運賃、宿泊料等の支出に充てるものとして支給される金品で、社会通念上合理的な理由があると認められる場合に支給されるものについては、その支給される金品のうちその出勤のために直接必要であると認められる部分に限って、旅費に準じて課税しなくて差し支えありません（所基通9-5(2)）。

　この場合、その金額が通勤手当の非課税限度額150,000円を超えていても、旅費に該当するため、その出勤のために直接必要であると認められる部分については、所得税は課税されません。

ウ　旅費日当の性質

　旅費日当は、業務のために旅行をすることにより、その旅行の期間中、通常の生活をするために必要な食事、洗面・入浴、化粧、手入れ等に要する費用を補填する性格を帯びており、本来法人がこれらの費用を実費で負担すべきところを精算事務が煩雑となることを避けるため、一定の基準で支給しているものです。

　また、宿直料又は日直料と違い、役職によって会食等の相手方の地位や宿泊先等によりその費用が嵩むことも踏まえて、役職ごとに日当の額を定めることも普通です。

　所得税法では、これらを踏まえて、非課税となる金額を判断しており、たとえ剰余が生じた場合であっても、「少額不追及」の考え方により課税しないこととしています。

⑤　宿日直料

①　宿日直勤務

　宿日直勤務とは、仕事の終了から翌日の仕事の開始までの時間や休日について、原則として通常の労働は行わず、労働者を事業場で待機させ、電話の対応、火災等の予防のための巡視、非常事態発生時の連絡等に当たらせるものです（労働基準法41）。

　したがって、所定時間外や休日の勤務であっても、本来の業務の延長と考えられるような業務を処理することは、宿日直勤務と呼んでいても、労働基準法上の宿日直勤務として取り扱うことはできません。

　これらの宿日直勤務については、宿日直勤務に従事している間は、常態としてほとんど労働する必要がないことから、所轄労働基準監督署長の許可を受ければ、労働基準法第33条の届出又は労働基準法第36条に基づく労使協定の締結・届出や労働基準法第37条に基づく割増賃金の支払を行う必要はないこととされています。

②　所得税法上の宿日直料
ア　非課税になる宿日直料の範囲

　宿直料又は日直料は原則として給与等に該当します。

　ただし、次のいずれかに該当する宿直料又は日直料を除き、その支給の基因となった勤務1回につき支給される金額（宿直又は日直の勤務をすることにより支給される食事の価額を除きます。）のうち4,000円（宿直又は日直の勤務をすることにより支給される食事がある場合には、4,000円からその食事の価額を控除した残額）までの部分については、課税されません（所基通28-1）。

> ①　休日又は夜間の留守番だけを行うために雇用された者及びその場所に居住し、休日又は夜間の留守番をも含めた勤務を行うものとして雇用された者にその留守番に相当する勤務について支給さ

　　れる宿直料又は日直料
②　宿直又は日直の勤務をその者の通常の勤務時間内の勤務として
　　行った者及びこれらの勤務をしたことにより代日休暇が与えられ
　　る者に支給される宿直料又は日直料
③　宿直又は日直の勤務をする者の通常の給与等の額に比例した金
　　額又は当該給与等の額に比例した金額に近似するように当該給与
　　等の額の階級区分等に応じて定められた金額（以下、これらの金
　　額を「給与比例額」といいます。）により支給される宿直料又は
　　日直料（その宿直料又は日直料が給与比例額とそれ以外の金額と
　　の合計額により支給されるものである場合には、給与比例額の部
　　分に限ります。）

イ　宿日直料の性質

　宿日直勤務は、これに従事している間は常態としてほとんど労働する
必要がないことを前提としています。したがって、留守番に相当する勤
務や宿直又は日直の勤務が通常である役職員、又は勤務した代わりに与
えられる代日休暇を取得する職員に対して支給する金品は、宿直料又は
日直料という名目であっても通常の勤務に対する給与に他なりません。

　そもそも、宿直料又は日直料は、宿直又は日直をするに当たり、通常
の生活をするために必要な食事、洗面・入浴、化粧、手入れ等に要する
費用を補填する性格を帯びており、本来法人がこれらの費用を実費で負
担すべきところを精算事務が煩雑となることを避けるため、定額で支給
しているものです。

　また、旅費に係る日当と違い、宿日直勤務では役職によって宿直又は
日直に要する費用に差はないものと考えられます。

　所得税法では、これらを踏まえて、非課税となる宿直料又は日直料の
限度額を定めており、たとえ剰余が生じた場合であっても、「少額不追
及」の考え方により課税しないこととしています。

　食事が提供される場合は、その食事の価額は宿直又は日直のための費

用の一部と考えられ、重複を避けるために食事の価額を宿直料又は日直料の非課税限度額から控除することとしています。

6　食事の支給

　役員や職員に対して、昼食等の食事を無償又はその価額を下回る金額で提供した場合は、経済的利益が生じているため、原則としてその経済的利益は給与等として所得税が課税されます（所法36②）。

①　食事の評価
　法人が役員又は使用人に対し支給する食事については、次に掲げる区分に応じ、それぞれ次に掲げる金額により評価します（所基通36-38）。

> イ　使用者が調理して支給する食事　その食事の材料等に要する直接費の額に相当する金額
> ロ　使用者が購入して支給する食事　その食事の購入価額に相当する金額

②　食事の支給による経済的利益はないものとする場合
　役員や職員に支給する食事は、次の要件をいずれも満たしていれば、給与として課税されません（所基通36-38の2）。
イ　役員や使用人が食事の価額の半分以上を負担していること。
ロ　次の金額が1か月当たり3,500円（税抜き）以下であること。

> 食事の価額　−　役員や使用人が負担している金額
> 　　　　　　　　　　　　　＝　経済的利益の額

　例えば、法人の厨房で調理した昼食又は夕食を1食当たり税込み330円で提供する場合、次のロのとおり、1食当たりの経済的利益の額が

100円ですので、1か月35食までは非課税となります。

> イ　役員や使用人が食事の価額の半分以上を負担しているか否かの判定
>
> $$\frac{330円}{110\%} = 300円 > \frac{432円}{108\%} \times 50\% = 200円$$
>
> ロ　1食当たりの経済的利益の額
>
> $$\frac{432円}{108\%} - \frac{330円}{110\%} = 100円$$

　したがって、1か月に35食以下であれば、給与等として課税されません。しかし、36食以上を提供したときからは、その経済的利益の額の全額（36食の場合、3,600円）が給与等として課税されることになります。

③　残業又は宿日直をした者に支給する食事

　使用者が、残業又は宿直若しくは日直をした者に対し、これらの勤務をすることにより支給する食事については、その者の通常の勤務時間外における勤務としてこれらの勤務を行った者に限り、課税しなくても差し支えありません（所基通36-24）。

　ただし、宿直又は日直をした者に対して非課税となる宿直料又は日直料を支給する場合は、その支給の基因となった勤務1回につき支給される金額のうち4,000円からその食事の価額を控除した残額までの部分についてが、課税されないことになります（所基通28-1）。

④　食事代の金銭交付

　役員や職員が飲食店に食事代を支払い、使用者が現金で食事代を補助する場合には、食事という現物ではなく金銭を支給するものであることから、「使用者が役員又は使用人に対し食事を支給する場合」に該当せず、補助をする全額が給与として課税されることとなります（質疑応答

事例／源泉所得税　給与所得19)。

　ただし、深夜勤務者（労働協約又は就業規則等により定められた正規の勤務時間による勤務の一部又は全部を午後10時から翌日午前５時までの間において行う者をいいます。）に対し、使用者が調理施設を有しないことなどにより深夜勤務に伴う夜食を現物で支給することが著しく困難であるため、その夜食の現物支給に代え通常の給与（労働基準法第37条第１項の規定による割増賃金その他これに類するものを含みます。）に加算して勤務一回ごとの定額で支給する金銭で、その一回の支給額が300円以下のものについては、課税しなくて差し支えありません（昭和59.7.26付直法６-５・直所３-８）。

　この場合の支給額が非課税限度額の300円を超えるかどうかは、消費税及び地方消費税相当額を除いた金額により判定します（平成元.1.30直法６-１）。

7　永年勤続表彰記念品の支給

①　課税しない経済的利益

　使用者が永年勤続した役員又は使用人の表彰に当たり、その記念として旅行、観劇等に招待し、又は記念品（現物に代えて支給する金銭は含みません。）を支給することによりその役員又は使用人が受ける利益で、次に掲げる要件のいずれにも該当するものについては、課税しなくて差し支えありません（所基通36-21）。

　イ　その利益の額が、当該役員又は使用人の勤続期間等に照らし、社会通念上相当と認められること。
　ロ　その表彰が、おおむね10年以上の勤続年数の者を対象とし、かつ、２回以上表彰を受ける者については、おおむね５年以上の間隔をおいて行われるものであること。

課税対象となるかどうかの具体例は［**図表2**］のとおりです。

［図表2］永年勤続表彰記念品

課税	非課税
・数100種類から選択可能なカタログギフト ・ウィーン金貨等の外国金貨や記念硬貨	・オーダーメイドの衣服等を指定店舗で選択させるもの ・個人的嗜好が強い腕時計等で数種類からの選択可能なもの

②　金銭又は商品券等による支給

ア　原　則

　記念品に代えて支給する金銭については、給与等として課税の対象になります。

　法人から商品券やプリペイドカード等の支給が行われる場合、その支給を受けた各従業員はその商品券等と引き換えに、商品を自由に選択して入手することが可能となりますので、商品券等の支給については金銭による支給と異なりません（質疑応答事例／源泉所得税　給与所得18）。

　したがって、商品券等の支給については、課税しない経済的利益には該当せず、給与等として課税の対象になります。

イ　旅行券の支給の特例

　永年勤続者に対する旅行券の支給は、原則給与等として課税されますが、次の要件を満たしている場合には、課税しなくて差し支えありません（昭和60.2.21付直法6-4）。

・　旅行の実施は、旅行券の支給後1年以内であること。
・　旅行の範囲は、支給した旅行券の額からみて相当なもの（海外旅行を含みます。）であること。
・　旅行券の支給を受けた者が当該旅行券を使用して旅行を実施した場合には、所定の報告書に必要事項（旅行実施者の所属・氏

名・旅行日・旅行先・旅行社等への支払額等）を記載し、これに旅
行先等を確認できる資料を添付して貴社に提出すること。
・　旅行券の支給を受けた者が当該旅行券の支給後 1 年以内に旅行
券の全部又は一部を使用しなかった場合には、当該使用しなかっ
た旅行券は貴社に返還すること。

 報酬・料金等と源泉徴収

①　源泉徴収義務

　法人が個人である講師に謝金を支払う場合や弁護士、税理士等の専門
家に報酬を支払う場合は、報酬・料金等として所得税を源泉徴収しなけ
ればなりません（所法204①）。

②　報酬・料金等の例示と源泉徴収税額

　介護事業において生じることが多い源泉徴収の対象となる報酬・料金
等の例示とその源泉徴収税額は ［図表 3］ のとおりです（所法204①、
205①）。

［図表 3］　報酬・料金の例示と源泉徴収税額

法号	報酬・料金の区分	税率
1	原稿の報酬	報酬・料金の額×10.21% ただし、同一人に対して 1 回に支払われる金額が100万円を超える場合には、その超える部分については、20.42%
	講演（講師）の報酬・料金	
	技芸、スポーツ、知識等の技芸・指導料	
2	弁護士、公認会計士、税理士、社会保険労務士、弁理士、不動産鑑定士の業務に関する報酬・料金	報酬・料金の額×10.21% ただし、同一人に対して 1 回に支払われる金額が100万円を超える場合には、その超える部分については、20.42%
	測量士、建築士の業務に関する報酬・料金	
	技術士の業務に関する報酬・料金	

		企業診断員の業務に関する報酬・料金	
		司法書士、土地家屋調査士の業務に関する報酬・料金	（報酬・料金の額－ 1 回の支払につき 1 万円）×10.21%
5		芸能人の役務の提供を内容とする事業を行う者の役務提供に関する報酬・料金	報酬・料金の額×10.21% ただし、同一人に対して 1 回に支払われる金額が100万円を超える場合には、その超える部分については、20.42%

(注 1)「法号」は、源泉徴収すべき報酬・料金を規定している所得税法第204条第 1 項の号番号です。

(注 2) 報酬・料金の区分は例示であり、これらの報酬・料金に類するものであっても源泉徴収すべきものに該当しない又は源泉徴収すべき報酬・料金もあります。

③　報酬・料金等の範囲

ア　支払の名目

　報酬又は料金等の性質を有するものは、謝礼、賞金、研究費、取材費、材料費、車賃、記念品代、酒こう料等の名義で支払うものであっても、全て源泉徴収の対象になります（所基通204-2）。

イ　旅費等

　旅費、日当、宿泊費などの名目で支払われるものは、たとえ実費相当額であっても、源泉徴収の対象となる報酬・料金に含まれます（所基通204-2）。

　ただし、次の(i)又は(ii)に該当する場合は、源泉徴収の対象となる報酬・料金に含めなくても差し支えありません。

(i)　報酬又は料金の支払の基因となる役務を提供する者のその役務を提供するために行う旅行、宿泊等の費用も負担する場合において、その費用として支出する金銭等が、その役務を提供する者に対して交付されるものでなく、その報酬又は料金の支払をする者から交通機関、ホテル、旅館等に直接支払われ、かつ、その金額がその費用として通常

必要であると認められる範囲内のもの（所基通204-4）

(ii) 弁護士、司法書士等に支払う金銭等であっても、支払者が国等に対し登記、申請をするため本来納付すべきものとされる登録免許税、手数料等に充てるものとして支払われたことが明らかなもの（所基通204-11）

このため、実費として支給する場合は、法人が交通機関の乗車券等を交付するか、その支払を受ける者が交通機関から交付を受けた領収書と交換して支給する必要があります。

④ 消費税等の取扱い

報酬・料金等の額の中に消費税及び地方消費税の額（以下「消費税等の額」といいます。）が含まれている場合は、原則として、消費税等の額を含めた金額を源泉徴収の対象としますが、請求書等において報酬・料金等の額と消費税等の額が明確に区分されている場合には、その報酬・料金等の額のみを源泉徴収の対象とする金額として差し支えありません（平成元.1.30付直法6-1）。

第**4**節

印紙税

1 契約書

　介護サービス事業者等と利用者の間で作成する契約書に係る印紙税の取扱いについては、厚生労働省から次のＱ＆Ａが公表されています（「介護サービス事業者等と利用者の間で作成する契約書及び介護サービス事業者等が発行する領収証等に係る印紙税の取扱い」平成12年３月17日事務連絡）。

Q　介護保険制度において、介護サービス事業者と利用者（要介護認定を受けた者又はその保護者等）との間で介護サービスの提供に伴う次のような契約書を作成した場合、これらの契約書は印紙税の課税文書に該当するのでしょうか。

　なお、これらの契約書は、介護保険制度において、サービス事業者と利用者の権利・義務を明らかにするために作成されるもので、利用者の要望に沿って適切な介護サービスを提供するため、原則として、介護サービス計画に従って、利用者が受けることができる（希望する）個々の介護サービスの内容及び料金などを定めるものである。

①　居宅介護支援サービス契約書及び付属書類

② 　訪問介護サービス契約書及び付属書類

③ 　訪問入浴介護サービス契約書及び付属書類

④ 　訪問看護サービス契約書及び付属書類

⑤ 　訪問リハビリテーションサービス契約書及び付属書類

⑥ 　居宅療養管理指導サービス契約書及び付属書類

⑦ 　通所介護サービス契約書及び付属書類

⑧ 　通所リハビリテーションサービス契約書及び付属書類

⑨ 　短期入所生活介護サービス契約書及び付属書類

⑩ 　短期入所療養介護サービス契約書及び付属書類

⑪ 　認知症対応型共同生活介護サービス契約書及び付属書類

⑫ 　特定施設入所者生活介護サービス契約書及び付属書類

⑬ 　福祉用具貸与サービス契約書及び付属書類

⑭ 　介護福祉施設サービス契約書及び付属書類

⑮ 　介護保健施設サービス契約書及び付属書類

⑯ 　介護療養型医療施設サービス契約書及び付属書類

A 　介護保険制度下において作成されるこれらの契約書は、原則として、印紙税の課税文書には該当しません。なお、前記の各種サービスを複合的に組み合わせた契約書を作成した場合も同様の取扱いとなります。

〈考え方〉

　印紙税は、印紙税が課税されるべき事項を記載して作成した文書に対して課税されるものですから、ご質問の契約書が課税の対象となるかどうかは、その個々の契約書に記載された内容に基づき個別に判断することとなります。

　そこで、事例の各種の介護サービス契約書の内容をみますと、利用者が受けることができる介護サービスの具体的な内容（例えば、訪問、施設通所又は施設入所による、①居宅介護支援（介護サービス計画の作成及び

連絡調整))、②入浴・食事等の介護、③日常生活上の世話、④療養上の世話・診療の補助、⑤リハビリテーション・機能訓練、及び⑥福祉用具貸与等並びにこれらの個々のサービス利用料金)が記載されていますが、これらの個々のサービス内容及び料金の明細は、原則として、利用者の要望に沿った介護サービス計画に従い、利用者が全体として適切な介護サービスの提供を受けるために記載されているものと考えられます。

　したがって、事例の各種の契約書に記載される個々の介護サービスの内容は、「当事者の一方が仕事の完成を約し、相手方がその仕事の結果に対して報酬を支払う」という性格のものではないものと認められますから、これらの介護サービス事項のみを定める契約書は、原則として、民法上の請負契約書には該当せず、また、その他いずれの課税文書にも該当しません。

② 領収証

① 介護サービス事業

　介護サービス事業者等が発行する領収証に係る印紙税の取扱いについては、厚生労働省から次の Q & A が公表されています(平成12年 3 月17日事務連絡)。

Q 介護サービス事業者が要介護認定を受けた者に介護サービスを実施した場合には、利用料を受領することとなります。その際、介護サービス事業者は「領収証」を発行することになりますが、この領収証に係る印紙税の取扱いはどのようになりますか。
　特に作成者が「特定非営利活動法人(NPO 法人)」である場合には、どのようになりますか。

A 介護サービス事業者が、要介護認定を受けた者から介護サービスに係る費用を受領した場合に作成する「領収証」は、印紙税

法別表第一課税物件表第17号の 1 文書（売上代金に係る金銭又は有価証券の受取書）に該当します。

　なお、第17号の 1 文書に該当する「領収証」を作成しても、次の場合には非課税となります。

① 　地方公共団体そのものが作成者であるもの

② 　記載された受取金額^(注)が 5 万円未満のもの

　（注）法定代理受領の場合は、利用者負担分（通常は 1 割）の額

③ 　営業に関しないもの

　この場合の営業に関しないものとは、例えば、その領収証の作成者が「公益法人（財団法人、社団法人、社会福祉法人又は医療法人等）であるもの及び^(注)「特定非営利活動法人（NPO 法人）」等であるものが該当します。

　　（注）　NPO 法人は特定非営利活動促進法により設立が認められた法人であり、いわゆる会社以外の法人に該当します。

　　　したがって、当該 NPO 法人の定款の定めにより剰余金等の分配ができないこととされている場合には、営業者には該当しないことになります。

② 　公益社団法人等が作成する受取書

ア 　行政庁の公益認定を受けた公益社団法人・公益財団法人が作成する場合

　公益社団法人・公益財団法人は、公益目的事業を行うことを主たる目的とし、営利を目的とする法人ではないことから、その作成する金銭又は有価証券の受取書は、収益事業に関して作成するものであっても、営業に関しない受取書に該当し、非課税となります（印紙税法別表第一課税物件表第17号文書非課税物件欄 2 ）。

イ　公益認定を受けていない一般社団法人・一般財団法人が作成する場合

　印紙税法においては、会社（株式会社、合名会社、合資会社又は合同会社）以外の法人のうち、法令の規定又は定款の定めにより利益金又は剰余金の配当又は分配をすることができないものは営業者に該当しないこととされています（印紙税法別表第一課税物件表第17号文書非課税物件欄2かっこ書）。

　したがって、この要件に該当する一般社団法人・一般財団法人が作成する金銭又は有価証券の受取書は、収益事業に関して作成するものであっても、営業に関しない受取書に該当し、非課税となります。

あとがき

　ここまで本書を読んでいただき、ありがとうございました。介護事業に携わる方であれば、目下、新型コロナウイルス感染防止対策や職員の手配等喫緊の課題も多いかと存じますが、そのような状況で本書に目を通していただけたことに感謝すると共に、本書を通じてご縁ができたことを有難く思います。

　介護事業では、３年に１度の制度改正が定められ、報酬改定をはじめ運営に影響のある制度の変更が避けられません。それに加え、この度の感染症や度重なる自然災害等があり、「通常通りの運営」が稀な出来事になる印象です。このような事業環境の変化が避けられない状況においては、指示通りに動く現場だけでは、指示を決定、周知する幹部の負担は増える一方と考えられます。これからは、マニュアルに記載のない状況においても判断できる現場の力が求められていると考えています。

　本書では、制度改定に関する記載も多くお示ししましたが、改正そのものよりも改正が示す今後の方向性が重要であると考えています。この点については、介護分野のみならず、他分野も含めた広い視野で捉えていくことが必要であると考え、一般的な事業にも通じるような１歩、２歩先の事業運営についても記載しました。本書をきっかけに新しい事業運営の形や仕組に関心を持っていただければ幸いです。

　約20年前、私は10以上の介護サービス事業所を統括する立場でしたが、当時は売上・利益等の数字を追い追われの日々でした。今思えば、現場で職員の皆さんがどんな思いで頑張っておられるのかに寄り添うことができなかったと感じています。その反省も込めて、本書が、職員の皆さんが大切にしている思いを形にできる現場となる一助になれば幸いです。

　2022年２月旧暦の新年を迎える日に　　　　　　　　　楠元　睦巳

〈著者紹介〉

楠元　睦巳（くすもと　むつみ）

株式会社オフィスイーケア代表取締役

1965年奈良県生まれ。

富士通株式会社・生産システム本部にてコンサルティング業務に従事。

株式会社やさしい手にて城南エリア事業部長、ISO内部監査員等。

ミモザ株式会社にて常務執行役員、居宅介護事業本部長、内部監査室等。

2008年オフィスイーケア創業（2017年株式会社化）。

介護コンサルタントとして、介護事業所運営支援、組織開発、介護保険制度・給付管理・コンプライアンスに関する執筆、セミナー、研修の他、自治体の介護保険事業計画の策定支援等に携わる。

【主な著書・執筆等】

『介護保険サービス別実地指導対策のポイント』（中央法規出版）、『介護事業所に人が集まるPDCA仕事術』（メディカ出版）、『ケアマネ実務Q＆A』（中央法規出版）、『介護保険事務講座テキスト』（ユーキャン）、『ケアマネジャー講座分野別・基礎力強化DVD』（ユーキャン）、『月刊ケアマネジャー』（中央法規出版）、『医療と介護Next』（メディカ出版）連載他

【資格等】

社会福祉士、介護福祉士、介護支援専門員、東京都介護サービス第三者評価員、介護福祉経営士2級、介護プロフェッショナルキャリア段位制度外部評価審査員、外国人技能実習制度介護技能実習評価試験評価者、全国社会福祉協議会・福祉職員キャリアパス対応研修課程専任講師、日本介護経営学会会員、日本訪問看護財団会員、DXOインストーラーPro（進化型・自律分散型組織導入支援）

メールアドレス　muzmi@oe-care.com
ホームページ　　https://www.oe-care.com/
Facebook　　　 https://www.facebook.com/office.e.care/

田中　正明（たなか　まさあき）

1960年、兵庫県生まれ。
1992年、税理士試験合格。
1993年、税理士登録。
1998年、神戸にて税理士事務所開業。
2010年、行政書士登録。
現在、TKC近畿兵庫会会員。

【主な著書】

『〔改訂新版〕新しい社会福祉法人制度の運営実務－平成29年施行社会福祉法
対応版－』
『[改訂第二版] 社会福祉法人の会計実務』（共著）
『公益法人の会計と税務』（以上、TKC出版）
『Q&Aでわかる社会福祉法人の税務』（税務研究会出版局）

【資格】

税理士、行政書士、経営革新等認定支援機関

ホームページ　　https://www.estanaka-zeirishi.jp/

介護事業のここが知りたい
運営と経理の実務

令和4年5月10日　初版第一刷印刷　　　　　　　　　　　（著者承認検印省略）
令和4年5月20日　初版第一刷発行

　　　　　　　　Ⓒ　著　者　楠　元　睦　巳
　　　　　　　　　　　　　　田　中　正　明

　　　　　　　　イラスト・案内図デザイン　新岡麻美子

　　　　　　　　発行所　　　税 務 研 究 会 出 版 局

　　　　　　　　　　　　　週刊「税 務 通 信」発行所
　　　　　　　　　　　　　　　 「経 営 財 務」

　　　　　　　　代表者　　　山　　根　　　　毅
　　　　　　　　郵便番号100-0005
　　　　　　　　東京都千代田区丸の内1-8-2 鉄鋼ビルディング
　　　　　　　　https://www.zeiken.co.jp

乱丁・落丁の場合は，お取替え致します。　　　　　印刷・製本　藤原印刷株式会社

ISBN 978-4-7931-2672-7

法　人　税　関　係 ─────　《2022年1月1日現在》

〔改訂版〕オーナー会社のための
役員給与・役員退職金と保険税務

山下 雄次 著／A5判／226頁

定価 **1,980** 円

中小企業の経営者における最重要テーマである「役員給与」と「役員退職給与」を中心とした実務書。役員給与と密接な関係のある「生命保険」も取り上げ、オーナーからの相談事への回答に多角的な対応ができるように構成しています。改訂にあたり、令和3年7月に行われた通達改正に関する情報を織り込み、仕訳例や図を追加しています。　**2021年12月刊行**

〔第7版〕
「固定資産の税務・会計」完全解説

太田 達也 著／A5判／648頁

定価 **3,850** 円

固定資産の取得（またはリース）から、その後の減価償却、資本的支出と修繕費の処理、除却・譲渡に至るまでの段階ごとに、税務・会計の取扱いを詳説しています。今版では災害対応の実務処理について加筆しています。　**2021年7月刊行**

法人税の租税実務のための判断基準

苅米 裕 著／A5判／332頁

定価 **3,300** 円

国税審判官の業務経験のある著者が、租税実務の判断基準は争訟の判断過程の中にあるという考えから、審判所の判断思考に著者の主観を交えながら「役員給与」「減価償却」「寄附金課税等」について考察します。審査請求関連はとっつきにくい分野ですが規則性を持った構成にして読みやすいものにするよう心がけています。　**2021年6月刊行**

〔第4版〕ケース別 会社解散・清算の税務と会計

税理士法人髙野総合会計事務所 編／B5判／644頁

定価 **5,500** 円

株式会社を中心にその解散から清算結了に至る一連の税務・会計問題について、具体的ケース別に実務処理上の留意事項、申告書別表や届出書の記載方法等について解説しています。第4版では、令和4年4月1日以後開始事業年度から適用されるグループ通算制度への移行による影響についても触れています。　**2020年11月刊行**

税務研究会出版局 https://www.zeiken.co.jp/

※ 定価は10%の消費税込みの表示となっております。

もっとよくわかる
電子帳簿保存法がこう変わる！

松崎 啓介 著／A5判／266頁

定価 **2,200** 円

電子帳簿保存法の基本的な仕組みから改正の経緯、保存要件まで制度内容を詳細に解説するとともに、実務への影響についても説明しています。新たに電子帳簿等保存制度の導入を検討している法人企業の経理業務に携わる方、個人事業者及び顧問税理士にも役立つ一冊です。

2021年11月刊行

〔改訂増補版〕
DX時代の経理部門の働き方改革のススメ

中尾 篤史 著／A5判／236頁

定価 **2,200** 円

経理部門の業務の中にひそむムダ、ムラ、ムリを減らすための改善策を解説。現場では特に問題意識を持っていない業務の取組み方を例に、改善・効率化するためのテクニックを提示しています。今版では、リモートワーク時の問題点を解消する方法や、DXを取り入れた業務効率化の方法などについて加筆しています。

2021年11月刊行

〔第2版〕
これって個人情報なの? 意外と知らない実務の疑問

稲葉 一人・阿部 晋也 共著／A5判／208頁

定価 **2,200** 円

個人情報を取扱う企業の方の実務に役立つ内容を、会話形式でわかりやすくまとめています。第2版では、2020年の個人情報保護法の改正を反映し、仮名加工情報、個人関連情報等新たに追加されたルールの解説、オプトアウトによる第三者提供の改正点についても触れています。一般の方でも不正な利用を未然に防ぐことができるようトラブル例と対処法を掲載しています。

2020年12月刊行

上司と部下のメンタルヘルス・マネジメント対策
テレワークのラインケア／パワハラ法改正対応

松本 桂樹・榎本 正己 共著／A5判／192頁

定価 **2,200** 円

テレワークなどによるトラブルへの対処法、また、パワハラ防止法改正により企業に求められる対応など、昨今の従業員のコミュニケーションやメンタルヘルス対応の問題について、現場対応のツボを押さえた内容です。メンタルヘルス・マネジメント® 検定試験I種合格者向けのメールマガジンをベースに、昨今の事情を加味して解説しています。

2019年3月刊行

税務研究会出版局 https://www.zeiken.co.jp/

※ 定価は10%の消費税込みの表示となっております。